PETITES RÉFÉRENCES

50 auteurs-clés de philosophie

Katy GRISSAULT
Professeur certifié en philosophie

Nathan

Suivi éditorial
Raphaëlle Mourey, Julie Lavalard

Maquette intérieure
Élise Launay

Couverture
Denis Hoch

Composition
IDT

ISBN 978-2-09-186059-6

Avant-propos

À qui s'adresse ce petit guide ?

Ce guide présente l'essentiel de notre histoire littéraire sous une forme que nous avons voulue accessible et vivante.

Il est destiné à celle ou à celui qui désire acquérir des connaissances de base ou rafraîchir ses souvenirs d'élève et constitue une source d'informations synthétiques pour les candidats à tout examen ou concours où l'on exige un minimum de culture littéraire.

Mais nous avons songé aussi à celles et à ceux qui se présentent à l'épreuve de philosophie du baccalauréat ou même à l'épreuve anticipée de français : ce petit guide fournira à chacun de quoi enrichir sa copie.

Comment l'utiliser ?

Ce livre est construit de manière strictement chronologique. Il suit l'ordre des siècles et, dans chaque siècle, celui de la naissance des auteurs.

Chaque chapitre se présente de la même manière :

- Plusieurs pages « Repères » exposent les traits essentiels du siècle ou de la période.
- Une chronologie met en rapport les écrivains pour clore ces repères historiques.
- Une section est ensuite consacrée à chacun des auteurs comportant des éléments de sa biographie, ses thèses essentielles, suivies d'un extrait d'une œuvre-clé.
- Chaque extrait fait l'objet d'une présentation suivie d'un commentaire signalé par les mots : « Clés du texte ». Ce commentaire attire l'attention du lecteur sur les caractéristiques de l'extrait qui suit, comme le ferait un guide-conférencier devant un tableau ou un monument. Le lycéen pourra utilement trouver dans cette rubrique les éléments majeurs d'un commentaire ou bien des idées et des exemples à retenir pour la dissertation ou un examen oral.
- À la fin du volume, figure un index thématique et un index des auteurs.

Avertissement

Nous avons visé la brièveté afin qu'on puisse envisager, sans découragement, de lire ce petit guide en entier. Il ne contient donc que ce qu'il est *interdit d'ignorer* en matière de philosophie. Ainsi, nous avons dû faire des choix cruels. Certaines exclusions heurteront le lettré : qu'il veuille bien considérer que l'absence des auteurs que nous avons retenus le heurterait davantage encore !

Sommaire

L'Antiquité

Moyen Âge et Renaissance

Le XVIIe siècle

Le XVIIIe siècle

Le XIXe siècle

Le XXe siècle

Annexes

L'Antiquité

L'Antiquité est une période qui va du VIe siècle avant J.-C. à 476 après J.-C. (date de la chute de l'Empire romain). Féconde, elle pose les bases de la connaissance rationnelle et de la réflexion éthique et politique. C'est à cette période que naît la philosophie occidentale et que s'élaborent des doctrines qui marqueront toute l'histoire de la philosophie jusqu'à nos jours.

Les présocratiques : l'émergence du discours rationnel

• Le début de la connaissance rationnelle : le refus du mythe

La philosophie apparaît au VIe siècle av. J.-C., avec ceux que l'on a plus tard désignés sous le nom de « présocratiques » (les prédécesseurs de Socrate). C'est d'abord en rupture avec les modes antérieurs d'explication du monde qu'elle s'élabore, et plus particulièrement en s'opposant à l'explication mythologique des phénomènes. Si l'on veut comprendre la nature, il faut rompre avec l'explication irrationnelle recourant au divin. Les présocratiques font donc œuvre de scientifiques en ce que leur projet est d'expliquer le monde non pas à partir d'un principe mystérieux et transcendant, mais à partir de la raison même, appelant à un regard critique sur la mythologie.

• Les écoles d'Ionie

C'est en Ionie, à Milet et Éphèse notamment, qu'apparaissent ces nouveaux discours rationnels. Les présocratiques nous livrent une cosmogonie (explication de la formation de l'univers). On les dit physiologues (= auteurs d'un discours – *logos* ; sur la nature – *physis*) parce qu'ils cherchent à expliquer la nature à partir d'un principe matériel unique source de toutes choses.

À Milet, **Thalès** (vers 625 – vers 546 av. J.-C) est considéré comme le premier des présocratiques, et fait en ce sens figure de père de la philosophie. Mathématicien (on lui doit le fameux « théorème de Thalès »), astronome brillant qui fit fortune grâce à sa connaissance des astres, il élabore une explication naturelle du monde : l'eau est le principe premier cause de toutes choses. Pour **Anaximène** (586 – 526 av. J.-C.), c'est l'air qui fait office d'élément originaire, alors que pour **Anaximandre** (610 – 545 av. J.-C.), ce sera un principe indéterminé, l'Illimité (l'*apeiron*). Toujours est-il que les philosophes de l'école de Milet se caractérisent par cet effort pour comprendre l'origine et l'organisation de l'univers non plus en référence aux mythes, mais en ramenant à un principe originaire naturel l'existence de toutes choses.

C'est également le projet d'**Héraclite** à Éphèse qui pense l'écoulement et le devenir comme manifestations d'un principe unique, le feu. Tout s'oppose et ne forme qu'un selon cette philosophie du mobilisme universel. Ici naissent les prémisses de la dialectique que les penseurs du XIXe siècle, notamment, revisiteront.

• Les philosophes italiens

En Italie, c'est aussi un principe unique que l'on cherche à établir, mais un principe de nature spirituelle et non matérielle.

Pythagore (VIe siècle av. J.-C.) considère le monde comme ordonné par les nombres : face à l'instabilité permanente que perçoit l'homme, il s'efforce de penser une unité originelle et organisatrice.

Parménide appartient à l'école des Éléates. Il amène à la philosophie une de ses exigences essentielles : il s'agit de penser l'être à partir d'un discours logique dont les arguments, s'enchaînant rigoureusement, permettent d'éviter l'erreur. L'Un est le Tout et le principe, éternel, immobile et immuable.

On voit naître ici l'exigence philosophique d'unification et d'explication rationnelle de toutes choses, le questionnement relatif à l'origine première et au principe d'organisation du *cosmos*.

La philosophie classique (Ve – IVe siècle av. J.-C.)

• Les sophistes

Les présocratiques ont posé les bases de la constitution d'un savoir autonome. Ce savoir repose sur la parole et l'usage du discours. Mais dès le Ve siècle av. J.-C. va apparaître une nouvelle utilisation du langage avec les **sophistes** qui verront en lui non plus un moyen d'atteindre le vrai, mais un instrument du pouvoir, déclarant en cela l'homme comme mesure de toutes choses.

• Socrate et Platon : la raison universelle

C'est à ce conventionnalisme et à ce relativisme que s'opposent **Socrate**, d'un point de vue pratique (qu'est-ce que la vertu ?) et **Platon**, son disciple, d'un point de vue théorique (comment garantir la vérité du discours ?). Si l'on considère Socrate comme le véritable père de la philosophie, c'est qu'il détermine les exigences du dialogue philosophique et donne à la philosophie toute son ampleur : elle est aussi bien questionnement théorique que questionnement pratique. La raison, considérée comme universelle, se démocratise (même l'esclave peut accéder au monde des Idées), et devient l'étalon de la réflexion éthique et politique.

L'homme doit s'affranchir de l'illusion générée par le monde sensible afin d'atteindre la réalité intelligible, modèle de toutes choses éternel et incorruptible.

• Aristote : la constitution d'un savoir encyclopédique

Cet idéalisme, **Aristote** le récusera, cherchant à expliquer le réel par lui-même, montrant que c'est dans la chose même que se trouve son principe d'explication. Penseur encyclopédiste, Aristote construit une philosophie systématique et scientifiquement fondée qui cherche à rendre compte de l'expérience humaine dans tous ses domaine. Il est à l'origine de nombre de concepts qui influenceront la philosophie occidentale dans toute son histoire.

La période hellénistique : l'interrogation éthique

• Le déclin des cités grecques

Les philosophies aristotéliciennes et platoniciennes ont un engagement politique : elles visent à éduquer le citoyen, la morale ne pouvant être considérée indépendamment de l'engagement de l'individu dans la cité. Mais lorsque les cités grecques viennent à décliner, notamment suite à la mort d'Alexandre le Grand en - 323, ce sont les questions d'ordre éthique qui s'imposent, et l'on assiste au divorce de la morale et de la politique.

• L'émergence de nouvelles sagesses : stoïcisme et épicurisme

Le stoïcisme et l'épicurisme se présentent comme des sagesses visant le bonheur. Mais celui-ci n'est pas à réaliser dans la cité, il devient l'affaire de l'individu lui-même, affaire privée. C'est dans l'ascétisme et la limitation des désirs que tous verront la voie qui mène à l'ataraxie.

La fin de l'Antiquité : philosophie et théologie

• L'avènement du christianisme

Au milieu du Ier siècle, le christianisme se propage en Syrie, en Asie Mineure, puis en Grèce, et enfin à Rome sous Néron. Si **Plotin** est le dernier penseur païen, son néo-platonisme semble faire écho au christianisme, puisque c'est le divin, l'Un, principe suprême, qu'il interroge.

• La philosophie chrétienne

Avec **Augustin**, penseur tardif de l'Antiquité, commence à se développer la philosophie chrétienne, ouvrant la voie aux penseurs médiévaux. Théologie et philosophie seront réunies dans son œuvre : non exclusives, la raison et la foi entrent en dialogue.

Ainsi, de l'émergence du discours rationnel à la tentative de le réconcilier avec une pensée du divin, l'Antiquité constitue une période d'activité intellectuelle intense productrice de pensées influentes et de concepts toujours présents aujourd'hui dans la philosophie occidentale. Elle est aussi, et c'est corrélatif, le lieu du fondement des mathématiques (les Éléments *d'Euclide), de l'histoire (l'*Enquête *d'Hérodote) et des sciences de la nature.*

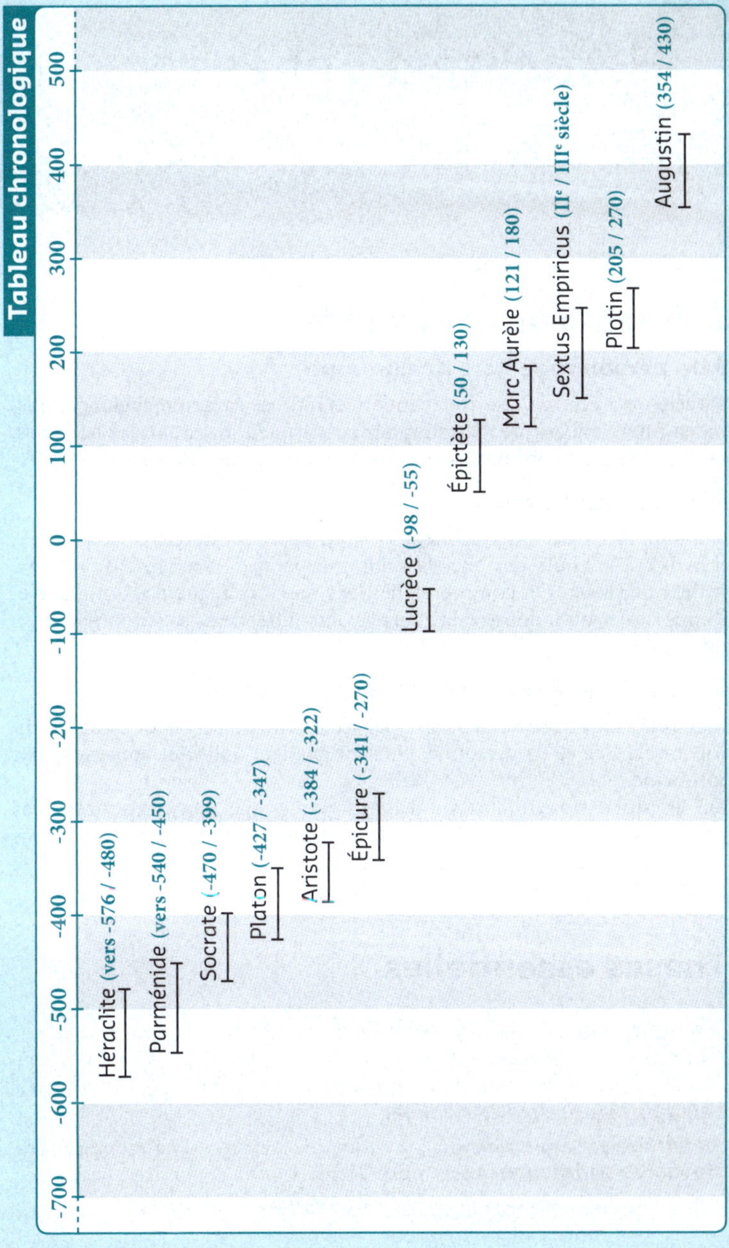
Tableau chronologique
-700
-600
-500
-400
-300
-200
-100
0
100
200
300
400
500
Héraclite (vers -576 / -480)
Parménide (vers -540 / -450)
Socrate (-470 / -399)
Platon (-427 / -347)
Aristote (-384 / -322)
Épicure (-341 / -270)
Lucrèce (-98 / -55)
Épictète (50 / 130)
Marc Aurèle (121 / 180)
Sextus Empiricus (IIe / IIIe siècle)
Plotin (205 / 270)
Augustin (354 / 430)

1

Héraclite d'Éphèse

VIe - Ve siècles av. J.-C.

« Tout s'écoule. » *Fragments*

Éléments de biographie

Un personnage hors du commun

Ce célèbre présocratique, indépendant et rétif, de caractère mélancolique, mena une vie d'ermite. Connu pour son orgueil, il traitait les hommes, qu'il considérait comme des enfants capricieux, avec dédain.

Le sens du tragique

Contemporain des guerres médiques qui opposent les Grecs aux Perses, il assiste à la chute des cités les plus prospères d'Asie Mineure comme Milet ou Éphèse. On comprend, dès lors, son attachement au tragique et l'importance qu'il donne à la guerre et aux luttes dans sa compréhension du monde.

Le sens de l'indépendance et du mystère

Bien que l'on puisse rattacher sa pensée à celle de l'école de Milet, il dit n'avoir été l'élève de personne, pensant que l'on doit tout apprendre par soi-même.

On le surnomme l'Obscur, d'abord parce que son texte n'est pas ponctué (ce qui le rend, dira Aristote, difficile à lire), mais aussi parce que, méprisant la bêtise, et ne souhaitant pas être vulgarisé, il cultive le mystère dans la formulation de ses thèses.

Thèses essentielles

Héraclite ouvre la voie à la philosophie en essayant de rendre compte du monde non plus en référence à un principe mystique et surnaturel, mais de manière rationnelle, en cherchant l'origine de toutes choses dans un principe matériel unique.

Il fait sienne la question qui, avant lui, avait intéressé les membres de l'école de Milet, et en particulier Thalès et Anaximandre : qu'est-ce qui subsiste à travers le devenir incessant des choses ?

Le mobilisme universel

Ce qui subsiste, nous dit Héraclite, c'est l'instabilité, le devenir. Si le monde est un, il est cependant en perpétuel devenir, tout change constamment, tout est instable, rien ne demeure à l'identique. Sa conception s'oppose en cela à celle des Éléates, de Parménide notamment, qui nie la réalité du devenir et suppose l'unité et l'identité de l'Être.

Le Feu, principe de toutes choses

Si Thalès voyait dans l'Eau l'élément originaire du cosmos, c'est, pour Héraclite, **le Feu** qui est le principe universel, l'élément constitutif du monde. Tout n'est que transformation du Feu, qu'Héraclite nomme également « l'Un » ou « chose sage ».

S'il constitue l'univers, le Feu est aussi ce qui le menace de dislocation, ce qui le détruira au terme de la **Grande Année**, période d'environ 10 800 ans. On voit combien la pensée d'Héraclite est une pensée du tragique : « Le Feu survenant jugera toutes choses et s'en emparera » (fragment 66).

Mais notons que cet embrasement de l'univers signifie à la fois sa fin et le principe de sa régénération : c'est l'image d'un **temps cyclique** que nous offre Héraclite. L'univers serait soumis à l'**Éternel Retour** du même. La Grande Année désigne la période du temps au terme de laquelle les événements sont amenés à se reproduire.

Le conflit perpétuel

Le Feu est à la fois guerre et raison. **Guerre**, d'abord : dans le monde, les contraires s'affrontent constamment. Ce **conflit des contraires** est immanent à la nature de l'Un. Tout naît de la lutte, le tragique enveloppe l'existence.

Mais le Feu est aussi **raison**, harmonie, *Logos*, et garantit l'équilibre des contraires. La guerre obéit à une loi rationnelle.

Tout est donc à la fois un et contraire. Cette conception de la tension immanente à toute harmonie, cette pensée de l'unité des contraires dans le devenir inspirera la dialectique du XIXe siècle, notamment celle de Hegel qui revendique Héraclite pour précurseur. Il influencera également Nietzsche qui le désigne comme le plus surprenant des présocratiques par la force et la modernité de sa pensée.

La sagesse

La sagesse consiste alors à comprendre l'ordre du désordre, à savoir **vivre en accord avec la rationalité du devenir**. Est sage celui qui sait que le *Logos* gouverne le monde dans la fluidité du devenir cyclique. « La sagesse ne consiste qu'en une chose : connaître la Pensée qui gouverne tout à travers toutes choses » (fragment 41). La Pensée, le *Logos*, qui se substantialise dans le Feu, est la rationalité même du monde, elle est le verbe transcendant, le Sens, dont Héraclite se dit le messager.

Une œuvre-clé : *Fragments*

Contexte

Héraclite n'a écrit, semble-t-il, qu'un poème, intitulé *De la nature*, dont il ne nous reste que des bribes réunies sous le titre de *Fragments*. Ces 136 fragments ont été divisés en trois parties, l'une portant sur l'univers, une autre sur la politique, et la dernière sur la théologie. Le style proverbial et aphoristique d'Héraclite rend sa philosophie toujours encore à redécouvrir et à réinterpréter.

Extrait

> On ne peut descendre deux fois dans le même fleuve.
>
> Ni toucher deux fois une substance périssable dans le même état, car elle se disperse et se réunit de nouveau par la promptitude et la rapidité de sa métamorphose : la matière, sans commencer ni finir, en même temps naît et meurt, survient et disparaît.

Fragments, trad. M. Conche, PUF, 1986.

Clés du texte

L'écoulement incessant…

→ Affirmation du mobilisme universel : tout change, rien ne demeure. Impossibilité de descendre deux fois dans le même fleuve : l'eau n'est plus la même que la dernière fois, elle a changé et l'homme aussi.

→ Il n'y a donc jamais de deuxième fois, puisque rien n'est jamais identique à la « première » fois.

…dans l'unité

→ Mais en même temps, Héraclite affirme l'éternité et l'unité du monde dont la matière n'a ni commencement ni fin.

→ Perpétuelle transformation de la matière qui cependant demeure : unité et harmonie des contraires qui s'engendrent mutuellement dans le devenir cyclique.

→ La contradiction, la lutte des contraires, est le principe moteur de toutes choses.

Parménide VIe - Ve siècles av. J.-C.

« De toute nécessité, il faut penser et dire que l'Être est. » *De la nature*

Éléments de biographie

L'école des Éléates

Parménide est le plus éminent représentant de l'école des Éléates. Ce présocratique, en posant l'unité et l'immobilité de l'Être, s'oppose à Héraclite qui affirme que tout est devenir et lutte des contraires.
Son disciple, Zénon d'Élée, défendra la négation du mouvement par la mise en évidence de paradoxes.

Les origines de la pensée de Parménide

Les racines de ses pensées sont controversées. Il aurait été élève de Xénophane, mais l'on retrouve aussi dans ses conceptions des influences d'origine pythagoricienne.

Thèses essentielles

Parménide, père de l'idée d'Être, influencera Platon dans sa pensée de l'intelligible et du sensible. Ce dernier écrivit d'ailleurs un dialogue intitulé Parménide *dans lequel il examine les difficultés que pose cette conception de l'Être.*

L'Être est, le Non-Être n'est pas

Seul l'Être est, le Néant n'est aucunement. Pour Parménide, l'identité caractérise l'Être. Ainsi, dire que l'Être est, c'est dire que **seul ce qui est immobile, éternel et immuable est**. Nulle place ici pour le mouvement et la contradiction.
Deux voies se présentent à celui qui recherche la vérité. La première mène à la vérité de l'Être, affirmant que le Non-Être n'est pas. La seconde, trompeuse, est la voie de l'opinion qui se fie à l'expérience sensible.
Notre perception première va à l'encontre de la conception immobiliste : nos sens nous donnent à voir un changement perpétuel. Parménide met en garde contre l'expérience sensible (thème largement repris par Platon). Elle est trompeuse et de l'ordre des apparences. Cette seconde voie, qui consiste à faire confiance aux sens, ne mène nullement à la vérité.
La première voie, méthodologique, est celle qu'empreinte la pensée véritable. Dépassant l'opinion, elle saisit rationnellement l'Être.

L'affirmation de l'hégémonie de la raison

Parménide instaure la primauté de la pensée rationnelle sur l'évidence sensible trompeuse : avec lui naît l'exigence philosophique de rationalité. La pensée de Parménide et des Éléates se distingue de celle d'Héraclite et de celle des Milésiens en ce qu'elle pense le principe de toute chose comme réalité intelligible (l'Être est l'Un et le Tout) alors que les seconds le conçoivent comme un principe d'ordre matériel.

Une œuvre-clé : *De la nature*

Contexte

Ce poème de Parménide expose les deux voies d'investigation que l'on peut concevoir. La première partie de l'œuvre, « La voie de la vérité », présente le chemin qui mène à l'Être. La seconde, « La voie de l'opinion », montre qu'il faut se méfier de la coutume et des sens.

Extrait

> Il nous reste un seul chemin à parcourir : l'Être est. Et il y a une foule de signes que l'Être est incréé, impérissable, car seul il est complet, immobile et éternel. On ne peut dire qu'il a été ou qu'il sera, puisqu'il est à la fois tout entier dans l'instant présent, un, continu. En effet, quelle naissance lui attribuer ? Comment et par quel moyen justifier son développement ? Je ne te laisserai ni dire ni penser que c'est par le Non-Être. On ne peut ni dire ni penser que l'Être n'est pas. Car, s'il venait de rien, quelle nécessité eût provoqué son apparition ou plus tard ou plus tôt ? En effet, l'Être n'a ni naissance ni commencement. Ainsi donc il est nécessaire qu'il soit absolument ou ne soit pas du tout.
>
> *De la nature*, in *Les penseurs grecs avant Socrate*, trad. J. Voilquin, Flammarion, coll. « GF », 1964.

Clés du texte

Affirmation de l'existence de l'Être

→ Dire que l'Être n'est pas, c'est se contredire : la raison logique vient au secours de la pensée. Avec Parménide naissent l'argumentation et l'exigence d'un enchaînement rigoureux des arguments, méthode permettant d'éviter l'erreur.

L'éternité et l'immobilité de l'Être

→ Si l'Être était créé, de quoi viendrait-il puisque seul il est ? Il ne peut être engendré : il faudrait supposer son existence avant qu'il soit, ce qui est contradictoire.

Platon

vers 427 - vers 347 av. J.-C.

« S'étonner : voilà un sentiment qui est tout à fait d'un philosophe. La philosophie, en effet, n'a pas d'autre origine. » *Théétète*

Éléments de biographie

Socrate : la figure du maître

Descendant de la haute noblesse athénienne, Platon, d'abord promis à un brillant avenir politique, rencontre Socrate dont il devient l'élève. Il délaisse ses aspirations politiques pour se tourner vers la philosophie.
Dans ses écrits, Platon met en scène Socrate en situation de dialogue avec divers interlocuteurs. Ainsi, il est difficile, dans son œuvre, de distinguer les idées socratiques des idées platoniciennes.
C'est par ces dialogues et par les écrits de Xénophon que nous connaissons celui que l'on nomme traditionnellement « le père de la philosophie ». Athénien, Socrate naît en 470 av. J.-C. d'un père sculpteur et d'une mère sage-femme à laquelle il aime se comparer lorsqu'il affirme que, par ses incessantes questions, il cherche à « accoucher les esprits » de la vérité qu'ils portent en eux. Accusé de corrompre la jeunesse et d'impiété, Socrate est condamné à boire la ciguë, un poison mortel, et meurt en 399 av. J.-C.

Le tournant : l'âge de la maturité

La mort de Socrate a une influence considérable sur la vie de Platon : à partir de ce moment, il écrit pour comprendre comment la justice a pu être bafouée dans la cité.
En 387, Platon fonde l'Académie, cette école de philosophie au succès immense qui poursuivra son enseignement jusqu'au VIe siècle après J.-C. Aristote sera son élève.
De l'ensemble considérable des œuvres de Platon, nous pouvons retenir le *Ménon*, l'*Apologie de Socrate*, *Le Banquet*, *La République*, le *Théétète* et le *Timée*.

Thèses essentielles

Platon écrit des dialogues, et ce n'est pas anodin. Socrate passait en effet le plus clair de son temps à dialoguer avec divers interlocuteurs. Marginal, il est la figure même du critique qui ironise face aux opinions reçues de la foule. Fidèle aux enseignements de son maître, Platon considère l'opinion comme le plus grand obstacle à la saisie de la vérité. Être sage, c'est savoir que l'on ne sait pas.

La méthode : la maïeutique, art d'accoucher les esprits

Socrate fait sienne la maxime gravée au fronton du temple de Delphes : « Connais-toi toi-même ». En effet, le savoir de sa propre ignorance est nécessaire à toute quête de la vérité.

Dans l'*Apologie de Socrate*, Platon met en scène Socrate s'adressant à ses concitoyens peu avant sa condamnation. Dans son discours, Socrate raconte qu'un jour l'oracle de Delphes énonça à l'un de ses amis que Socrate était le plus sage de tous les hommes. D'abord surpris, lui qui répétait n'avoir aucun savoir à transmettre, il comprit ensuite qu'il était effectivement le plus sage en ce que lui, au moins, **savait qu'il ne savait pas**.

Il s'oppose en cela aux **sophistes**, enseignants itinérants de son époque proposant d'enseigner la rhétorique aux jeunes gens avides de pouvoir politique, et considérant le discours comme moyen de persuasion et de domination. Pour Platon et Socrate, le *logos*, la parole, doit être vecteur de savoir, non de domination.

Socrate questionne et critique les opinions de ses interlocuteurs afin de les amener à découvrir la vérité. La **maïeutique** est cet art d'accoucher les esprits de la vérité qu'ils portent en eux. Elle permet la **dialectique**, mouvement ascendant par lequel l'esprit passe de la multiplicité du sensible à l'unité de l'Idée, des apparences à la réalité. La célèbre « Allégorie de la caverne » (*République*, VII) met en image cette ascension dialectique.

La dichotomie : monde sensible et monde intelligible

Si les hommes sont facilement séduits par l'opinion, c'est qu'ils s'en tiennent, dans leurs jugements, aux **apparences** qui procèdent du **monde sensible**, monde accessible aux sens. Or, le monde sensible, empreint de matière, est le lieu de la particularité, du changement, de l'apparence. Il n'est que la **pâle copie du monde intelligible**, monde des **Idées**, seules réalités véritables, **modèles** de toutes choses.

Ce **dualisme**, qui admet l'existence de deux mondes, concilie les conceptions contraires de Parménide (selon lequel seul l'être est, immobile) et d'Héraclite (qui affirme le devenir incessant de toutes choses).

Le monde intelligible, exclusivement lié à l'esprit, doit se comprendre comme lieu de la **vérité** immuable, éternelle et absolue. Savoir, par exemple, ce qu'est la justice en soi, suppose d'aller au-delà des exemples particuliers de jugements justes (toujours incomplets, et imparfaits, ne donnant de la justice qu'une vision partielle et défaillante) afin de saisir l'Idée même de justice de laquelle participe tout acte juste.

La théorie de la réminiscence

Si une telle ascension est possible, c'est par la **réminiscence** (ressouvenir) : l'âme se ressouvient des Idées qui sont en elles et qu'elle a oubliées lors de son incarnation dans le corps. Car, si l'on peut découvrir ce que l'on ne sait pas encore, c'est que l'on possède en soi, enfoui, l'objet de sa quête.

La politique : la recherche de l'ordre

Scandalisé par la condamnation injuste de Socrate, Platon aborde le problème politique dans ses dialogues et présente une conception novatrice de gouvernement, fondée sur l'ordre et le respect de la hiérarchie. Dans la *Septième lettre*, il reconnaît que « tous les États actuels sans exception sont mal gouvernés [...]. C'est seulement par la philosophie qu'on peut discerner toutes les formes de justice politique et individuelle ».

De même que dans l'âme humaine se distinguent trois parties, l'une désirante (la sensibilité), l'autre irascible (la volonté), et la dernière enfin raisonnable (l'esprit), la cité idéale devrait comprendre une tripartition entre les producteurs, les gardiens de la cité, et les magistrats philosophes. Seul le sage est apte à gouverner. Naît alors la conception du **philosophe-roi**. Une cité dans laquelle chacun accomplirait son rôle en fonction de sa classe serait harmonieuse et idéale.

La **justice** se comprend comme ordre, harmonie, aussi bien au sein de la cité que dans l'âme elle-même : « l'homme juste instaure un ordre authentique dans son intérieur, il prend le commandement de lui-même, [...] il met entre les trois parties de son âme un accord parfait » (*La République*).

L'art : une imitation mensongère

L'œuvre d'art est mensongère et source d'illusion, elle n'est que **copie de copie**. En effet, le lit peint par l'artiste est copie du lit de l'artisan, lequel n'est que copie de l'Idée de lit.

En tant qu'imitation, donc l'art doit être banni de la cité idéale : « l'art d'imiter est donc bien éloigné du vrai, et s'il peut tout exécuter, c'est, semble-t-il, qu'il ne touche qu'une petite partie de chaque chose, et cette partie n'est qu'un fantôme » (*La République*).

Une œuvre-clé : *Ménon*

Contexte

Dans le *Ménon*, Socrate demande à son interlocuteur, Ménon, ce qu'est la vertu. Mais le véritable enjeu du *Ménon* n'est pas d'instruire sur les caractéristiques de la vertu, et d'ailleurs le dialogue ne donnera aucune réponse satisfaisante à cette question. L'intérêt premier de ce dialogue est de montrer quelles sont les exigences de la dialectique, et comment devrait être menée une véritable réflexion philosophique.

Extrait

À Socrate, qui lui demande ce qu'est la vertu, Ménon répond ainsi :

Ménon : Mais ce n'est pas difficile de te le dire, Socrate. Si c'est, d'abord, de la vertu d'un homme que tu veux parler, il est facile de dire qu'elle consiste à bien gérer les affaires de la cité et, ce faisant, à faire du bien à ses amis et du mal à ses ennemis tout en se gardant soi-même de rien subir de mauvais. S'il s'agit de la vertu d'une femme, il n'est pas difficile de dire qu'elle doit bien administrer sa maison, en préservant ce qu'elle contient et en obéissant à son mari. Autre est encore la vertu de l'enfant, fille ou garçon, autre celle du vieillard, autre encore, si tu veux, celle de l'homme libre et, si tu veux, celle de l'esclave. Il y en a beaucoup d'autres encore ; de manière qu'il n'y a nul embarras à dire ce que c'est : car, selon l'âge, selon le genre d'occupation, chacun de nous a, pour chaque fonction une vertu particulière. Je pense, Socrate, qu'il en est de même à l'égard du vice.

Socrate : Il paraît, Ménon, que j'ai un bonheur singulier : je ne te demande qu'une seule vertu, et tu m'en donnes un essaim tout entier. Mais, pour continuer l'image empruntée aux essaims, si, t'ayant demandé quelle est la nature de l'abeille, tu m'eusses répondu qu'il y a beaucoup d'abeilles et de plusieurs espèces, que m'aurais-tu dit si je t'avais demandé encore : est-ce précisément comme abeilles que tu dis qu'elles sont en grand nombre, de plusieurs espèces et différentes entre elles ? Ou ne diffèrent-elles en rien comme abeilles, mais à d'autres égards, par exemple, par la beauté, la grandeur, ou d'autres qualités semblables ? Dis-moi, quelle eût été ta réponse à cette question ?

Ménon : J'aurais dit que les abeilles, en tant qu'abeilles, ne sont pas différentes l'une de l'autre.

Socrate : Si j'avais ajouté : Ménon, dis-moi, je te prie, en quoi consiste ce par où les abeilles ne diffèrent point entre elles et sont toutes la même chose ; aurais-tu été en état de me satisfaire ?

> **Ménon :** Sans doute.
>
> **Socrate :** Eh bien, il en est ainsi des vertus. Quoiqu'il y en ait beaucoup et de plusieurs espèces, elles ont toutes un caractère commun par lequel elles sont vertus ; et c'est ce caractère que celui qui doit répondre à la personne qui l'interroge doit avoir en vue, pour lui expliquer ce que c'est que la vertu.
>
> *Ménon*, Flammarion, coll. « GF », 1964.

Clés du texte

L'erreur de Ménon

→ Voulant définir la vertu, il ne donne ici que des exemples de vertus particulières.

→ Il est encore enfermé dans l'opinion, juge selon les apparences. Il s'en tient, dans sa réponse, aux évidences illusoires et chaotiques du monde sensible : *les* vertus.

L'exigence de Socrate

→ Ce ne sont pas des exemples qu'il veut, mais l'essence même de la vertu.

→ Si l'on nomme « vertu » toutes ces attitudes que décrit Ménon, c'est qu'elles ont, au-delà de leurs différences, quelque chose en commun qui est la vertu.

La méthode socratique

→ Recours à l'image des abeilles pour une meilleure compréhension des interlocuteurs (exigence du dialogue philosophique).

→ Simplement en le questionnant (non pas en imposant sa pensée), Socrate parvient à faire admettre son erreur à Ménon.

→ Même si les abeilles sont différentes les unes des autres (par la taille, la beauté...), elles ont cependant quelque chose en commun, leur nature d'abeille.

→ De même, il faut chercher ce que toutes les vertus ont en commun afin de trouver ce qu'est la vertu en elle-même : il faut passer du sensible (particulier, divers et changeant) à l'intelligible (universel, unifié, et immuable).

4

Aristote

384 - 322 av. J.-C.

« L'homme est par nature un animal politique. » *Politiques*

Éléments de biographie

Une éducation platonicienne

Aristote naît à Stagire en Macédoine. Son père est le médecin personnel d'Amyntas III, grand-père du futur Alexandre le Grand dont Aristote sera le précepteur.

Vers dix-sept ans, il se rend à Athènes et entre à l'Académie, l'école fondée par Platon. Il sera l'un de ses élèves les plus brillants. Platon lui-même le surnommera « l'intelligence ».

Le précepteur

À la mort de Platon, en 348, il quitte Athènes pour fonder en Asie Mineure une école platonicienne. Mais il n'y reste que trois ans.

En 342, Aristote devient précepteur du jeune Alexandre, alors âgé de treize ans, à la cour de Philippe de Macédoine. Il quitte cette fonction vers 335 lorsqu'Alexandre succède à son père.

Le Lycée

Il décide alors de retourner à Athènes pour y créer sa propre école de philosophie, le Lycée, qui concurrence l'Académie. Le Lycée se nomme aussi *Peripatos* (promenade), parce qu'Aristote y livre ses cours en déambulant dans les jardins. Ainsi ses disciples sont-ils désignés sous le nom de « Péripatéticiens ».

En 323, suite à la mort d'Alexandre, Aristote, menacé par le parti anti-macédonien et accusé d'impiété (comme le fut Socrate…), préfère quitter Athènes.

Il meurt en 322, laissant une œuvre considérable qui a exercé une forte influence sur la pensée arabe et sur la philosophie chrétienne médiévale. Parmi ses principaux ouvrages, nous pouvons retenir *Poétique*, *Éthique à Nicomaque*, *Métaphysique* et *Politiques*.

Thèses essentielles

Bien que son œuvre ne nous soit parvenue qu'en partie, Aristote est l'un des pères fondateurs non seulement de la métaphysique et de la logique mais aussi de la zoologie (il est l'un des premiers à classer les espèces animales et à recueillir méthodiquement les données de l'observation).

L'invention de la logique formelle

Aristote est le premier à déterminer les propriétés du raisonnement indépendamment de son contenu. En mettant en évidence le **syllogisme** démonstratif, raisonnement qui, à partir de deux prémisses, permet de conduire à une conclusion nécessaire, Aristote pose les bases d'une logique formelle, exempte de tout contenu. La forme du syllogisme est la suivante :

Tout A est B (prémisse majeure)
C est A (prémisse mineure)
Donc C est B (conclusion)

Hegel saluera sur ce point le mérite d'Aristote : « C'est un mérite immortel d'Aristote d'avoir […] reconnu et déterminé des formes que le penser prend en nous » (*Leçons sur l'histoire de la philosophie)*. En montrant quelles sont les formes de la pensée rationnelle et comment elles peuvent être perverties, Aristote livre les conditions de la science, les outils nécessaires à l'établissement de la connaissance.

Il ne faut pas négliger l'expérience

Aristote reste attaché à l'expérience : s'**il n'y a de science que du général et du nécessaire**, et s'il faut en effet dépasser la sphère de l'opinion, comme le préconise Platon, il n'en reste pas moins que c'est par **l'observation des faits** que l'on peut accéder aux principes premiers qui gouvernent le réel. Contrairement à Platon qui considère qu'il est nécessaire, pour accéder à la vérité, de se détacher du sensible, Aristote prône une **méthode empirique**. Il récuse la séparation platonicienne entre le monde sensible et le monde intelligible. Si l'on veut expliquer une chose, c'est dans cette chose même qu'il faut chercher, non dans un au-delà transcendant.

En ce sens, la logique ne doit pas se détacher absolument du réel : elle est l'outil (l'*organon*) de la pensée qui doit permettre la saisie des faits eux-mêmes et de leurs causes. La rigueur de la pensée, sa capacité à tenir une démonstration fondée sur des prémisses certaines, la préviennent contre l'erreur.

La physique

La logique sert la science, et notamment l'étude de la nature. Dans la *Physique*, Aristote s'intéresse à la nature, et nous livre une véritable cosmologie. S'il refuse de concevoir le monde des Idées comme séparé du *cosmos*, s'éloignant en cela de Platon, il distingue cependant dans l'univers, conçu comme totalité close organisée, deux régions. La première constitue le **monde supralunaire**, dans lequel les astres connaissent des mouvements parfaits et éternels parce que circulaires. La seconde, le **monde sublunaire** (sous la Lune), est le lieu de l'imperfection, puisqu'une diversité de mouvements y règne, et notamment celui de la corruption et de la génération.

C'est alors au **mouvement** qui règne dans le monde sublunaire que s'intéresse Aristote, pour montrer notamment que ce qui caractérise tout corps naturel, c'est qu'il porte en lui le principe de sa génération et de sa corruption. La **nature** n'est pas l'ensemble des choses, mais elle est **principe de production**, cause du développement d'un être inhérente à cet être même, constitutive de son essence.

Acte et puissance : principe de tout mouvement

C'est par les concepts de **puissance** et d'**acte** qu'Aristote explique tout changement dans la nature. Tout être possède en lui des virtualités qui, tant qu'elles ne sont pas effectives, sont en lui « en puissance », non encore réalisées.

Le passage de la puissance à l'acte est la réalisation de cette virtualité. C'est ainsi, par exemple, que l'on peut dire qu'un bourgeon est une fleur en puissance, et que celle-ci ne sera en acte que lorsque le bourgeon aura éclos.

Le vivant : ce qui possède en soi le principe de son mouvement

Aristote met en évidence le fait que tout vivant possède une âme, qu'il nomme **entéléchie**. Elle constitue le principe de son organisation. Les plantes ont une âme **végétative**, les animaux une âme **sensitive**, et les hommes une âme **rationnelle**. L'homme n'est donc en acte (n'est vraiment homme) que lorsqu'il fait usage de sa raison.

L'âme est le principe d'organisation du corps, elle est sa **forme**, mais non pas une forme transcendante, comme chez Platon. Intrinsèquement liée au corps, elle disparaît avec lui. Cette vision unitaire de l'homme constituera pour Thomas d'Aquin, qui tente au XIIIe siècle de concilier les thèses aristotéliciennes avec le christianisme, la principale difficulté.

C'est, surtout, une vision **finaliste** de la nature et du vivant que propose Aristote, notamment lorsqu'il écrit que « ce n'est pas parce qu'il a des mains que l'homme est le plus intelligent des êtres, mais c'est parce qu'il est le plus intelligent qu'il a des mains » (*Des parties des animaux*) : la constitution même du vivant vise une fin. La nature ne fait rien en vain.

Les quatre causes

Soucieux de trouver des outils conceptuels aptes à rendre compte du réel, et à répondre à la question « pourquoi ? », Aristote distingue quatre causes de toute chose. En effet, connaître, c'est d'abord pouvoir saisir les causes. La cause **matérielle**, d'abord, est une potentialité pure qui doit être actualisée par la forme pour être quelque chose (par exemple, le marbre de la statue). La cause **efficiente**, ensuite, désigne l'agent qui transforme (par exemple le sculpteur). La cause **finale**, quant à elle, renvoie au but que poursuit la transformation (la manifestation de la beauté). Enfin, la cause **formelle** renvoie à la forme de l'objet (l'idée qui le structure, par exemple l'apparence d'Aphrodite dans le cas d'une sculpture la représentant).

La métaphysique

« Tous les hommes désirent naturellement savoir » (*Métaphysique*), et s'interrogent quant à l'origine et au fondement de toutes choses. La métaphysique cherche à répondre à cette interrogation. Notons qu'Aristote n'emploie pas lui-même ce terme de métaphysique : c'est Andronicos de Rhodes qui, lorsqu'il édite vers 60 av. J.-C. les œuvres d'Aristote, décide de nommer ainsi les ouvrages situés après la *Physique*.

Elle est d'abord l'**étude de l'être en tant qu'être**, c'est-à-dire de ce qui subsiste dans l'être derrière tous les changements qui peuvent lui advenir, ou encore l'étude de ce qui fait qu'un être est un être et non pas ceci ou cela.

Elle vise également à établir **les premiers principes et les premières causes**. En ce sens, elle est théologie : elle met en évidence l'existence d'un premier moteur, origine de tout ce qui est, autrement dit de Dieu, Acte pur, Forme pure, qui meut sans être mû, éternel, parfait.

La morale : le bonheur comme Souverain Bien

La pensée aristotélicienne est un **eudémonisme** : elle conçoit le **bonheur** comme la fin suprême de la vie, comme le **Souverain Bien** (le bien auquel sont subordonnés tous les autre biens, celui que l'on recherche pour lui-même et non en vue d'autre chose).

Le bien pour un être, constitutif du bonheur, est de réaliser sa nature, d'exercer la **vertu** qui lui est propre (la vertu désignant ce en vue de quoi on est fait ; par exemple, la vertu d'un médicament sera de guérir). Or, la vertu spécifique de l'homme consiste dans l'exercice de la raison. C'est donc en menant une vie fondée sur la raison que l'homme peut accéder au bonheur compris non comme ensemble de plaisirs individuels, mais comme le bien proprement humain, comme actualisation de l'homme. La vie heureuse est donc la **vie contemplative**, elle réside dans l'activité la plus parfaite de l'homme.

Cependant, « une hirondelle ne fait pas le printemps » (*Éthique à Nicomaque*) : le bonheur demande temps et constance. En outre, il dépend également de circonstances favorables, il peut être rendu inaccessible par des obstacles extérieurs.

Vertu et bonheur s'accordent donc, et c'est par une vie raisonnable, prudente, pratiquant la juste mesure, que l'on peut se rendre heureux.

La politique, fin de la nature

Aristote ne sépare pas morale et politique. En effet, ce n'est que dans la cité que l'homme peut actualiser ses dispositions pour une vie raisonnable et heureuse. Étant « par nature un animal politique », l'homme ne peut s'accomplir en tant que tel qu'au sein de la cité.

Celle-ci est vue, conformément au principe finaliste, comme la **fin de la nature**, parce que seule elle permet le bien vivre qui suppose un affranchissement des tâches matérielles au profit d'une activité plus proprement humaine. Cet affranchissement ne peut être la condition de tous, puisque la production est une nécessité. Ainsi Aristote justifie-t-il, par exemple, l'esclavage qui, remplissant sa fonction, apparaît comme nécessaire.

La prudence et la juste mesure sont les vertus de l'homme politique. Ainsi Aristote critique-t-il la recherche de l'accumulation des richesses qui n'engendre que vices et vanités. Le régime idéal serait celui que gouverne de manière tempérée et modérée la classe moyenne.

Une œuvre-clé : *Politiques*

Contexte

Attaché aux faits, Aristote l'est aussi lorsqu'il s'agit de penser la politique. Procédant de manière descriptive et comparative, il analyse les formes de gouvernement et l'origine de l'État, qu'il tient pour naturelle, afin de proposer les moyens de conserver et de stabiliser les différentes formes de gouvernement et d'éviter toute subversion.

Extrait

> L'homme est [...] un animal civique, plus social que les abeilles et autres animaux qui vivent ensemble. La nature, qui ne fait rien en vain, n'a départi qu'à lui seul le don de la parole qu'il ne faut pas confondre avec les sons de la voix. Ceux-ci ne sont que l'expression de sensations agréables ou désagréables dont les autres animaux sont, comme nous, susceptibles. La nature leur a donné un organe borné à ce seul effet ; mais nous avons de plus, sinon la connaissance développée, au moins tout le sentiment obscur du bien et du mal, de l'utile ou du nuisible, du juste ou de l'injuste, objets pour la manifestation desquels nous a été principalement accordé l'organe de la parole. C'est ce commerce de la parole qui est le lien de toute société domestique et civile.
>
> *Les politiques*, trad. M. Prélot, PUF, 1983.

Clés du texte

■ L'homme, un animal politique

→ La politique et la cité ne sont nullement le résultat de conventions ou d'artifices accidentels. Si la cité existe, c'est qu'elle représente la fin ultime de la nature.

→ Ainsi, l'homme n'est véritablement homme que par son activité au sein de la cité. Il y trouve aussi bien les conditions de son existence que celles de son accomplissement.

■ La parole distincte de la voix

→ Preuve de la destination politique de l'homme : sa constitution même, le fait qu'il possède la parole, alors que l'animal n'est doté que de la voix.

→ La voix permet à l'homme comme à l'animal de crier (d'exprimer des sensations, d'extérioriser la douleur ou le plaisir).

→ Bien plus, la parole véhicule du sens, des valeurs (juste et injuste, bien et mal) que l'on peut mettre en commun, dont on peut discuter. En ce sens, elle est l'outil par lequel se construit une communauté.

■ La cité, une fin naturelle

→ Or, la nature « ne fait rien en vain » : si elle a doté l'homme de la parole, c'est qu'elle vise par là une fin. Si le propre de la parole est de permettre l'échange de valeurs, c'est la constitution de la cité fondée sur ces valeurs qu'elle vise.

→ C'est ainsi que l'on justifie la naturalité de la cité : elle est naturelle parce que, on le voit bien, l'homme est doté de tout ce qui est nécessaire à son existence.

5

Épicure

341 - 270 av. J.-C.

« Le plaisir est le principe et la fin de la vie bienheureuse. » *Lettre à Ménécée*

Éléments de biographie

Les racines de la pensée d'Épicure

Né dans l'île de Samos, Épicure suit dès l'âge de quatorze ans les cours de Pamphile. Déçu par ce platonicien, il devient élève de Nausiphane, disciple de Démocrite d'Abdère.
Démocrite (vers 460 – 380 av. J.-C.) est le fondateur de l'atomisme. C'est sur la base de ses enseignements qu'Épicure élabore sa conception matérialiste du monde, et particulièrement l'idée que le monde est constitué d'atomes indivisibles et de vide.

Une époque troublée

Épicure vit à une époque politiquement chaotique, et il assiste au déclin des cités grecques. En 323 av. J.-C., Alexandre le Grand meurt. Guerres et émeutes se succèdent, Athènes change sept fois de chef politique.

L'école d'Épicure : le Jardin

Épicure décide de se retirer du monde pour mener une vie d'ascète. Il s'installe à Athènes pour créer une école de philosophie, le Jardin. Il y vit en communauté avec ses amis, surnommés les « philosophes du Jardin », prônant une vie simple et sage, fondée sur l'harmonie et l'amitié.
C'est notamment en réaction aux modèles culturels véhiculés par les deux grandes écoles athéniennes que sont le Lycée (école fondée par Aristote) et l'Académie (fondée par Platon) qu'Épicure crée son école : les deux écoles athéniennes, réservées à une élite, prétendent former le citoyen en vue de son accomplissement dans la cité et s'avèrent cependant inaptes à résoudre les problèmes politiques de leur temps.
Épicure propose un nouveau modèle de vie visant le bien vivre autrement que par une formation érudite et axée sur la politique. Car le rôle de la philosophie est bien de conduire tous les hommes sur la voie de la sagesse : le Jardin accueille aussi bien des personnages illustres que des femmes et des esclaves.

La figure du sage

D'une sérénité à toute épreuve, Épicure endure avec courage les souffrances dues à une terrible maladie rénale. Sa vie entière fut vouée à

l'amitié. Bienveillant, il offrira en testament à ses proches de quoi mener une vie décente.
De son œuvre immense (près de trois cent titres), il ne nous reste que quelques maximes et trois lettres, la *Lettre à Hérodote*, la *Lettre à Pythoclès*, et la *Lettre à Ménécée*.

Thèses essentielles

L'épicurisme connaîtra une large diffusion. Il ne laissera pas indifférents des penseurs tels que Spinoza, Montaigne, ou encore Marx.

La philosophie épicurienne comprend trois parties : la ***canonique****, d'abord, s'intéresse aux critères de la vérité ; la* ***physique****, ensuite, traite de la nature ; la* ***morale****, enfin, expose les conditions d'une vie heureuse.*

La canonique

Le but de la philosophie est le **bonheur**, compris comme sérénité. Or, toute sérénité repose sur la sécurité, laquelle ne peut s'obtenir que par la **connaissance**. La canonique entend poser les bases de la connaissance, saisie de la vérité.
En ce qui concerne les critères du vrai, la doctrine d'Épicure s'oppose à celle de Platon. Ce dernier voyait dans la sensation la source de toute illusion et de toute erreur. Au contraire, les épicuriens affirment que nos **sensations**, loin d'être subjectives et relatives, sont ce par quoi nous avons accès au réel. Elles sont donc, en tant que données concrètes des sens, le critère de la vérité, ce qui nous met en contact avec la nature.
Nous ne pouvons démontrer que les sensations sont erronées. Elles procèdent d'émanations de **simulacres** (particules fines) des objets venant frapper nos sens. Les simulacres ayant une structure identique à celle de l'objet, c'est bien la réalité que nous percevons.

La physique : tout est atome et vide

Épicure élabore une **physique matérialiste et atomiste :** tout n'est qu'atomes et vide. Le vide, espace infini et immatériel, permet d'envisager la possibilité du mouvement. Les atomes sont les éléments matériels ultimes, minuscules et insécables, qui se meuvent dans le vide. Ils sont inaccessibles aux sens.
Nous percevons en revanche les **agrégats d'atomes** formés par la rencontre fortuite des atomes. Il existe donc deux sortes de corps, les atomes et les corps tels que nous les connaissons (les agrégats). Si les atomes sont la matière infinie et éternelle, les agrégats connaissent la mort : ils se décomposent en éléments atomiques qui, au hasard de mouvements imprévisibles, donneront lieu à de nouvelles combinaisons

et donc à la naissance de nouveaux corps. Ainsi, **rien ne naît de rien**, et rien ne disparaît absolument.
La physique épicurienne affirme l'infinité de l'univers et la pluralité des mondes. Notre monde n'étant qu'une combinaison possible parmi tous les mondes, il n'est pas incohérent de penser sa fin comprise comme sa dissolution en éléments atomiques ultimes.
Puisque toute chose est un composé d'atomes, **tout est matière**, même l'âme et les dieux. Par ce **matérialisme**, Épicure s'oppose à l'idéalisme platonicien et au finalisme aristotélicien. Refusant la notion de destin développée par les stoïciens, il explique les phénomènes naturels par le principe de **causalité** et l'existence du **hasard**.

La physique au fondement de l'éthique

La physique pose les bases d'une éthique menant au bien vivre. Vivant dans une époque troublée, Épicure n'a de cesse de chercher une réponse pratique au malheur de l'homme. Celle-ci ne se trouve pas dans l'établissement d'un projet social, comme chez Aristote, mais dans la mise en œuvre d'une morale privée.
Mais pour se rendre heureux, encore faut-il pouvoir être libre, et l'on déduit souvent des systèmes matérialistes l'impossibilité de la liberté. Or, la doctrine épicurienne place la liberté au centre de sa morale. De même que, dans la nature, il y a de la contingence, l'homme fait l'expérience de sa **liberté**, de sa capacité à être cause première, à s'autodéterminer.
Ce qui rend l'homme malheureux, c'est l'espérance de l'irréel. On comprend dès lors que la physique, permettant une connaissance de la nature, soit à la base de l'éthique.

Le quadruple remède

Pour soigner les maux de l'âme, Épicure propose un quadruple remède.

1- Si toute chose est de nature matérielle, les dieux n'ont aucune influence sur notre vie, ils se suffisent à eux-mêmes (la notion de divinité inclut celle de perfection et donc d'autosuffisance). Ils sont indifférents aux affaires humaines. On n'a pas à les craindre, et l'on peut se libérer des superstitions en tous genres.

2- La mort, comprise comme décomposition du corps en éléments atomiques, est absence de sensation et n'est donc rien pour nous (voir texte ci-après). L'atomisme nous libère de la crainte de la mort.

3- Nous pouvons endurer la douleur : si elle est insupportable, elle s'achève en perte de conscience et signe sa fin. Tant que nous la ressentons, c'est que nous pouvons la souffrir, la pensée du plaisir permettant en outre de l'atténuer.

4- Nous pouvons atteindre le bonheur par une vie prudente qui sait réguler les désirs. La nature nous enseigne ce dont nous avons besoin, il suffit de l'écouter pour atteindre cet état de contentement et de sérénité. Ainsi, en distinguant parmi nos désirs ceux qui sont conformes à notre nature et ceux qui sont vains, nous nous assurons la possibilité du bonheur.

Le bonheur est donc à réaliser en ce monde, non pas à espérer dans un au-delà hypothétique et douteux.

Le plaisir : principe de la vie heureuse

C'est un **hédonisme** que prône Épicure, affirmant que **le souverain bien est le plaisir**. Mais il a souvent été mal compris, comme en atteste le langage courant qui désigne par le terme « épicurien » un bon vivant, jouisseur déraisonnable et excessif. Certes, pour Épicure, c'est le plaisir qu'il faut rechercher, mais celui-ci ne se situe pas dans la satisfaction du moindre de nos caprices. Le bonheur est avant tout un état de calme, de plaisir stable qui ne peut se conjuguer avec une vie débridée.

La sensation, critère du vrai, est également critère du bien. Plaisir et douleur sont des affections qui nous permettent de savoir si un objet peut s'accorder avec notre nature. Vivre heureux, c'est vivre **selon sa nature**, en évitant les tensions du désir et toute souffrance. C'est dans ce but qu'Épicure distingue trois sortes de désirs :

1- **Les désirs vains** (ex. : désir de richesse) sont sources d'angoisse, ils ne sont ni naturels (ne répondent pas aux besoins de notre nature) ni nécessaires (nous pouvons nous passer de les satisfaire). La recherche du bonheur compris comme **ataraxie** (absence de trouble de l'esprit) et **aponie** (absence de trouble du corps) exige leur abolition. Rien ne sert de désirer toujours davantage, ce n'est que source de désarroi et de troubles.

2- **Les désirs naturels et non nécessaires** (ex. : le désir sexuel) sont à satisfaire avec prudence et modération.

3- **Les désirs naturels et nécessaires** (ex. : la faim) doivent être satisfaits. Il s'agit donc d'atteindre le bonheur par une simplification de la vie, en renonçant à tout ce qui est vain et superflu.

Une œuvre-clé : *Lettre à Ménécée*

Contexte

La *Lettre à Ménécée* expose l'essentiel de l'éthique épicurienne. Elle définit les conditions nécessaires au bien vivre, les principes permettant d'atteindre l'ataraxie.

Dans le texte qui suit, Épicure, après avoir montré que l'on a tort de craindre les dieux, s'intéresse à la seconde de nos craintes non fondées, la crainte de la mort.

Extrait

Habitue-toi à penser que la mort n'est rien par rapport à nous ; car tout bien – et tout mal – est dans la sensation : or la mort est

> privation de sensation. Par suite la droite connaissance que la mort n'est rien par rapport à nous, rend joyeuse la condition mortelle de la vie, non en ajoutant un temps infini, mais en ôtant le désir de l'immortalité. Car il n'y a rien de redoutable dans la vie pour qui a compris qu'il n'y a rien de redoutable dans la non-vie. Sot est donc celui qui dit craindre la mort, non parce qu'il souffrira parce qu'elle sera là, mais parce qu'il souffre de ce qu'elle doit arriver. Car ce dont la présence ne nous cause aucune trouble, à l'attendre fait souffrir pour rien. Ainsi le plus terrifiant des maux, la mort, n'est rien par rapport à nous, puisque, quand nous sommes, la mort n'est pas là, et, quand la mort est là, nous ne sommes plus. Elle n'est donc en rapport ni avec les vivants ni avec les morts, puisque, pour les uns, elle n'est pas, et que les autres ne sont plus. Mais la foule fuit la mort tantôt comme le plus grand des maux, tantôt comme la cessation des choses de la vie. Le sage, au contraire, ne craint pas de ne pas vivre : car ni vivre ne lui pèse ni il ne considère comme un mal de ne pas vivre.
>
> *Lettre à Ménécée*, in *Lettres et Maximes*, trad. M. Conche, PUF, 1987.

Clés du texte

■ La sensation, critère du bien et du mal

→ Sensation : douleur (critère du mal) et plaisir (critère du bien).

→ Principe : la nature nous fait savoir simplement (par la sensation) ce qui nous convient ou pas. Pour être heureux, il faut se connaître, s'écouter.

■ La mort n'est rien pour nous

→ La mort, absence de vie, est absence de sensation, puisque la sensation est inhérente à la vie. Elle est donc absence de douleur, elle ne peut nous affecter.

→ L'atomisme fonde l'éthique : en comprenant que la mort est dissolution du corps et de l'âme (l'agrégat que nous sommes se décompose en atomes), on comprend qu'on n'a pas à la craindre.

→ En se libérant de cette crainte, on fait un pas vers l'ataraxie, puisque la crainte est un trouble de l'âme. Le savoir est condition nécessaire du bonheur.

■ Il est sot de craindre la mort

→ Soit la mort n'est pas encore là, et il est absurde de la craindre : on souffre sans raison, on se rend malheureux pour rien.

→ Soit la mort est là, mais alors, nous ne pouvons plus souffrir, puisque nous ne sommes plus.

■ Pourquoi la foule a-t-elle peur de la mort ?

→ Elle voit en elle « le plus grand des maux » : non consciente de ce qu'est le corps, et du fait que la mort est la cessation de la vie, elle craint en elle la douleur, à tort.

→ Elle voit aussi en elle « la cessation des choses de la vie » : elle pense que la mort est privation de toutes les bonnes choses dont on peut jouir dans la vie. Mais c'est parce qu'elle n'a pas su trouver le contentement.

→ Le sage, au contraire, a atteint un état de complétude et de satisfaction : il n'est pas troublé par le désir vain d'immortalité. Il ne quitte pas la vie avec un sentiment de privation. Vivre plus longtemps ne lui apporterait rien de plus que ce qu'il a déjà.

→ La foule doit méditer pour se libérer de ces craintes qui troublent son âme.

6

Lucrèce

98 - 55 av. J.-C.

« Prétendre que c'est pour les hommes que les dieux ont voulu préparer le monde et ses merveilles, c'est pure déraison. » *De la nature des choses*

Éléments de biographie

La déchéance de Rome

De même que son maître Épicure était contemporain de la déchéance des cités grecques, Lucrèce assiste à son époque au déclin de la République romaine, ravagée par la guerre civile et les crises sociales et économiques. Il assiste aux prémisses de la chute de la République romaine qui aura lieu en 27 av. J.-C.

L'héritier d'Épicure

Dès lors se pose au poète latin la même question qu'Épicure en son temps cherchait à résoudre en inaugurant le Jardin : comment vivre en des temps aussi troublés ? Comment atteindre la sagesse et la sérénité ?

Thèses essentielles

Lucrèce transmet dans son poème, De natura rerum, *la doctrine épicurienne, tout en opérant une critique plus acerbe et précise que son maître des superstitions et fausses explications des phénomènes naturels.*

Le naturalisme matérialiste de Lucrèce

Tout comme Épicure qui, deux siècles avant lui, élaborait une physique matérialiste fondée sur l'atomisme, Lucrèce conçoit l'univers comme étant composé exclusivement d'atomes et de vide. Les corps que nous voyons sont des combinaisons d'atomes, et s'ils ont des formes différentes, c'est que ces combinaisons peuvent varier à l'infini.
Pour expliquer comment les atomes peuvent donner lieu à l'existence de corps (agrégats d'atomes), nous sommes obligés d'admettre que leur mouvement n'est pas seulement rectiligne, sans quoi jamais ils ne pourraient se rencontrer. C'est donc par **déclinaison**, possibilité pour les atomes de dévier leur trajectoire, que se produit la formation des corps. Cette déclinaison, Lucrèce la nomme aussi ***clinamen***. (Notons que nul part dans les textes d'Épicure nous ne trouvons notion du *clinamen*, qu'il faut peut-être attribuer à Lucrèce).

La liberté affirmée

Ainsi Lucrèce donne-t-il à la matière une **liberté** qui permet de penser également la liberté humaine : la spontanéité est présente aussi bien dans le corps que dans l'esprit, lui-même constitué d'atomes. Un tel principe permet de justifier la possibilité pour l'homme d'être autonome.
Et ce d'autant plus que, la nature étant matérielle, elle ne peut être l'œuvre d'une volonté divine transcendante, elle n'est pas l'objet d'un projet divin, mais le lieu du hasard et de la nécessité. Lucrèce réfute, tout comme Épicure, l'idée de destin impliquant la soumission de l'homme à la fatalité.

La sagesse dans la connaissance

La morale de Lucrèce est proche de celle d'Épicure : c'est en libérant l'âme des troubles que suscitent les craintes et les désirs superflus que le sage peut atteindre l'**ataraxie**, la sérénité de l'esprit affranchi de tout trouble.
L'homme doit chercher le **bonheur** en se détachant du superflu, en se délivrant des passions qui troublent son âme. Le but de la vie est le **plaisir**, non pas celui, déréglé, de l'intempérant, mais le plaisir en repos compris comme absence de douleur.
La connaissance rationnelle de la nature est le moyen par lequel l'homme peut s'affranchir de ses peurs, de ses illusions, des superstitions, bref, de tout ce qui trouble son âme et entrave le repos tant recherché.
Lucrèce, vu en cela comme un libérateur, n'aura de cesse de dénoncer la vanité et la dangerosité des religions et des superstitions qui aliènent l'esprit de l'homme.

Une œuvre-clé : *De la nature des choses*

Contexte

Seule œuvre de Lucrèce, ce poème philosophique se compose de six chants qui, reprenant les doctrines des épicuriens, les enrichissent et leur donnent une facture esthétique.
L'ordre des chants suivant l'ordre des raisons, Lucrèce propose un naturalisme propice à la sagesse, l'étude de la nature ne pouvant être distincte de l'éthique.

Extrait

> En ce domaine je brûle encore de t'apprendre ceci :
> Dans la chute qui les emporte, en vertu de leur poids,
> Tout droit à travers le vide, en un temps indécis,
> En des lieux indécis, les atomes dévient un peu ;
> Juste de quoi dire que le mouvement est modifié.
> Sans cette déclinaison, tous, comme gouttes de pluie,
> Tomberaient de haut en bas dans le vide infini.

> Entre eux nulle rencontre, nul choc possible.
> La nature n'aurait donc jamais rien créé.
>
> *De la nature des choses*, livre II, trad. J. Kany-Turpin, Aubier, 1993.

Clés du texte

■ La déclinaison des atomes

→ Le *clinamen*, ou encore déclinaison des atomes, désigne la possibilité pour les atomes de dévier d'une trajectoire rectiligne pendant leur chute dans le vide.

→ Trois causes du mouvement des atomes : la déclinaison, le choc, et la pesanteur.

■ Le *clinamen* comme principe d'explication des corps

→ Impossibilité de l'existence des corps sans la déclinaison : si les atomes ne pouvaient modifier leur trajectoire, ils chuteraient dans le vide de manière rectiligne, sans jamais se rencontrer, et ne pourraient donc pas se combiner de manière à former un agrégat d'atomes, un corps.

■ Le refus de la stricte nécessité

→ Justification de la liberté : la nature n'est pas régie par une stricte nécessité. Possibilité de mouvement spontané et indéterminé qui se fait « en des temps » et « en des lieux indécis ».

→ Ce qui est indécis est ce qui ne résulte d'aucune providence, d'aucun destin. Lucrèce s'oppose aux stoïciens et affirme l'existence du hasard dans la nature.

→ Par conséquent, l'homme n'est pas soumis au destin, il peut être libre, puisqu'il est composé d'atomes et que les atomes sont dotés d'un mouvement libre, spontané et imprévisible.

Épictète

50 - 130

« Ce qui trouble les hommes, ce ne sont pas les choses, mais les opinions tranchées qu'ils ont sur les choses. » *Manuel*

Éléments de biographie

Un ancien esclave

Ce philosophe stoïcien, fils d'esclave, tire son nom du grec *épiktétos* qui signifie « acquis récemment ». Il fut en effet esclave au service d'un maître brutal, Épaphrodite. On raconte qu'un jour, celui-ci lui cassa la jambe et qu'Épictète lui aurait juste dit « je t'avais bien dit que tu la casserais», sans se plaindre davantage (d'où le sens de l'adjectif « stoïque »). Toutefois, son maître, bien que cruel, permet à Épictète de suivre les cours du stoïcien Musonius Rufus qui inspirera sa philosophie.

La liberté au service de la philosophie

Affranchi, l'ancien esclave ouvre une école de philosophie à Rome. Mais en 94, l'empereur Domitien expulse les philosophes de Rome et d'Italie. Réfugié en Épire, Épictète crée une nouvelle école.
Son enseignement est uniquement oral : comme Socrate, il n'a rien écrit lui-même. C'est son disciple Arrien, futur historien et brillant homme d'État romain, qui retranscrit ses leçons et nous livre sa pensée au travers du *Manuel* et des *Entretiens*.

Thèses essentielles

La vie du stoïcien est simple et modeste, il trouve la voie de la sagesse dans la résignation et l'abstinence, sources d'indifférence et d'affranchissement face aux passions aliénantes. « Supporte et abstiens-toi », telle est la maxime qui semble caractériser au mieux l'attitude d'Épictète.

Le stoïcisme

Précisons ce qu'est le stoïcisme : une école de philosophie extrêmement vigoureuse qui perdurera près de six siècles. Trois étapes marquent son histoire : **le stoïcisme ancien**, fondé par Zénon de Cittium

(332 – 262 av. J.-C.), aux IVe et IIIe siècles av. J.-C., **le stoïcisme moyen** aux IIe et Ier siècles av. J.-C., et enfin **le stoïcisme impérial** jusqu'au IIe siècle apr. J.-C., que représentent notamment Epictète et Marc Aurèle.
Les philosophes du Portique (nom donné aux stoïciens en référence au lieu d'origine de la doctrine) enseignent et remanient successivement une doctrine morale visant le bonheur dans la sagesse fondée sur une conception rationnelle de la nature. L'intuition commune aux divers représentants du stoïcisme consiste à penser que l'homme, en tant qu'être inscrit au sein de la nature, doit **vivre conformément à la nature**. Modèle de sagesse, de maîtrise de soi, le stoïcisme influencera des penseurs comme Montaigne, Descartes ou encore Spinoza.

Un monde ordonné

Dans la lignée du stoïcisme, Épictète considère le monde comme soumis à un ordre immuable, le **destin**, auquel nul ne peut se soustraire. Fils de Dieu, Raison gouvernant le monde, l'homme ne peut changer le cours des choses (les circonstances matérielles, la maladie…) mais reste cependant maître de lui-même.

Notre bonheur ne dépend que de nous

La **morale** est le souci majeur du philosophe : la connaissance de la nature doit permettre de bien vivre. Pour être heureux, nous dit Épictète, il convient d'abord de comprendre **ce qui dépend de nous et ce qui n'en dépend pas** (voir texte ci-après).
Et puisque ce qui relève de nos pensées, de nos jugements, de nos désirs et aversions est en notre pouvoir, puisque, de même, est de ce domaine ce qui a trait au bien ou au mal, le bonheur est en notre pouvoir. Car ce sont nos représentations ou nos frustrations qui causent notre malheur.
Dès lors, comprendre que nous avons le pouvoir de les modifier ou de les abolir, c'est aussi comprendre que notre bonheur, la tranquillité de notre âme (ataraxie), ne dépend que de nous. Par exemple, « Ce qui, pour l'homme, est le principe de tous les maux et de sa bassesse d'âme et de sa lâcheté, ce n'est pas la mort, mais bien plutôt la crainte de la mort » (*Entretiens*).

La liberté affirmée du sage

Cette distinction entre ce qui dépend de nous et ce qui n'en dépend pas permet de comprendre comment, malgré l'existence d'un ordre implacable du monde, l'homme est absolument libre. Car sa liberté ne consiste pas dans une supériorité illusoire sur la nature, mais dans une **maîtrise de ses pensées**.
Puisqu'il est membre à part entière de la nature, partie du cosmos, l'homme doit apprendre à vivre conformément à cet ordre. Ce n'est qu'en acceptant le cours des choses qu'il s'affranchit du malheur.
Philosophie de la liberté, le stoïcisme est aussi une philosophie de la volonté. Le sage accepte pour ne pas souffrir, il doit s'efforcer d'être heureux : « Ne

demande pas que ce qui arrive arrive comme tu veux. Mais veuille que les choses arrivent comme elles arrivent, et tu seras heureux » (*Manuel*). Capable de se libérer de ce qui trouble son esprit en maîtrisant ses pensées et désirs, il accède au bonheur en vivant en harmonie avec l'ordre du monde.

L'apathie : la maîtrise des désirs

C'est l'apathie que recherche le sage : l'absence de passion, d'affection pathologique de l'âme. Certes, un tel idéal demande un effort sur soi-même qui suscite l'admiration. Mais un tel effort n'est pas impossible, et Épictète recommande de s'y exercer constamment pour progresser vers une maîtrise de soi qui place l'homme au-dessus des faux désirs porteurs de malheur. La philosophie demande temps et efforts.

Une œuvre-clé : *Manuel*

Contexte

Dans cet ouvrage, Épictète prodigue les conseils à suivre en vue de se libérer des maux qui troublent l'âme. Le philosophe doit savoir se maîtriser et se libérer des désirs vains. Pour cela, il doit d'abord suivre une règle essentielle : distinguer ce qui dépend de nous et ce qui n'en dépend pas.

Extrait

Parmi les choses, les unes dépendent de nous, les autres n'en dépendent pas. Celles qui dépendent de nous, ce sont l'opinion, la tendance, le désir, l'aversion : en un mot tout ce qui est notre œuvre. Celles qui ne dépendent pas de nous, ce sont le corps, les biens, la réputation, les dignités : en un mot tout ce qui n'est pas notre œuvre.

Et les choses qui dépendent de nous sont par nature libres ; nul ne peut les empêcher, rien ne peut les entraver ; mais celles qui ne dépendent pas de nous sont impuissantes, esclaves, sujettes à empêchement, étrangères à nous.

Souviens-toi donc que, si tu crois libres ces choses qui, de par leur nature, sont esclaves, et propres à toi celles qui sont étrangères, tu seras entravé, affligé, troublé, tu accuseras dieux et hommes. Mais si tu crois tien cela seul qui est tien, et étranger ce qui en effet t'est étranger, nul ne te forcera jamais à faire une chose, nul ne t'en empêchera ; tu ne te plaindras de personne, tu n'accuseras personne ; tu ne feras pas involontairement une seule action ; personne ne te nuira, et d'ennemi, tu n'en auras point, car tu ne pourras pas même souffrir rien de nuisible.

Manuel, trad. M. Guyon, Delagrave, 1876.

Clés du texte

■ Ce qui ne dépend pas de nous

→ C'est ce qui dépend des circonstances extérieures, ce que l'on ne peut changer. C'est ce qui ne nous appartient pas, ce sur quoi nous n'avons aucune prise.

→ Par exemple, « le corps, les biens, la réputation, les dignités » dépendent du destin ou encore du jugement d'autrui. Il faut apprendre à accepter les choses comme elles sont.

■ Ce qui dépend de nous

→ C'est ce qui est notre œuvre, ce dont nous pouvons et devons nous rendre maîtres.

→ Ainsi, « l'opinion, la tendance, le désir, l'aversion » sont notre œuvre : ils relèvent de notre esprit et de notre volonté.

→ Les choses en elles-mêmes ne sont ni bonnes ni mauvaises, ce sont nos jugements qui les évaluent telles. Il faut donc apprendre à regarder autrement le monde et comprendre que c'est nous qui donnons une valeur aux événements.

■ Une distinction capitale

→ Cette distinction est capitale : elle conditionne l'accès à la sagesse et à la sérénité.

→ L'insensé voulant autre chose que ce qui est ne distingue pas ce qui dépend de lui et n'en dépend pas. Il se rend esclave de ses opinions, de ses désirs, de ses jugements. Il est aliéné.

→ Au contraire, le sage, indifférent face aux événements qui ne peuvent plus le troubler (il sait qu'il ne peut les changer), s'affranchit de tout trouble (angoisse, inquiétude, désir non satisfait…). Il est libre.

8

Marc Aurèle 121 - 180

« Ne plus du tout discuter sur ce sujet : « Que doit être un homme de bien ? » mais l'être. » *Pensées pour moi-même* (X, 16)

Éléments de biographie

Un philosophe...

Marc Aurèle, philosophe stoïcien de l'époque impériale, découvre avec passion les *Entretiens* d'Épictète et choisit, à douze ans, de revêtir le manteau des stoïciens et d'adopter leur mode de vie frugal.

... devenu empereur

L'empereur Hadrien se prit d'affection pour ce jeune homme. Il ne consentit à adopter Antonin, le mari de la nièce de sa femme, qu'à la condition que celui-ci désigne à son tour Marc Aurèle comme son héritier.
Empereur admiré et apprécié de tous pour sa bonté et son intelligence, Marc Aurèle n'a de cesse de remplir au mieux ses fonctions. Soucieux de défendre son empire, alors qu'il aspire à la paix et à l'étude, il se verra obligé de passer une grande partie de sa vie à lutter contre les invasions barbares qui se succèdent et à gérer les catastrophes (famines, peste, révoltes de généraux...) qui fragilisent son empire. C'est sur les champs de bataille qu'il rédige ses *Pensées pour moi-même*, véritable retraite spirituelle d'un commandant des armées soucieux de garder vivace sa réflexion sur le sens de la vie.
S'efforçant de faire régner la justice, Marc Aurèle applique les conseils de la philosophie du Portique. Ainsi Renan écrit-il son admiration pour l'empereur philosophe : « Avec Marc Aurèle, la philosophie a régné. Un moment, grâce à lui, le monde a été gouverné par l'homme le plus grand et le meilleur de son siècle. » (*Marc Aurèle ou la fin du monde antique*).

Thèses essentielles

Marc Aurèle reprendra nombre des thèses d'Épictète. En rédigeant pour lui-même ses notes personnelles, il applique les exercices spirituels conseillés par le stoïcien. Son originalité se trouve justement dans cette intimité de l'écriture et dans cette implication, ce souci d'agir conformément à la doctrine et de vivre dignement.

Le dieu intérieur

Ce qui nous permet de bien vivre, et garantit notre capacité à atteindre la sérénité malgré les vicissitudes de la vie, c'est le **dieu intérieur**, ou encore **maître intérieur**, ce **génie** qui guide nos vies vers le bien : la **raison**. Ainsi Marc Aurèle prône-t-il le souci de soi, la recherche de la sagesse et de la vertu que ce dieu intérieur rend possible.

La raison étant commune à tous, nous devons être, dans notre activité, respectueux, justes, et bienveillants envers nos semblables. **Citoyen du monde**, l'homme appartient à la communauté des êtres raisonnables, et doit donc s'intéresser au bien commun avant tout, laisser de côté, si c'est nécessaire, son égoïsme : il lui faut donc comprendre que « ce qui n'est pas utile à l'essaim n'est pas utile à l'abeille non plus ». On comprend pourquoi Marc Aurèle, malgré son rang, méprise les honneurs et la recherche de la gloire. Il manifeste un profond **souci d'égalité**.

Il faut vivre conformément à la nature

En stoïcien, Marc Aurèle met en évidence le lien qui rattache l'homme à la nature. L'homme fait partie de ce Tout qu'est la nature, en laquelle il voit la **Raison universelle**. Ce faisant, la sagesse exige que l'on vive conformément au dieu intérieur, parcelle de cette Raison universelle.

C'est donc dans l'empire sur soi-même que consiste l'autonomie véritable qui mène à la sagesse. Marc Aurèle n'aura de cesse d'essayer d'incarner cette maîtrise de soi, ce qu'il fit, au dire de ses contemporains, avec succès.

La prééminence du présent

Il se dégage de l'œuvre de Marc Aurèle un certain souci face à la fragilité de la vie humaine. Nous n'avons aucune prise sur le passé ni sur l'avenir. Par conséquent, seule l'activité présente compte. L'existence humaine est précaire, et c'est donc dans le présent que la vertu doit se manifester. D'où la nécessité de constamment s'interroger et d'essayer de maîtriser son jugement.

La petitesse de l'existence humaine face à la grandeur du cosmos dont elle ne représente qu'une infime partie doit amener à la modestie et à la conscience que la mort n'est pas tragique mais nécessaire au renouvellement du monde. Il n'y a nulle raison de la craindre, elle est le fait du **destin**, de la **Providence** que le sage doit savoir accepter. Il faut donc se réjouir des événements, ne pas essayer vainement de changer l'ordre du monde.

Une œuvre-clé : *Pensées pour moi-même*

Contexte

Cet ensemble de réflexions prises au jour le jour sur les champs de bataille manifeste un sens du devoir sans pareille. Par ces notes, Marc Aurèle cherche à concilier l'exigence du « bien vivre », la recherche de la sagesse et de la sérénité, avec les vicissitudes et la précarité de l'existence humaine. Plus particulièrement, cet extrait analyse la crainte de la mort et la petitesse de l'existence humaine.

Extrait

Dusses-tu vivre trois mille ans et autant de fois dix mille ans, souviens-toi pourtant que personne ne vit une autre vie que celle qu'il vit, et qu'il n'en vit pas d'autre que celle qu'il perd. Donc le plus long et le plus court reviennent au même. Car le présent est égal pour tous ; est donc égal aussi ce qui périt ; et la perte apparaît ainsi comme instantanée ; car on ne peut perdre ni le passé ni l'avenir ; comment en effet pourrait-on vous enlever ce que vous ne possédez pas ? Il faut donc se souvenir de toutes choses : l'une que les choses sont éternellement semblables et recommençantes, et qu'il n'importe pas qu'on voie les mêmes choses pendant cent ou deux cents ans ou pendant un temps infini ; l'autre qu'on perd autant, que l'on soit très âgé ou que l'on meurt de suite : le présent est en effet la seule chose dont on peut être privé, puisque c'est la seule qu'on possède, et que l'on ne perd pas ce que l'on n'a pas.

Pensées pour moi-même, in *Les Stoïciens*, trad. É. Bréhier, revue par J. Pépin, Gallimard, La Pléiade, 1962.

Clés du texte

La durée de la vie est sans importance

- Marc Aurèle s'attaque ici au préjugé selon lequel vivre longtemps, c'est vivre mieux.
- Ce n'est pas la quantité de temps qui compte, mais la qualité.
- En effet, le passé et l'avenir ne nous appartiennent pas, ils ne sont pas, seul le présent est, ce qui signifie qu'en perdant sa vie, c'est son présent que l'on perd, qui est le même pour tous.

La crainte de la mort n'est pas fondée

- Sérénité du sage qui ne peut espérer meilleure condition et ne craint pas la mort, mais comprend sa nécessité, sa conformité au destin.
- La mort n'est pas une mauvaise chose : la Raison universelle gouverne le monde et chaque être participe de ce développement appelé à se renouveler suivant le mythe de l'éternel retour.

9

Sextus Empiricus

IIe - IIIe siècles

« À toute raison, on peut opposer une raison d'égale force. » *Esquisses pyrrhoniennes*

Éléments de biographie

Un médecin philosophe

Philosophe, médecin et astronome grec, Sextus Empiricus serait né au milieu du IIe siècle à Mytilène, puis il aurait vécu à Alexandrie et à Athènes.
Empiriste, il est surnommé « Empiricus » parce qu'il pratique la médecine en se fondant sur l'expérience propre de chacun de ses malades. Il tient compte des circonstances particulières comme l'âge ou encore les maladies antérieures de ses patients, refusant d'appliquer aveuglément des théories générales.

Un historien de la philosophie

Sextus Empiricus fut le chef de file de l'école sceptique de 180 à 210. Outre les thèses du sceptique Pyrrhon, il examine et nous fait découvrir dans les *Esquisses pyrrhoniennes* et ses traités *Contre les dogmatiques* et *Contre les professeurs* les doctrines des principaux philosophes grecs. Il nous transmet des informations inédites et fait œuvre d'un véritable historien de la philosophie ancienne.

Thèses essentielles

Sextus Empiricus a contribué à la diffusion des thèses sceptiques, et notamment de celles du fondateur du scepticisme, Pyrrhon d'Élis (365 – 275 av. J.-C.).

Contre le dogmatisme…

C'est d'abord le dogmatisme, et surtout le stoïcisme que combat Sextus Empiricus. Examinant les thèses contraires, il prouve leur inanité en les renvoyant dos à dos. Les arguments par lesquels les métaphysiciens prétendent défendre leurs doctrines se valent, aucun ne semble plus légitime que les autres. L'incertitude est de mise.
Le vrai est si précieux qu'affirmer quelque chose sans fondement revient à l'offenser. D'où la nécessité de la prudence : « quelque raison que j'aie examinée, dont on se sert pour établir une assertion dogmatique, il me

semble qu'il y en a quelque autre opposée à celle-là, qui établit aussi un dogme, et qui est égale à cette première » (*Esquisses pyrrhoniennes*).

… le scepticisme

Sceptique, Sextus Empiricus revendique la suspension du jugement, l'***épochè*** (état de doute) : puisque le vrai est difficile d'accès, il faut refuser toute assertion qui ne puisse être fondée. C'est la fragilité de l'esprit humain que met en évidence le scepticisme. Certes, le vrai existe, mais nous ne pouvons être certains de l'atteindre, aussi devons-nous suspendre notre jugement.
Si nous ne pouvons être certains d'atteindre le vrai, c'est que, d'abord, nous ne pouvons, contrairement à ce qu'affirment les **empiristes**, nous fier à nos sens : les sensations varient d'un individu à l'autre et sont donc relatives. C'est aussi, à la différence de ce qu'admettent les **rationalistes**, parce que la raison ne peut résoudre les contradictions des dogmatiques et se trouve face à des difficultés insurmontables dans sa quête de la vérité.

Le but du scepticisme : l'ataraxie

Certains critiquent le scepticisme en ce qu'il mènerait à une passivité face au monde telle que tout pourrait nous sembler vain : à quoi bon chercher la vérité si elle est inaccessible ? Comment même peut-on concevoir la possibilité de l'action pour un esprit refusant toute certitude ? Sextus Empiricus, conscient de ces critiques, leur répond.
Il n'appelle pas à un scepticisme « paresseux », mais à une prudence salvatrice. En s'affranchissant de tout dogme, le sceptique se donne la possibilité d'atteindre un état de quiétude, une paix de l'âme que l'on nomme **ataraxie**. Celle-ci consiste dans l'absence de trouble de l'esprit. Si, donc, il faut être sceptique, c'est en vue d'une telle sérénité. « Le sceptique vise la sérénité en matière d'opinion » (*Esquisses pyrrhoniennes*).

La morale du sceptique : la conscience de la relativité

D'un point de vue moral, Sextus Empiricus préconisera une vie conforme aux mœurs en vigueur consciente cependant de la relativité de ces coutumes. Le scepticisme ne condamne donc pas à l'inaction, mais prône tolérance et modération, attitudes propices à la sérénité.

Une œuvre-clé : *Esquisses pyrrhoniennes*

Contexte

Dans cette œuvre, Sextus Empiricus propose une introduction au scepticisme. Il en présente les principes fondateurs et analyse de manière critique la prétention des philosophes à atteindre la vérité absolue.

Extrait

> En prenant le terme de principe ou de cause, pour la fin ou pour la cause finale, nous disons que le principe, ou la cause, ou la fin

du scepticisme est l'espérance que le philosophe sceptique a de parvenir par le moyen de cette sorte de philosophie, à l'*Ataraxie*, c'est-à-dire, à l'exemption de trouble, ou à la tranquillité de l'âme. Car les grands génies, qui ont été les auteurs de cette discipline, voyant que cette égalité de raisons qu'ils remarquaient dans les choses, les troublait, ils commencèrent à examiner ce qu'il pouvait y avoir de vrai ou de faux dans les choses, afin de se procurer une disposition exempte de trouble, par le discernement qu'ils feraient de ces choses. Mais si on demande le principe sur lequel le sceptique se fonde principalement pour douter de tout, c'est celui-ci : que toute raison peut être contredite par une raison opposée d'un poids et d'un moment égal. Ce principe-là nous conduit à reconnaître qu'il n'y a aucun dogme, rien que l'on ne puisse affirmer ou nier dogmatiquement et avec assurance.

Esquisses pyrrhoniennes, livre I, Seuil, 1997.

Clés du texte

La fin du scepticisme : l'ataraxie

- Ataraxie : absence de trouble (inquiétude, angoisse…) de l'âme, sérénité de l'esprit. Tel est le but que vise le sceptique.
- Le moyen pour atteindre ce but est la suspension du jugement : ne pas avoir de fausses opinions, d'idées angoissantes, libère l'esprit de ce qui pourrait le troubler.
- Le doute définitif : il ne faut rien affirmer.

La critique du dogmatisme

- Le dogmatique pose des arguments en faveur de sa thèse. Mais à ces arguments, on peut objecter des arguments contraires et de même valeur (aussi légitimes). Le scepticisme semble être une attitude plus cohérente.

Le principe du scepticisme

- Comprendre et accepter qu'aucune des thèses contraires ne peut être tenue pour meilleure, c'est se libérer des hésitations et croyances nuisibles.
- Le scepticisme : un art de vivre.

Le scepticisme ne conduit pas à la paresse

- Refus de l'accusation de paresse et d'inaction : le sceptique est d'abord celui qui examine, qui cherche la vérité (*skepsis*, en grec, signifie examen).
- Il n'est pas d'abord celui qui doute : l'*épochè* est un **résultat** nécessaire face à la prise de conscience de la fragilité des connaissances.

Plotin

vers 205 - 270

« C'est dans le monde intelligible que se trouve la réalité véritable. » *Ennéades*

Éléments de biographie

Une vie de philosophe

Né en Égypte, Plotin étudie auprès du philosophe platonicien Ammonius Saccas avant de suivre l'empereur Gordien lors d'une campagne militaire contre les Perses en vue d'étudier les sagesses indiennes et perses. Il s'installe à Rome en 244 pour y créer une école qui aura un immense succès.
Son enseignement est exclusivement oral pendant dix ans. À la demande de son disciple le plus célèbre, Porphyre, il se décide à écrire. Mais, rechignant à relire ses livres, il charge Porphyre de réviser et de publier ses écrits.

Une vie excessivement ascétique

Ayant tout ce qui touche au corps en horreur, Plotin mena une vie excessivement ascétique, refusant tout soin corporel au point de mettre sa santé en danger. Il n'a jamais voulu que l'on fasse une statue de lui, ou bien même son portrait, pensant que ce qui importe, c'est le discours, non le corps ou l'image sensible.
Cependant, considéré par ceux qui l'approchaient comme un homme sage, guide et directeur de conscience, il vécut entouré d'enfants qui lui avaient été confiés. Porphyre, dans sa *Vie de Plotin*, le décrit comme « doux, à la disposition de tous ceux qui, d'une façon ou d'une autre, se sont trouvés en relation avec lui ».

Thèses essentielles

Partant de concepts platoniciens qu'il revisite de manière originale, Plotin fonde le ***néo-platonisme****, philosophie qui exercera une grande influence sur la pensée médiévale. Sa doctrine renvoie en outre aux questions et arguments développés par la philosophie stoïcienne, prégnante à son époque, mais elle s'inspire également de la philosophie aristotélicienne.*

L'Un, principe de toutes choses

Comme Platon dans le *Parménide*, ouvrage de référence des néo-platoniciens, Plotin affirme l'existence d'un **monde intelligible** au-delà

du **monde sensible** (monde accessible aux sens). Le principe suprême dont procèdent les réalités intelligibles et les réalités sensibles est l'**Un** ou encore, selon le terme platonicien, le **Bien**.
Mais l'Un, étant en toutes choses, est pourtant au-delà d'elles, antérieur à elles et à toute détermination ontologique[1], si bien qu'il est ineffable[2], immobile, éternel, inengendré, dépourvu de toute qualité qui le multiplierait. Ainsi, on ne peut que l'évoquer, dire ce qu'il n'est pas sans pouvoir dire positivement ce qu'il est. C'est un absolu inconnaissable, une pure transcendance d'où procèdent toutes choses et d'où elles tiennent leur unité.
Ce n'est donc pas la pensée qui peut saisir l'Un et s'unir au Bien, mais l'âme au travers d'une expérience mystique relevant du désir et de l'amour. La **contemplation** se comprend comme fusion de l'âme et du Bien. C'est en retrouvant en soi-même l'unité dont on procède, en se tournant vers l'Un que l'on peut s'unir à lui et en avoir une perception compréhensive, mais jamais explicative.

Les trois hypostases

Le monde contient trois **hypostases**, c'est-à-dire trois principes qui demeurent permanents sous le changement des choses, trois réalités premières et véritables, intelligibles et incorporelles : l'Un, l'Intellect et l'Âme.
Tout naît et procède de l'Un, dont la plus haute émanation est **l'Intellect** (le *Noûs*), lieu intelligible constitué de l'ensemble des réalités intelligibles, des **Formes**. Il pense toutes choses et est l'être et la vie.
De l'Intellect procède l'**Âme**, cause et principe organisateur du monde sensible qui est une image du monde intelligible. D'elle procèdent les âmes individuelles.
Ainsi, l'Un est comme le soleil qui, par son rayonnement, engendre la lumière aussi bien que l'ombre, sans pourtant se confondre avec elles : il est source et principe d'unité de toutes choses. Pour désigner ce processus de génération par lequel les hypostases « viennent » les unes des autres tout en étant cependant distinctes, l'on parlera de **procession**.

La conversion : le retour vers l'Un

La **matière** est le dernier degré ontologique, ultime reflet de l'Un, source du **mal**. Elle est absence de forme, privation, défaut d'être dont l'âme doit s'affranchir afin de se tourner vers l'Un et de connaître l'**extase**, cette contemplation fusionnelle du Bien. C'est pour cela que l'homme doit se libérer de son corps, le maîtriser. L'âme doit s'affranchir des contraintes corporelles et trouver en elle-même son principe : elle doit se purifier pour progresser vers la contemplation.

1. Ontologique : relatif à l'être
2. Ineffable : ce que l'on ne peut dire

Une œuvre-clé : *Ennéades*

Contexte

Plotin avait chargé Porphyre de mettre en ordre et de corriger ses écrits. Ce dernier organise ses œuvres en cinquante-quatre traités répartis en six *Ennéades*, regroupées en trois volumes. Le premier volume (*Ennéades* I à III) traite d'éthique, de physique et de cosmologie. Le second (*Ennéades* IV et V) est consacré à l'âme et à l'intellect. Enfin, le dernier volume traite de l'Un.
Ainsi, lire les *Ennéades* dans l'ordre voulu par Porphyre, c'est se former en passant des questions les plus simples aux plus complexes. La lecture doit permettre la conversion de l'âme qui, s'affranchissant du sensible, se rend capable de contempler l'Un.

Extrait

L'Un est antérieur au *quelque chose*.

C'est pourquoi en vérité il est ineffable : quoi que vous disiez, vous direz *quelque chose* ; or, ce qui est au-delà de toutes choses, ce qui est au-delà de la vénérable Intelligence, ce qui est au-delà de la vérité qui est en toutes choses n'a pas de nom ; car ce nom serait autre chose que lui ; il n'est pas quelqu'une d'entre toutes les choses, et il n'a point de nom parce que rien ne se dit de lui comme d'un sujet. [...]

Comment alors parler de lui ? Nous pouvons parler de lui, mais non pas l'exprimer lui-même. Nous n'avons de lui ni connaissance ni pensée. Comment parler de lui si nous ne le saisissons pas lui-même ? C'est que, sans le saisir par la connaissance, nous ne sommes pas tout à fait sans le saisir ; nous le saisissons assez pour parler de lui, mais sans que nos paroles l'atteignent en lui-même. Nous disons ce qu'il n'est pas ; nous ne disons pas ce qu'il est.

Ennéades, livre V, trad. É. Bréhier, Les Belles Lettres, 1967.

Clés du texte

La simplicité de l'Un

- L'Un : principe premier d'où tout procède, donc antérieur au quelque chose, immobile, parfait et simple. L'Un n'est donc que lui-même, pas « quelque chose ».
- En effet, ce qui est *quelque chose* désigne ce qui peut recevoir une détermination, et est alors multiple. C'est ce qui est ceci ou cela, ce qui est prédicable.

■ L'Un n'a pas de nom

- → Caractère ineffable de l'Un : on ne peut rien en dire, il est au-delà du langage.
- → Car s'il est simple, il ne peut être multiplié sans que l'on ne trahisse sa nature. Or, dire quelque chose d'un être, c'est le déterminer, le diviser dans ses attributs, distinguer en lui le sujet (« il ») et le prédicat (« est ceci ou cela ») : il y a des limites au langage.

■ L'Un est inconnaissable

- → L'Un est par soi et sans attribut, l'Intellect procède de lui et s'en distingue.
- → Or, c'est par l'Intellect que se comprend la pensée qui distingue le sujet et l'objet (un sujet qui pense et un objet pensé).
- → Unité absolue de l'un : au-delà de l'Intellect, il est simple, ne connaît pas cette distinction en lui du sujet et de l'objet.

■ Comment alors le saisir et en parler ?

- → Ce n'est pas par **réflexion** que l'on accède à l'Un. Il n'est pas un objet connaissable.
- → Mais on peut le saisir par **contemplation**, par regard intérieur : la fusion de l'âme avec l'Un (en lequel elle retourne à son unité) est une expérience compréhensive.
- → Possibilité de parler négativement de l'Un, mais non de lui attribuer positivement quoi que ce soit sans le dénaturer.
- → C'est par le regard intérieur et non par la raison que l'on contemple l'Un.

Augustin (saint) 354 - 430

« Crois et tu comprendras ; la foi précède, l'intelligence suit. » *Sermons*

Éléments de biographie

Une jeunesse dans l'errance du désir

C'est à Thagaste (dans l'actuelle Algérie) que naît Augustin, d'un père païen et d'une mère chrétienne. Il mène d'abord une vie dissolue, qu'il conte dans ses *Confessions*. Sa vie est celle d'une quête, de la quête de Dieu, découvrira-t-il plus tard, après avoir cédé aux appels de la chair et aux illusions de diverses croyances qu'il récusera par la suite.
Même si sa mère est profondément attachée à la religion catholique, c'est vers le manichéisme qu'Augustin se tourne dans un premier temps. Cette religion, fondée par Mani, distingue deux principes gouvernant le monde, le Bien et le Mal. Augustin demeurera dans la secte manichéenne durant neuf ans.
Après s'être intéressé à la Nouvelle Académie sceptique, il verra sa vie bouleversée par le néo-platonisme et les thèses de Plotin. L'itinéraire d'Augustin est celui d'un intellectuel tourmenté dont l'angoisse ne sera apaisée que par sa rencontre avec Dieu.

La conversion au christianisme

En 386, Augustin se convertit au christianisme. Baptisé puis ordonné prêtre, il fut choisi par les fidèles d'Hippone pour remplacer leur évêque en 395. C'est avec dévotion qu'il accomplit ses obligations épiscopales. Il n'a de cesse de défendre le christianisme contre les diverses formes d'hérésie que sont le manichéisme, le donatisme, le pélagianisme et l'arianisme.
Il meurt en pleine invasion barbare, dans une Hippone assiégée par les Vandales, peu de temps avant la chute de l'Empire romain, qui aura lieu en 476.

Thèses essentielles

Père de l'Église, saint Augustin est le premier philosophe chrétien à élaborer une synthèse philosophique et théologique de la pensée antique (notamment du platonisme) et de la pensée chrétienne.

Sa pensée dominera la pensée occidentale, notamment religieuse, aussi bien à l'époque médiévale (jusqu'au XIIIe siècle surtout) qu'à la Renaissance au travers de réformateurs tels que Luther et Calvin.

Le XVIIe siècle est, par excellence, celui de l'augustinisme : il inspirera le jansénisme, mais aussi des auteurs aussi divers que Pascal, Bossuet, Malebranche ou encore Fénelon.

Perversion et conversion

Augustin en a fait l'expérience : l'homme est fondamentalement sujet au manque, au vide que rien ne semble pouvoir combler. Les désirs de biens sensibles, toujours renaissants et antagonistes, ne peuvent être absolument satisfaits : « je n'aimais pas encore, et j'aimais à aimer, je cherchais un objet à mon amour », écrit-il dans *Les Confessions*. Une telle insatisfaction, nous dit Augustin, est le fait de la ***perversio*** (perversion), qui consiste à errer de désirs en désirs sans jamais atteindre l'absolu. Elle est **divertissement**, sortie hors de soi.

Face à cette insatisfaction de l'errance, il faut comprendre que le Souverain Bien, le but ultime de toute vie en quoi consiste le bonheur, ce qu'Augustin désigne par le terme ***tranquillitas***, est l'union à Dieu.

La ***conversio*** (conversion) est donc un retour à Dieu, véritable objet du désir, tout en étant un retour à soi-même, une unité retrouvée dans la participation de la vie intérieure à la stabilité éternelle de l'Être absolu, Dieu. *Les Confessions* témoignent de ce chemin spirituel qu'est la conversion augustinienne.

C'est dans l'intériorité de l'âme que se trouve la vérité

L'interrogation concernant la **conscience** et la connaissance de soi est prégnante dans l'œuvre d'Augustin. Pour dépasser le scepticisme, Augustin suit un chemin comparable à celui que suivra Descartes au XVIIe siècle : c'est dans la certitude intérieure de la conscience, dans notre plus profonde intimité, que se trouve le fondement du savoir. Certes, l'erreur concernant les choses extérieures est possible, mais la conscience de soi relève de la certitude « car si je me trompe, je suis ». Par conséquent, l'intériorité contient la vérité : « au lieu d'aller dehors, rentre en toi-même : c'est au cœur de l'homme qu'habite la vérité ».

En l'homme se trouvent des vérités certaines qui ne sont pas issues de l'expérience sensible (par exemple, le principe de non-contradiction, les fondements des mathématiques…). Mais si ces idées ne proviennent pas de l'expérience, d'où viennent-elles ? À cette question, Augustin répond par sa théorie de l'**illumination** : elles émanent du rayonnement de Dieu. Le Verbe divin, notre **Maître intérieur**, est un guide qui nous éclaire et que l'on retrouve au plus profond de soi.

Reprenant l'image néo-platonicienne du rayonnement de l'Un, Augustin compare Dieu au soleil, les objets de connaissance aux choses éclairées, et l'esprit aux yeux. Ainsi faut-il se rendre apte à voir.
La quête de la vérité est connaissance de soi et ascension au sein de l'intériorité vers Dieu, fondement de la vérité. « C'est que vous étiez au-dedans de moi, et moi, j'étais en-dehors de moi ! », peut alors écrire Augustin, au terme de son ascension, dans *Les Confessions*.

Le rapport de la raison et de la foi

La raison seule ne peut mener à la foi. La foi doit être première, l'intelligence seconde. La foi se comprend comme adhésion aux Écritures et autorités transcendantes. Mais elle n'exige pas une démission de la raison.
Bien au contraire, l'usage de la raison permet de comprendre et d'éclairer le message divin. « Comprends pour croire, crois pour comprendre », telle est la formule qui résume la pensée augustinienne : la raison doit provisoirement s'incliner devant la foi qui, à son tour, éclaire l'intelligence.
Il ne s'agit donc ni d'adhérer aveuglément à une croyance extérieure, ni, ce qui est impossible, d'atteindre Dieu par le seul usage de la raison : Augustin est le premier penseur à concevoir une telle complémentarité de la foi et de la raison.

Le problème du temps

Si, comme l'affirme le monothéisme, Dieu est éternel et, de ce fait, au-delà du temps, comment peut-on concevoir un contact entre cette transcendance et l'homme, soumis au temps et marqué de finitude ? Face aux contradictions que découvre l'esprit lorsqu'il analyse le temps, Augustin pense la durée comme le produit d'une subjectivité.
Le temps est **expérience subjective**. Objectivement, le passé n'est plus, le futur pas encore, et le présent n'est que parce qu'il tend à n'être plus. La conscience du temps, qui nous fait ressentir celui-ci comme plus ou moins long n'est donc qu'une **distension de l'âme** que la mémoire (conscience du passé), l'attention (conscience du présent) et l'anticipation (conscience du futur) rendent possible.
Chez Platon, le temps désignait l'image pervertie et mobile de l'éternité, lieu de la chute, de l'imperfection, radicalement opposée à la perfection de l'éternité. Au contraire, Augustin voit dans le temps le lieu de la rédemption, l'espace de création. L'homme participe de l'éternité en se tournant vers Dieu. Dieu délivre l'homme de la finitude et du néant.

La question de l'existence du mal

Mais si l'homme est créature de Dieu, et si celui-ci est bonté et puissance sans borne, comment rendre compte de l'existence du mal ? Contrairement aux manichéens, Augustin refuse l'idée d'une puissance par nature mauvaise faisant obstacle à la bonté de Dieu. On ne peut admettre que la puissance divine soit limitée.

Le péché originel explique la tendance qu'a l'homme à faire le mal. Libre, sa volonté ne sait pas toujours choisir les bons objets de l'amour. Il ne sait pas distinguer **user** et **jouir** : alors que le perverti erre dans l'usage des biens matériels sans jamais trouver satisfaction, le converti a trouvé le véritable objet de l'amour et sait jouir de Dieu.
L'homme ne peut se délivrer du mal qu'à la faveur de la **grâce**, don de Dieu, et non pas, comme l'affirme Pélage, par ses propres forces et sa liberté.

L'histoire et la cité de Dieu

Dans *La Cité de Dieu*, Augustin distingue deux « cités » ou « royaumes » constitutifs du monde. La **cité terrestre** que caractérise « l'amour de soi jusqu'au mépris de Dieu », procède de la perversion. Inversement, la **cité céleste** est fondée sur « l'amour de Dieu jusqu'au mépris de soi ». Elle renvoie à l'unité des nations respectueuses de Dieu, elle est le lien entre les hommes qui transcende les frontières.
L'**histoire** est à comprendre comme la lutte entre ces deux royaumes. Saint Augustin pose les bases d'une philosophie de l'histoire comme **totalité orientée**. L'histoire n'est pas un cycle, mais elle est de l'ordre du devenir et comporte un sens, un progrès. Elle mène les hommes vers la réalisation de la cité céleste comme réconciliation des peuples dans le royaume de Dieu.

Une œuvre-clé : *Les Confessions*

Contexte

Les Confessions, œuvre littéraire et philosophique aux accents biographiques, narrent l'itinéraire spirituel d'Augustin. Païen sensuel à la vie débridée, en quête d'un objet apaisant ses angoisses et insatisfactions, il marche vers l'objet véritable de l'amour, Dieu. C'est de cette conversion au christianisme et de ses difficultés et apports que témoignent *Les Confessions*.

Extrait

> Qu'est-ce donc que le temps ? Si personne ne me le demande, je le sais ; mais si on me le demande et que je veuille l'expliquer, je ne le sais plus. Pourtant, je le déclare hardiment, je sais que si rien ne passait il n'y aurait pas de temps passé ; que si rien n'arrivait, il n'y aurait pas de temps à venir ; que si rien n'était, il n'y aurait pas de temps présent.
>
> Comment donc ces deux temps, le passé et l'avenir, sont-ils, puisque le passé n'est plus et que l'avenir n'est pas encore ? Quant au présent, s'il était toujours présent, s'il n'allait pas rejoindre le passé, il ne serait pas du temps, il serait l'éternité. Donc, si le présent, pour être du temps, doit rejoindre le passé, comment pouvons-nous

> déclarer qu'il est aussi, lui qui ne peut être qu'en cessant d'être ? Si bien que ce qui nous autorise à affirmer que le temps est, c'est qu'il tend à n'être plus. [...]
>
> *Les Confessions*, livre XI, trad. J. Trabucco, Flammarion, coll. « GF », 1964.

Clés du texte

Le problème de la connaissance du temps

→ Le temps : une notion familière dont nous parlons souvent, et que nous comprenons en nous-mêmes.

→ Mais dès que l'on veut le définir, les difficultés apparaissent. Aussi simple que semble être cette notion, elle échappe cependant à l'analyse et s'avère complexe dès que l'on s'y attarde.

→ **Premier paradoxe** : le temps est une notion à la fois familière et mystérieuse.

Le problème de l'existence du temps

→ Le changement, le fait que les choses passent, semble garantir l'existence objective (en dehors de nous) du temps qui nous apparaît comme irréversible et orienté.

→ Le temps se compose du passé, de l'avenir et du présent. Or, l'analyse de ces temps nous amène à voir leur inexistence en dehors de la conscience que nous en avons. Le passé n'est plus, l'avenir pas encore. Quant au présent, il est changement, toujours transformé en passé, ce par quoi il se distingue de l'éternité.

→ **Second paradoxe** : le temps est (il y a du changement, on en fait l'expérience) mais en même temps il n'est pas (ce qui le compose est de l'ordre du non-être).

→ Augustin en conclut que le temps n'existe que « dans notre esprit ».

Moyen Âge et Renaissance

Le Moyen Âge désigne cette période de mille ans qui s'étend de la chute de l'Empire romain d'Occident en 476 à la prise de Constantinople en 1453. Marquée par la domination de la religion monothéiste, notamment chrétienne en Occident, la philosophie médiévale s'efforce de concilier foi et raison.
La Renaissance, période comprise entre le milieu du XVe siècle et la fin du XVIe siècle, verra se développer une philosophie qui s'émancipe peu à peu de la religiosité pour se centrer sur l'homme lui-même.

Le Moyen Âge

• L'accusation d'obscurantisme

Longtemps décrit comme une période de ténèbres du savoir, le Moyen Âge déploie néanmoins une pensée propice à l'essor de la raison et à l'affirmation d'une réflexion dont l'homme sera le centre.
C'est surtout à partir du Xe siècle que la philosophie se développe, en raison de la perte de la culture grecque induite par les invasions barbares. Le Haut Moyen Âge (période qui va du Ve au Xe siècle) rejette l'hégémonie de la raison. Néanmoins, cela ne signifie pas que cette période n'ait été faite que d'obscurantisme. Elle signe l'essor d'un christianisme qui engendrera nombre d'idées prolifiques.

• L'apport du christianisme

Pensée de l'univers et de l'homme, le christianisme renouvelle la vision du monde. Il contribue à l'éclosion de nouveaux concepts qui marqueront l'histoire de la pensée. L'idée d'un Dieu unique, parfait, transcendant, et tout-puissant, les notions de foi, de salut, d'infini sont autant de sources de réflexion qui se substituent à la vision grecque de l'univers fondée sur la raison et la nature.
L'homme médiéval se pense comme créature de Dieu : positivement, il en est le reflet ; négativement, il est le pécheur porteur du vice. Ces deux visions antagonistes ont le mérite de prodiguer à l'homme un statut universel : avec la religion, il est permis de penser l'Homme, puisque le message évangélique s'adresse à tous les hommes sans exception. Telles sont

les prémices de l'humanisme qui se développera à la Renaissance.

• La philosophie servante de la théologie

Le Moyen Âge fut d'abord une époque valorisant la Vérité Révélée, et l'intuition pour laquelle tout n'est que signe de Dieu. La foi contre la raison, tel est, par exemple, le credo d'un **Pierre Damien** (1007 – 1072) qui rejette la dialectique (art du raisonnement) au profit de la foi, appelant à se restreindre à l'étude des textes sacrés. La raison n'est que l'arme dangereuse et impie des profanes.

Mais le XIIe siècle annonce une ère nouvelle. Déjà, **saint Anselme** (1033 – 1109), considérant la philosophie comme servante de la théologie, avait montré que la raison pouvait d'elle-même déduire de l'idée de Dieu son existence. **Abélard** (1079 – 1142), à sa suite, interroge l'unité des trois grandes religions monothéistes, promouvant tolérance et rationalité. Prenant part à la **querelle des universaux**, il soutient le nominalisme contre le réalisme : les universaux (les idées générales) ne sont pas des réalités existant séparément des choses, mais de simples mots, toute chose n'étant qu'individuelle.

Parallèlement, on voit poindre **l'humanisme** : c'est à l'homme, créature divine, que la création est destinée. De plus en plus désacralisée, même si elle reste longtemps considérée comme lieu de manifestations mystérieuses, la nature est conçue comme création de Dieu obéissant à des lois universelles. Voilà qui rendra possible, à la Renaissance, l'émergence de la science rationnelle.

• Le développement de l'autonomie de la raison

Avec le développement du commerce entre l'Orient et l'Occident à partir du XIIe siècle, la philosophie se renouvelle : les écrits d'Aristote et de ses commentateurs arabes (Avicenne, Averroès) et juifs (Maïmonide) arrivent en Occident, traduits en latin. Les universités qui fleurissent au XIIIe siècle permettent également un développement et une circulation du savoir sans précédent.

Il faut noter l'importance de la philosophie arabe et l'influence qu'elle exerce dans la pensée occidentale qui se développe à partir du XIIe siècle. **Averroès** (1126 – 1198), lecteur d'Aristote, tente de fonder rationnellement une méthode de lecture critique du Livre coranique. Il propage ainsi une lecture éclairée qui s'oppose à toute interprétation intégriste.

Albert le Grand, qui fut le maître de Thomas d'Aquin, contribue à la diffusion en Occident des œuvres d'Averroès et d'Aristote.

Mais la figure qui reste parmi les plus marquantes du XIIIe siècle est celle de **Thomas d'Aquin**, ce « Docteur angélique » dont la doctrine devait devenir doctrine officielle de l'Église. Le thomisme, fidèle à la scolastique[1], dont il sera ensuite l'une des figures majeures, s'efforce de **concilier foi et raison**, enseignement biblique et philosophie aristotélicienne. En distinguant vérités de raison et vérités de foi, il proclame **l'autonomie de**

1. La scolastique désigne la doctrine enseignée dans les écoles monastiques qui cherche à concilier foi et raison, développant une méthode fondée sur le commentaire de texte et la discussion.

la philosophie et de l'investigation rationnelle. En cela, il est l'un des premiers penseurs modernes.
Le XIVe siècle est marqué par l'émancipation de la philosophie à l'égard de la théologie. **Guillaume d'Occam**, nominaliste, rejette les universaux et valorise la notion d'individu.

La Renaissance

• Les faits marquants

La Renaissance commence en Italie, où émigrent les savants grecs lorsque Mahomet II s'empare de Constantinople. Période de transition marquée par un renouveau intellectuel et moral, elle puise ses principes dans les écrits de l'Antiquité. On redécouvre notamment le platonisme et les écrits de Plotin.
La Réforme protestante engagée par **Luther** (1483 – 1546) ébranle l'autorité de l'Église. Affirmant que seule la grâce est salvatrice, elle met l'homme dans un face à face personnel avec Dieu, le libérant de sa soumission aux autorités spirituelles.
Le développement de l'imprimerie rend possible la diffusion du savoir et le développement de l'esprit critique.

• L'humanisme

Le penseur de la Renaissance se veut libéré de toute autorité afin de pouvoir examiner de manière critique systèmes théologiques et philosophiques.
De nouvelles valeurs naissent : le sujet est au centre des réflexions. Affranchi de la transcendance divine, il se découvre autonome et responsable. **Montaigne** (1533 – 1592) recentre le questionnement philosophique sur celui de la connaissance de soi.
L'idée de **dignité de la personne humaine** apparaît, et, avec elle, celle de la possibilité du bonheur terrestre. Dieu n'est plus l'unique chemin vers le bonheur, la raison en est un autre.
Machiavel (1469 – 1527) pose la question des fondements de la politique, des conditions du maintien du pouvoir. Sa politique réaliste promeut l'idée d'une sécularisation du politique.

• Le développement des sciences

L'homme veut comprendre le réel : la connaissance scientifique connaît un renouveau avec **Copernic** (1473 – 1543), qui remet en cause le géocentrisme au profit de l'héliocentrisme.
Giordano Bruno (1548 – 1600) ébranle la théologie en remettant en cause la notion de création (l'univers est infini, il y a une pluralité de mondes) au profit de la conception d'un Dieu immanent, force présente dans la nature, Nature même.

La mort de Giordano Bruno sur le bûcher, qui témoigne de la résistance qu'ont pu connaître les idées novatrices de la Renaissance, marque la fin de cette époque, de même que l'apparition de la tolérance religieuse qui, en 1598, reconnaît aux protestants la liberté de culte avec l'Édit de Nantes. Du Moyen Âge à la fin de la Renaissance, le monde culturel a subi de multiples mutations, menant à une émancipation progressive du sujet humain.

Tableau chronologique

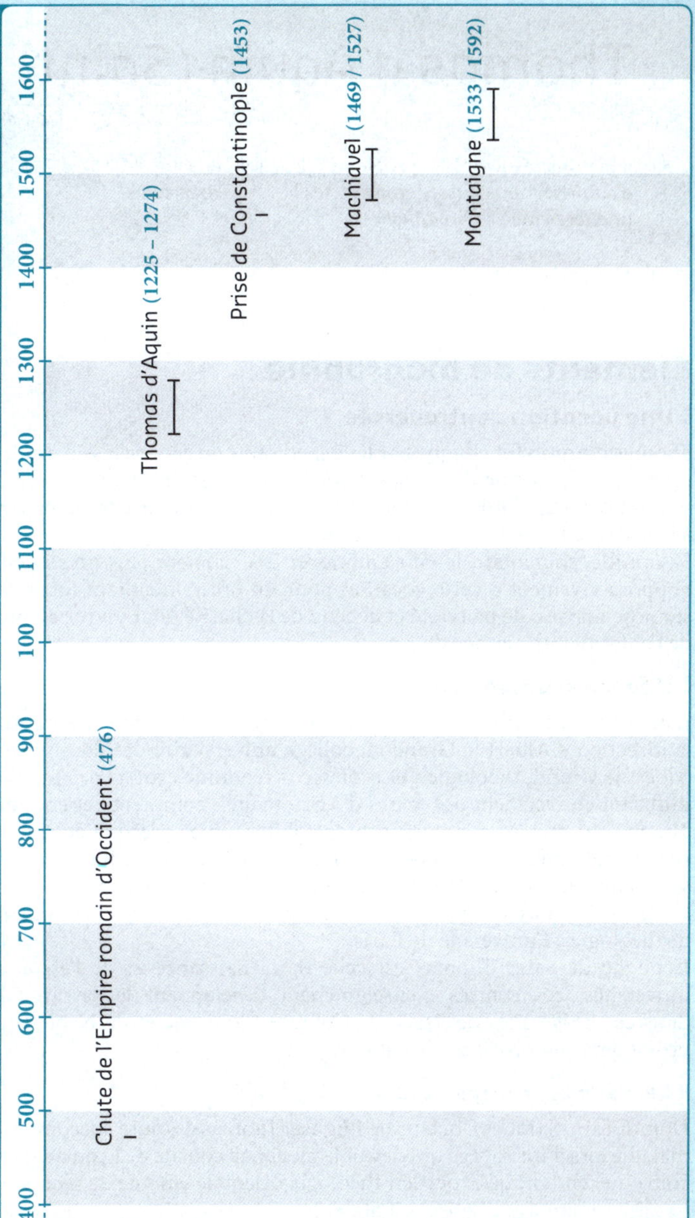

12

Thomas d'Aquin (Saint)

1225 - 1274

« Si nous résolvons les problèmes de la foi par seule voie d'autorité, nous posséderons certes la vérité mais dans une tête vide ! » *Quodlibet*

Éléments de biographie

Une vocation controversée

Thomas d'Aquin fut éduqué par les bénédictins du Mont-Cassin avant de rejoindre l'université de Naples. Vers dix-neuf ans, il intègre l'ordre des Frères prêcheurs (ordre des dominicains), choisissant de consacrer sa vie à la prière, à la prédication et à l'étude.

Sa famille, souhaitant le voir embrasser une carrière plus prestigieuse, s'opposa vivement à cette vocation pour un ordre mendiant (ordre qui suppose un vœu de pauvreté et dépend de la charité pour vivre), au point de l'enfermer une année durant.

Une vie d'universitaire

Libéré par sa famille qui accepte enfin son choix, il étudie à Paris sous la direction d'Albert le Grand au collège universitaire des dominicains. Albert le Grand, théologien et professeur renommé, fut à l'origine de la diffusion en Occident des textes d'Aristote qu'il commenta et enseigna. Thomas lui doit sa connaissance des philosophies grecque et arabe et surtout son intérêt pour la philosophie aristotélicienne qu'il tentera dans ses *Commentaires sur Aristote*, de concilier au christianisme.

En 1256, Thomas, qui poursuit sa carrière de professeur, est reçu maître de théologie à l'université de Paris.

L'époque de Saint Thomas est celle de la naissance et de l'essor des universités, ces centres d'enseignement développant le savoir. C'est dans ces universités de Paris, de Cologne, de Rome et de Naples qu'il prodiguera son savoir sa vie entière.

Le « Docteur angélique »

Dominicain, Saint et Docteur de l'Église, Thomas d'Aquin succombe à la maladie lors d'un voyage qui devait le mener au concile de Lyon où il était convoqué en tant qu'expert en théologie orientale, en vue de réconcilier l'Église romaine et l'Église orientale.

Thèses essentielles

Canonisé en 1323, Thomas d'Aquin a élaboré un vaste système théologique qui eut une grande influence sur la pensée chrétienne. Celui que l'on surnomme le « Docteur angélique » offre, selon le pape Léon XIII, une pensée digne d'être considérée comme doctrine officielle de l'Église : le thomisme.

Le XIIIe siècle découvre les œuvres d'Aristote et celles-ci le mènent à s'interroger sur le problème de la compatibilité de la raison et de la foi. Philosophie et théologie sont-elles absolument incompatibles ? L'intelligence doit-elle démissionner et prendre acte de ses limites face à l'Incompréhensible ?

L'originalité et la force de Saint Thomas consistent justement dans cet effort pour concilier deux visions a priori antagonistes qui ébranlent le monde médiéval, à savoir la vision grecque, héritée d'Aristote, et la pensée chrétienne.

La raison et la foi unies dans un même projet

La **foi** désigne une adhésion ferme et inconditionnelle à la parole de Dieu. Cependant, elle ne doit pas exclure la **raison**, lumière naturelle qui nous vient de Dieu.

La philosophie, lieu de la raison, doit soutenir et renforcer la théologie en éclairant son autorité. La théologie est bien la science suprême, mais elle ne saurait se passer de la philosophie. Théologie et philosophie ne sont pas exclusives, mais complémentaires.

Reste que chacune a son domaine propre, et que **raison et foi doivent avoir des rôles et domaines bien distincts**. La foi concerne toute vérité connue par révélation, toute vérité que la raison ne saurait démontrer. Les rôles respectifs de la philosophie et de la théologie sont nettement distingués chez Thomas d'Aquin (bien plus que dans la philosophie augustinienne qui conçoit la raison comme servante de la foi), de telle sorte que la philosophie se voit dotée d'une autonomie non négligeable. Thomas d'Aquin est, en ce sens, le premier des philosophes modernes : sa pensée concourt à faire de la philosophie une discipline à part entière et légitime.

Quel est le véritable pouvoir de la raison ?

L'on doit reconnaître à la raison une autonomie en ce qui concerne la connaissance de la nature. La philosophie a sa propre valeur, non en ce qu'elle se plie aux exigences du dogme, mais en ce qu'elle respecte les exigences de la raison. La raison opère légitimement sur le domaine de l'expérimentable et du démontrable.

La raison peut également démontrer certaines vérités religieuses, mais elle connaît néanmoins des limites. En effet, ce dont on ne peut

faire l'expérience dépasse l'intellect et ne peut être saisi par lui. Tout raisonnement doit partir de ce qui est accessible aux sens. Or, Dieu n'est pas objet d'expérience sensible.
Son essence n'est connaissable que par **analogie**, et non en elle-même : partant de l'idée que l'homme est à l'image de Dieu, l'on peut, en vertu de cette ressemblance, attribuer à Dieu certaines qualités. Mais ces qualités, empruntées au champ humain, ne peuvent désigner Dieu que par analogie (la « bonté » humaine est différente de la « bonté » divine).
Ainsi, « il paraît tout à fait évident qu'une partie des vérités intelligibles divines excède absolument la capacité de la raison humaine » (*Somme contre les Gentils*). La raison peut cependant réfuter les hérésies, les interprétations erronées, et montrer que ces vérités révélées sont cohérentes, qu'elles « ne sont pas opposées à la raison naturelle, pour les défendre contre l'assaut des infidèles » (*Ibid.*). La foi ne doit pas être aveugle.

Les preuves de l'existence de Dieu

Même si la raison ne peut comprendre la substance divine, elle peut élaborer, à partir de l'expérience, des preuves de son existence.
Toute chose se meut dans le monde. Or, tout mouvement a une cause qui lui est externe. Et toute cause est à son tour l'effet d'une cause antécédente. On ne peut régresser à l'infini dans la chaîne des causes, il doit donc y avoir une cause première, un **premier moteur** : Dieu, cause originaire de toutes choses.
D'autre part, l'essence de tout être (ce qu'il est) se distingue de son existence (le fait qu'il soit). Par conséquent, les êtres ne sont pas d'eux-mêmes (leur existence n'est pas comprise dans leur essence) et ne peuvent donc se donner à eux-mêmes l'existence. Il s'ensuit que c'est d'un autre que ces êtres tiennent leur existence. Là encore, il faut bien penser une cause première en laquelle essence et existence ne font qu'un, un être par soi, dont l'essence implique l'existence : Dieu.

Le problème de l'immortalité personnelle

Dans son projet d'intégrer l'aristotélisme à la religion chrétienne, Thomas d'Aquin se trouve en opposition avec un autre grand commentateur d'Aristote, Averroès (1126 – 1198) qui tenta de concilier la vision aristotélicienne et la religion musulmane.
Le débat porte notamment sur le problème de l'**immortalité de l'âme personnelle** : Averroès voit dans la conception aristotélicienne l'idée qu'existe en l'homme un intellect séparé de son âme personnelle, le même pour tout homme, qui survit après la mort. Cependant, l'âme individuelle de chacun n'est, selon lui, aucunement immortelle.
Thomas montre au contraire que rien n'exclut l'idée qu'existe en tout homme un intellect personnel qui survit au corps. Certes, l'âme et le corps forment une unité : l'âme est la forme qui fait vivre le corps, et

sans elle il n'est que matière inerte. Mais comme justement c'est l'âme qui confère au corps sa substantialité, celle-ci demeure substance après la mort du corps.

Comment concilier création et liberté ?

Mais si Dieu est créateur du monde, comment comprendre qu'il ait permis l'existence du mal et la liberté par laquelle l'homme peut le commettre ?

Si Dieu est bon et tout puissant, il a voulu le bonheur de l'homme, et en a fixé les moyens par sa nature. Thomas résout cette difficulté de l'existence du mal en montrant que l'homme reste libre de refuser ce bonheur. Dieu lui donne la liberté, et donc la possibilité de choisir entre le mal et le bien, parce que la possibilité même de ce choix *est* un bien : l'homme peut être à l'origine de son propre salut.

Le mal est privation de bien : celui qui le commet cherche son propre bien, mais d'une mauvaise façon. Ainsi, ce n'est pas Dieu qui est à l'origine du mal, mais la créature elle-même qui erre en de mauvais moyens : le mal n'est qu'un bien mutilé, un non être dont l'Être ne peut être créateur.

Morale et politique : la sagesse de la prudence

La **liberté** de l'homme se manifeste dans sa capacité à choisir rationnellement (voir texte ci-après). Contrairement aux choses et aux animaux, l'homme, par sa raison, peut se représenter plusieurs modalités d'actions et agir de diverses manières. Il est donc capable de **contingence**, si bien qu'il peut s'éloigner du meilleur chemin.

La raison doit cependant être source de sagesse, de « prudence ». La prudence est une intelligence pratique que la foi éclaire. Elle se manifeste par la modération, principe que l'on doit adopter en matière de morale et de politique.

Ce principe mène Thomas d'Aquin à affirmer que, lorsqu'une loi n'est pas juste, elle relève de la contrainte, et n'oblige pas en conscience. Elle peut, lorsque cela ne crée pas de désordre majeur, être enfreinte.

La propriété privée

Par exemple, ce qui justifie la propriété privée, ce n'est pas la loi, mais sa nécessité pour le bien commun. Elle peut être flouée lorsqu'il s'agit de sauver les nécessiteux.

Le vol n'existe pas à proprement parler dans l'état de nécessité : « se servir d'un bien d'autrui que l'on a dérobé en secret dans un cas d'extrême nécessité n'est pas un vol à proprement parler, car, du fait de cette nécessité, ce que nous prenons pour conserver notre propre vie devient nôtre. » (*Somme théologique*).

Une œuvre-clé : *Somme théologique*

Contexte

Cette synthèse de la doctrine sacrée à laquelle Thomas d'Aquin a consacré la fin de sa vie vise à regrouper tout le savoir théologique de son époque. Elle est rédigée en vue d'aider à la formation des débutants.

Extrait

> L'homme est libre ; sans quoi conseils, exhortations, préceptes, interdictions, récompenses et châtiments seraient vains.
>
> Pour mettre en évidence cette liberté, il faut remarquer que certains êtres agissent sans jugement, comme par exemple la pierre qui tombe ; il en est ainsi de tous les êtres privés du pouvoir de connaître.
>
> D'autres agissent d'après une appréciation, mais qui n'est pas libre, par exemple les animaux : en voyant le loup, la brebis saisit par un discernement naturel, mais non libre, qu'il faut fuir ; en effet ce discernement est l'expression d'un instinct naturel et non d'une opération synthétique. Il en est de même pour tout discernement chez les animaux.
>
> Mais l'homme agit par jugement, car c'est par le pouvoir de connaître qu'il estime devoir fuir ou poursuivre une chose. Et puisqu'un tel jugement n'est pas l'effet d'un instinct naturel, mais un acte de synthèse qui procède de la raison, l'homme agit par un jugement libre qui le rend capable de diversifier son action. En effet, à l'égard de ce qui est contingent, la raison peut faire des choix opposés, comme le prouvent les arguments des dialecticiens et les raisonnements des rhéteurs. Or les actions particulières sont, en un sens, contingentes ; aussi le jugement rationnel peut-il les apprécier diversement et n'est-il pas déterminé par un point de vue unique. Par conséquent, il est nécessaire que l'homme soit doué du libre arbitre, du fait même qu'il est doué de raison.

Somme théologique, livre I, in *L'Être et l'Esprit*, PUF, 1964.

Clés du texte

■ Les différentes modalités du comportement

→ Les **choses**, les êtres minéraux et végétaux « agissent sans jugement » et sont soumis aux lois de la nature, au **déterminisme** (principe selon lequel les phénomènes s'enchaînent suivant des relations de causalité nécessaires). Ils n'ont aucune liberté.

→ Les **animaux**, contrairement aux choses, se comportent instinctivement, ils peuvent réagir en fonction de ce qui leur convient. Mais **l'instinct** est un comportement préprogrammé nécessaire ne laissant place à aucune **contingence**. Les animaux n'ont pas de choix, donc pas de liberté.

→ Au contraire, **l'homme** qui opère un choix par sa **raison** peut agir de diverses manières, c'est un être libre.

■ Affirmation du libre arbitre

→ La raison preuve de la liberté et du caractère indéterminé des actes : elle permet de juger, de prendre du recul, de choisir entre diverses actions.

→ Est c**ontingent** ce qui aurait pu ne pas être ou qui aurait pu être autrement. Contingent s'oppose à **nécessaire**.

→ La contingence est condition de la liberté : si tout était nécessaire, l'homme n'aurait aucun pouvoir, il ne ferait que subir le cours des événements.

■ Justification de la nécessité des règles morales

→ La liberté de l'homme justifie la responsabilité de chacun et la possibilité de la **morale**, et donc l'utilité des conseils, exhortations, préceptes…

→ Punir un homme qui a agit contre son gré n'aurait aucun sens. La morale suppose la **responsabilité**, laquelle suppose à son tour la **liberté** comme maîtrise de soi et de ses actes, par laquelle un acte est volontairement décidé et commis.

13

Machiavel

1469 - 1527

« Que le prince songe donc uniquement à conserver sa vie et son État : s'il réussit, tous les moyens qu'il aura pris seront jugés honorables et loués par tout le monde. » *Le Prince*

Éléments de biographie

La carrière politique de Machiavel

Écrivain et philosophe italien, Nicolas Machiavel naît à Florence le 3 mai 1469. En 1494, une fois les Médicis chassés, Florence devient une République réglée par une constitution à la fois démocratique et théocratique.
Après des études juridiques, Machiavel devient secrétaire de la seconde chancellerie de la République de Florence, chargée des affaires étrangères et de l'intérieur. Haut fonctionnaire, il est chargé de missions diplomatiques. Sa carrière de secrétaire d'État s'achève en 1512 : les Médicis, de retour à Florence, reprennent le pouvoir. Il est condamné à un an de résidence surveillée hors de Florence. Soupçonné à tort de comploter contre les Médicis, il est torturé, temporairement emprisonné, et entre en disgrâce.

La disgrâce et l'exil

Lors de sa retraite des affaires publiques, il écrit son œuvre maîtresse, *Le Prince*, et d'autres ouvrages philosophiques, militaires (*L'Art de la guerre*) et historiques, ainsi que des pièces de théâtre.
La méfiance des Médicis à l'égard de Machiavel s'atténue, et il fait un bref retour en politique. Mais les Médicis sont à nouveau chassés de Florence. Machiavel, écarté de toute fonction politique, meurt le 21 juin 1527.

Thèses essentielles

Pour comprendre la conception politique de Machiavel, il faut d'abord la replacer dans son contexte historique. Si l'Italie de la Renaissance connaît un formidable essor culturel et économique, elle reste cependant fragile au point de vue politique et militaire.

L'Italie est le lieu de querelles intestines et ne parvient pas à s'unifier en un État souverain. Face à une Italie déchirée, Machiavel veut penser la ***possibilité de la fondation d'un État unique et fort****. Toute sa philosophie s'axe sur ce projet politique.*

Une nouvelle conception de la politique

La vision médiévale de la politique, héritée de la philosophie augustinienne, va être battue en brèche par Machiavel. Alors qu'Augustin conçoit le pouvoir politique comme garant de la moralité et de la spiritualité religieuse, dans sa vision de l'histoire comme marche vers la réalisation de la cité céleste, Machiavel sécularise et désacralise le politique.
Idée nouvelle, l'**État** apparaît sous la plume de Machiavel comme le pouvoir souverain qu'incarne le prince, garant de l'unité et de la pérennité des institutions.
L'**autorité politique n'a pas à être fondée sur la religion**, elle acquiert son autonomie. La religion, moyen au service de la politique, n'est plus une finalité en soi que la politique se doit de réaliser.

La virtú, le « génie » du politique

Machiavel s'intéresse avant tout aux moyens qui permettront de conserver le pouvoir et d'unifier durablement l'État. Il ne demande pas quelle est la fin de l'État, quels sont les bons gouvernements, mais comment conquérir et stabiliser le pouvoir.
Cette question des **mécanismes du pouvoir** l'amène à mettre en évidence le caractère technique de la politique. Cependant, ce ne sont pas des « recettes » à l'intention de l'homme politique que présente Machiavel, mais des conseils ancrés dans les expériences antérieures. En effet, les circonstances varient, et le politique doit savoir s'adapter à la conjoncture, se détacher de règles strictes qui pourraient dans certaines circonstances s'avérer inefficaces ou dangereuses.
La **virtú** (que l'on traduit par « vertu », mais qui n'a pas de connotation morale) est la valeur de l'homme politique, sa capacité à imposer sa volonté à la **fortune**[1], à réduire la part de l'imprévisible. Le politique valeureux est celui qui sait agir à propos au bon moment, celui qui fait preuve d'audace, de courage, de détermination et de prudence.

Une politique amorale

La politique est nettement séparée de la morale. Le prince ne doit se soucier que d'une chose : établir et conserver l'ordre au sein de l'État, stabiliser son pouvoir. Toute norme morale susceptible d'entraver ou de fragiliser son pouvoir doit être abolie. Le prince doit savoir user de la violence et de la **force** (agir comme le **lion**) mais aussi de **ruses** (comme le **renard**) pour conquérir et stabiliser l'État (voir texte ci-après).
Néanmoins, Machiavel n'est pas « machiavélique ». Ce n'est pas l'immoralisme qu'il prône. Il ne considère pas le prince comme devant mentir, opprimer, répandre le mal pour le mal…

1. La fortune ne désigne pas chez Machiavel le destin, la providence, ou le déterminisme historique, mais le cours aléatoire des événements, imprévisible, matériau premier avec lequel le prince doit composer.

Seulement, lorsqu'une décision est à prendre, ce n'est pas la morale qui doit permettre de trancher, c'est l'intérêt de l'État. **Morale et politique relèvent de deux domaines strictement distincts**. La politique doit être moralement neutre, **amorale**. Ce qui relève d'une bonne politique, c'est-à-dire d'une politique efficace, n'est pas pour autant nécessairement une politique bonne, c'est-à-dire morale.

La fin justifie les moyens

La fin : la stabilité et l'unité de l'État. Les moyens : tous ceux qui seront nécessaires, même s'ils sont contraires à la morale. Ce qui compte, c'est l'État, et l'on doit être prêt à tout lui sacrifier.
Machiavel ne rejette pas la morale en elle-même, il ne fait que la remettre à sa place, la séparer de toute considération politique. Si le prince se voit contraint d'agir de manière immorale, ce ne doit être que pour sauvegarder le bien commun, et jamais son intérêt privé.
C'est donc au nom d'une valeur transcendant la morale, celle de l'État et de la politique, que Machiavel affirme la nécessité de la ruse, de la violence et du mensonge qui manipule les apparences.

Le prince doit présupposer la méchanceté de l'homme

Si la politique ne peut se fonder sur la morale, s'il est nécessaire d'employer la force et la ruse, c'est parce que l'homme peut être immoral et méchant, faux et menteur, il peut avoir tendance à privilégier son intérêt particulier. La preuve en est que les lois ne suffisent pas à gouverner les hommes.
Une politique confiante en la nature de l'homme serait en conséquence un échec : « Quiconque veut fonder un État et lui donner des lois, doit supposer d'avance les hommes méchants. » (*Discours*).

Le problème de la liberté et du droit

On a souvent cru voir dans la pensée de Machiavel un éloge des tyrans. Or, bien au contraire, Machiavel considère la liberté comme l'idéal de la politique : celle-ci doit permettre de garantir l'intégrité de la République et de repousser toute ingérence étrangère.
Mais Machiavel est aussi réaliste : de fait, dans la société, il n'y a pas des individus, des sujets de droit, mais des groupes aux intérêts opposés : le droit ne peut être au fondement du pouvoir politique, c'est la force qui conquiert le pouvoir et introduit ensuite le droit.
Voir dans cette conception du droit un scandale niant la liberté humaine, c'est oublier que l'œuvre de Machiavel s'inscrit dans son temps et s'adresse à une Italie en passe d'être détruite. Ce n'est pas le fonctionnement normal d'un État stable en temps de paix que Machiavel analyse, mais la possibilité de fonder et de garantir un État fort et pérenne.
Certes, aux yeux de Machiavel, l'État et les lois garantissent la liberté. Mais dans un monde déchiré, la liberté n'est jamais que ce qui résulte de l'élaboration du droit par celui qui sait s'imposer et rassembler : on

ne peut gouverner à la fois pour les grands et pour le peuple, tout au plus peut-on maintenir la paix dans l'hétérogénéité.

Une œuvre-clé : *Le Prince*

Contexte

Lorsque Machiavel écrit cet ouvrage, il est exclu de la vie politique par les Médicis. Cela ne l'empêchera pas de le dédier à Laurent de Médicis, dit « Le Magnifique », sous forme de conseils politiques lui permettant par ailleurs de dévoiler au public les coulisses du pouvoir. Ainsi, c'est autant au peuple qu'au prince que Machiavel s'adresse ici.
Comment unifier et stabiliser l'État ? Quels sont les mécanismes qui permettent de se maintenir au pouvoir ? Machiavel élabore dans cet ouvrage une nouvelle conception de la politique, indépendante de la morale et de la religion, et relevant plus de l'art que de la science.

Extrait

Chacun comprend combien il est louable pour un prince d'être fidèle à sa parole et d'agir toujours franchement et sans artifice. De notre temps, néanmoins, nous avons vu de grandes choses exécutées par des princes qui faisaient peu de cas de cette fidélité et qui savaient en imposer aux hommes par la ruse. Nous avons vu ces princes l'emporter par tous ceux qui prenaient la loyauté pour base de toute leur conduite.

On peut combattre de deux manières : ou avec les lois, ou avec la force. La première est propre à l'homme, la seconde est celle des bêtes ; mais comme souvent celle-là ne suffit point, on est obligé de recourir à l'autre : il faut donc qu'un prince sache agir à propos, et en bête, et en homme. [...]

Le prince, devant donc agir en bête, tâchera d'être tout à la fois renard et lion : car s'il n'est que lion, il n'apercevra point les pièges ; s'il n'est que renard, il ne se défendra point contre les loups ; et il a également besoin d'être renard pour connaître les pièges, et lion pour épouvanter les loups. Ceux qui s'en tiennent tout simplement à être lions sont très malhabiles.

Le Prince, Nathan, coll. « Les intégrales de philo », 1995.

Clés du texte

L'histoire comme exemple

→ Machiavel affirme la valeur de la morale : la sincérité est « louable ». Mais cela ne signifie pas que le politique doive être moral.
→ En effet, par l'exemple de la réussite politique de l'immoral, Machiavel fait preuve de réalisme et affirme l'indépendance de la politique par rapport à la morale.
→ Le mensonge et la maîtrise manipulatrice de l'apparence sont nécessaires en politique.
→ Valorisation de l'exemple historique au détriment de préceptes universels : la politique comme art et non comme science.
→ Référence aux Anciens : influence de l'Antiquité sur la pensée de Machiavel.

L'homme et la bête

→ La politique comme combat contre les passions et conflits.
→ Insuffisance de la loi et de la raison dans ce combat : impossibilité de gouverner humainement à cause de la méchanceté et de la bêtise humaines.
→ Mais nécessité pour le prince de paraître juste et humain afin de pouvoir manipuler les hommes.
→ Nécessité pour le prince d'agir « à propos » : référence à la *virtú*, capacité d'adaptation du prince aux circonstances.

Le renard et le lion

→ Agir en lion : agir en usant de la force. La force comme moyen de domination et de conquête du pouvoir. Nécessité de la guerre et de l'usage de la violence face aux invasions.
→ Agir en renard : user de la ruse, faire jouer les apparences en sa faveur pour maintenir son pouvoir. Nécessité du mensonge et de la stratégie en politique.
→ Insuffisance de la force brute qui n'engendre que la violence et peut être fragilisée. Complémentarité de la force et de la ruse qui l'oriente.

Montaigne 1533 - 1592

« Notre grand et glorieux chef-d'œuvre, c'est vivre à propos. » *Essais*

Éléments de biographie

Une éducation humaniste

Michel Eyquem de Montaigne reçut de son père une éducation moderne et humaniste. Très tôt passionné par les livres, il lit les grands auteurs de la tradition classique.

L'amitié avec Étienne de La Boétie

Son père lui délègue sa charge de magistrat à la cour des aides de Périgueux. Lorsque cette dernière est supprimée, il devient conseiller au Parlement de Bordeaux.
Là, il rencontre celui qui deviendra son meilleur ami et jouera un rôle déterminant dans sa décision de rédiger ses *Essais*, Étienne de La Boétie (1530 - 1563). Lorsque la mort emporte son ami, Montaigne se trouve confronté à la douleur et à la solitude.

La retraite et la rédaction des *Essais*

En 1570, Montaigne abandonne sa charge de magistrat pour se retirer dans une tour du château familial (sa « librairie »). Il commence à composer les *Essais*. Les deux premiers livres paraissent en 1580.
Malade, il entreprend un long voyage afin de se ressourcer dans les stations thermales les plus réputées d'Europe. Retiré de la vie publique, il consacre la fin de son existence à la correction et à l'enrichissement de son œuvre.

Thèses essentielles

De Sextus Empiricus et du pyrrhonisme, Montaigne garde l'idée d'une faiblesse de la raison et d'une limitation du langage. Les Essais *analysent les opinions des philosophes afin de dénoncer l'orgueil de la raison qui prétend détenir la vérité. Sa maxime, « que sais-je ? », témoigne de ce* ***refus de tout dogmatisme****.*

Le scepticisme de Montaigne

On ne peut être certain d'avoir atteint la vérité. Ce scepticisme semble aboutir à un **relativisme** qui peut paraître désespérant à qui ne comprend le propos de Montaigne : montrant l'égalité de valeur de thèses

contradictoires, les *Essais* nous laissent dans l'incertitude d'un moi qui se cherche et avoue ne pouvoir s'extraire de sa subjectivité. Montaigne ne construit pas un système doctrinal, mais une pensée active qui n'a de cesse de se réinterroger, comme en attestent les multiples ajouts et corrections au manuscrit originel. Le titre lui-même, *Essais*, suggère une pensée qui s'essaie, se juge et se rectifie continuellement.
Par sa critique du dogmatisme et du fanatisme, Montaigne vise un **usage raisonnable de la raison** qui s'accorde à la vraie vie de l'homme moyen. Loin de toute prétention démesurée, la raison débarrasse des illusions et procure une vie heureuse et simple en appelant à la tolérance et à l'indulgence.

La subjectivité et le moi

Les *Essais* avertissent le lecteur : « c'est moi que je peins ». L'ouvrage n'est cependant pas une autobiographie, il y est aussi question de problèmes indépendants de la personnalité de Montaigne. Mais il s'agit bien de subjectivité : refusant d'affirmer une doctrine, Montaigne enseigne qu'il n'y a pas d'objectivité, que tout savoir est celui d'un sujet.
Montaigne partage l'exigence socratique : se connaître soi-même. L'exercice constant de l'intelligence, qui se regarde et s'interroge, est la vie même de la pensée et se constitue dans cette quête de soi-même toujours à renouveler : le moi, se saisissant dans le devenir temporel, s'échappe constamment, si bien que « se trouve autant de différence de nous à nous-mêmes que de nous à autrui ».
Si « chaque homme porte la forme entière de l'humaine condition », ce n'est que subjectivement : seul l'individu existe, avec toute ses particularités. **Nominaliste**, Montaigne refuse l'idée d'une nature humaine universelle et unique et met en évidence la diversité et la richesse de l'univers humain : l'homme se présente comme entité polymorphe. Il n'y a pas l'homme, mais des hommes.

Il faut savoir vivre « à propos »

Comment doit-on vivre pour vivre bien ? Puisque les hommes sont différents les uns des autres et changent au cours de leur vie, aucune morale doctrinale ne peut s'imposer à eux. Mais Montaigne ne rejette pas cependant toute évaluation morale : il y a du bien et du mal ; l'amitié, la fidélité et l'honneur sont des valeurs importantes.
La mort fait obstacle au bonheur par l'angoisse qu'elle génère : il faut apprendre à vivre avec sa pensée. Mais il n'y a pas, pour cela, un moyen unique qui s'imposerait à tous. Seulement, il faut vivre heureux et faire ce qui convient, parfois s'abandonner au plaisir présent, d'autres fois méditer sur la finitude. La diversité humaine appelle un art de vivre qui se confond avec un art d'apprécier la vie et de composer avec les événements.

Une œuvre-clé : *Essais*

Contexte

Œuvre étonnante, les *Essais* révèlent la modernité de Montaigne qui édifie une raison à la fois tolérante et critique à partir d'une recherche du moi qui ne se découvre que dans l'analyse de la diversité des expériences humaines.

Extrait

> Or je trouve, pour revenir à mon propos, qu'il n'y a rien de barbare et de sauvage en cette nation[1], à ce qu'on m'en a rapporté, sinon que chacun appelle barbarie ce qui n'est pas de son usage ; comme de vrai, il semble que nous n'avons autre mire[2] de la vérité et de la raison que l'exemple et idée des opinions et usances[3] du pays où nous sommes. Là est toujours la parfaite religion, la parfaite police[4], parfait et accompli usage de toutes choses. Ils sont sauvages, de même que nous appelons sauvages les fruits que nature, de soi et de son progrès ordinaire, a produits : là où à la vérité, ce sont ceux que nous avons altérés par notre artifice et détournés de l'ordre commun, que nous devrions appeler plutôt sauvages [...].
>
> *Essais*, livre I, Gallimard, coll. « Folio », 1973.

Clés du texte

Le relativisme

→ Tout est affaire de perspective, de point de vue : ce qui semble sauvage à l'un ne le semble pas à l'autre, qui y est habitué.
→ Relativisme sceptique : les critères de vérité varient d'un peuple à l'autre.
→ Tendance de l'homme à juger la culture des autres à partir de la sienne : est dit « barbare » ou « sauvage » ce qui est inconnu ou inhabituel.
→ Renversement : tout peuple qualifié de « barbare » par un autre pourrait le qualifier de même.

L'exigence de tolérance

→ Mise en évidence de la diversité des mœurs qui vise à refuser l'ethnocentrisme par lequel on établit une hiérarchie entre les peuples.
→ Cette pensée va, à l'époque de Montaigne, à l'encontre de la pensée commune qui se croit en charge d'« humaniser » les indigènes.
→ Valorisation de la nature dont nous altérons les fruits par notre technique, nos « artifices » : un Montaigne anti-prométhéen.

1. Montaigne fait ici référence au Brésil, découvert en 1557.
2. Critère.
3. Usages.
4. Gouvernement

Le XVIIe siècle

Le XVIIe siècle est sans conteste le siècle de la raison triomphante, notamment dans le domaine scientifique qui connaît une véritable révolution. Néanmoins, l'homme se découvre aussi comme être sensible : l'empirisme viendra s'opposer au rationalisme inspiré des travaux de Descartes et se prolongera au XVIIIe siècle. Sur fond de crise économique et politique, c'est aussi la notion d'individu qui émerge, ainsi que l'analyse de la politique comme science rationnelle.

Science et technique

• Une révolution scientifique

Si les travaux des scientifiques de la Renaissance avaient déjà entrepris de désacraliser la nature et de sortir de la vision aristotélicienne d'un univers clos et hiérarchisé obéissant au principe de finalité et comportant des espaces qualitativement hétérogènes, c'est au XVIIe siècle que la science rompt définitivement avec une telle conception du *cosmos*.
Galilée (1564 – 1642) est l'un des premiers investigateurs d'une nouvelle conception de l'univers qui révolutionne la science. **La nature est écrite en langage mathématique** : elle obéit à des lois mathématisables. Loin de pouvoir être expliquée par le principe de finalité, elle obéit à un ordre **mécanique**. Père de la physique mathématique, Galilée renouvelle la conception traditionnelle du monde. Après Copernic, Galilée défend l'héliocentrisme : la terre, loin d'être au centre de l'univers, tourne autour du soleil. Mais les résistances demeurent face à cette conception contraire aux enseignements de la religion : accusé d'hérésie, il doit à regret se rétracter. Cependant, c'est déjà le statut de l'homme comme créature privilégiée de Dieu qui est mis en question.

• La science au service de la technique

Si la nature est objet à connaître, c'est l'expérience qui se présente, pour **Francis Bacon** (1561 – 1626), comme le moyen privilégié de l'investigation. Mesure et observation orientent le regard du scientifique moderne.
Descartes (1596 – 1650), admirateur de Galilée, fonde métaphysiquement une telle vision de la nature. La matière se comprend comme étendue. L'univers est

mécanique, masse de matière obéissant à des lois que l'esprit se doit de dégager. La science devient alors recherche des relations entre les phénomènes, et abandonne sa quête des causes premières.

Est alors permis **le projet de la conquête de la nature** dont Bacon avait déjà en son temps formulé le vœu : si la nature n'est rien de divin ou de sacré, l'homme peut espérer en devenir « comme maître et possesseur ». La science se dote de visées pratiques et s'allie à la technique. Le savoir devient moyen du pouvoir. L'homme se découvre conquérant.

• Une nouvelle organisation du savoir

Les scientifiques travaillent de plus en plus en collaboration, créant des institutions scientifiques ayant pour rôle de centraliser et de développer le savoir : la *Royal Society* en Angleterre, l'Académie des sciences en France, la Société des Sciences en Allemagne sont autant de fondations qui concourent aux avancées scientifiques de ce siècle.

Newton (1642 - 1727) parachèvera à la fin du XVIIe siècle ce mouvement en exposant, dans les *Principes mathématiques de la philosophie naturelle* (1687), un ensemble de lois physiques qui s'imposeront pendant près de 200 ans. Avec Newton, c'est l'idée d'infini, longuement débattue au cours de ce siècle, qui s'impose finalement. La science s'intéresse à l'infiniment petit aussi bien qu'à l'infiniment grand, l'infini n'étant plus l'attribut de Dieu seul.

Dès lors, face à cette mutation de la pensée, la philosophie trouve de nouvelles voies et de nouvelles tâches.

Le problème du fondement de la connaissance

• Le rationalisme

Le XVIIe siècle est celui de **la raison conquérante** : si la nature est écrite en langage mathématique, c'est que la raison, **lumière naturelle** fondée sur la véracité divine, peut la comprendre. En affirmant l'universalité de la raison, Descartes anticipe la révolution que constitueront les Lumières. Mais encore faut-il savoir user de cette faculté par laquelle Dieu se donne en nous : **la méthode** (chemin pour bien penser) s'impose comme nécessaire. Ainsi naît une raison rigoureuse et source de vérité.

Descartes, Spinoza (1632 - 1677), Malebranche (1638 - 1715) et Leibniz (1646 - 1716), qui comptent parmi les rationalistes les plus marquants de leur siècle, dévalorisent l'expérience, les données des sens, au profit de la raison. Les sens nous trompent. Ils ne nous permettent d'établir que des vérités de fait. En revanche, la raison découvre les vérités universelles. Néanmoins, des divergences apparaissent quant à la nature de la méthode que doit emprunter la raison dans sa quête de la vérité.

• L'empirisme

Face à cette confiance totale en la raison, d'autres courants émergent, et notamment **l'empirisme anglais**, avec Hobbes (1588 - 1679) et Locke (1632 - 1704) qui affirmeront **la primauté de l'expérience**,

source, garantie et limite de nos connaissances.
Cet empirisme naissant, Newton contribuera à son essor au XVIIIe siècle, en affirmant que la science doit se défaire des hypothèses gratuites au profit d'une méthode inductive qui, partant de l'observation des faits, induit les lois générales qui les organisent.

Morale et politique

• L'homme face à l'interrogation morale

Les données nouvelles de la science obligent l'homme à renouveler la pensée de son statut. Dans une nature mécanisée, délogé du centre de l'univers, il se trouve face à l'infini incompréhensible et incommensurable. **Pascal** (1623 – 1662) élabore une pensée pessimiste consciente des limites de la raison, et s'oppose, en tant que janséniste, aussi bien au rationalisme triomphant qu'à l'attitude critique des libertins qui annoncent l'athéisme de nombre de penseurs du siècle suivant. Aux vérités de raison, il adjoint les vérités du cœur qui enjoignent de vivre authentiquement sa foi.
Mais la morale pascalienne est loin d'être la seule morale de ce siècle : si la morale prend encore largement appui sur la religion, il n'en reste pas moins que l'homme se découvre comme **sujet** dont l'unité et le sens se découvrent problématiques. Les passions, universelles, ne sont plus stigmatisées, mais objets d'examen. La nature, mécanisée, ne peut plus être le modèle du sens et de la moralité : la question morale devient proprement humaine, et sur ce front, empirisme et rationalisme s'affrontent, le premier faisant du sentiment l'origine de la morale, le second cherchant à la rallier à la raison. Ainsi s'ouvre **le questionnement sur le fondement des valeurs morales**.

• Les fondements de la pensée politique moderne

La crise politique et religieuse qui déchire l'Angleterre donne lieu à une guerre civile d'une violence extrême. **Hobbes**, qui prend parti pour Charles Ier contre le Parlement, élabore une théorie politique moderne fondée sur l'anthropologie. **L'absolutisme** permet de garantir aux citoyens paix et sécurité. Affranchie de toute soumission à la religion, la politique prend son autonomie. Le culte est affaire privée : penseur moderne, Hobbes promeut la **laïcité**.
Spinoza lui emboîtera le pas dans le *Traité théologico-politique*. Il encourage la **tolérance** et défend la démocratie, conçue comme régime de la raison.
De même, **Locke**, défenseur des libertés, prône la tolérance positive. Sa théorie politique pose les bases du **libéralisme**.

Le XVIIe siècle renouvelle la conception de l'univers et de l'homme.
La raison fondée en Dieu s'impose comme faculté de connaissance. Mais avec l'empirisme, c'est une raison liée à l'expérience qui émerge, une raison critique. L'esprit de libre examen peut alors se répandre, luttant contre toute forme d'obscurantisme, et ouvrant la porte aux Lumières.

Tableau chronologique

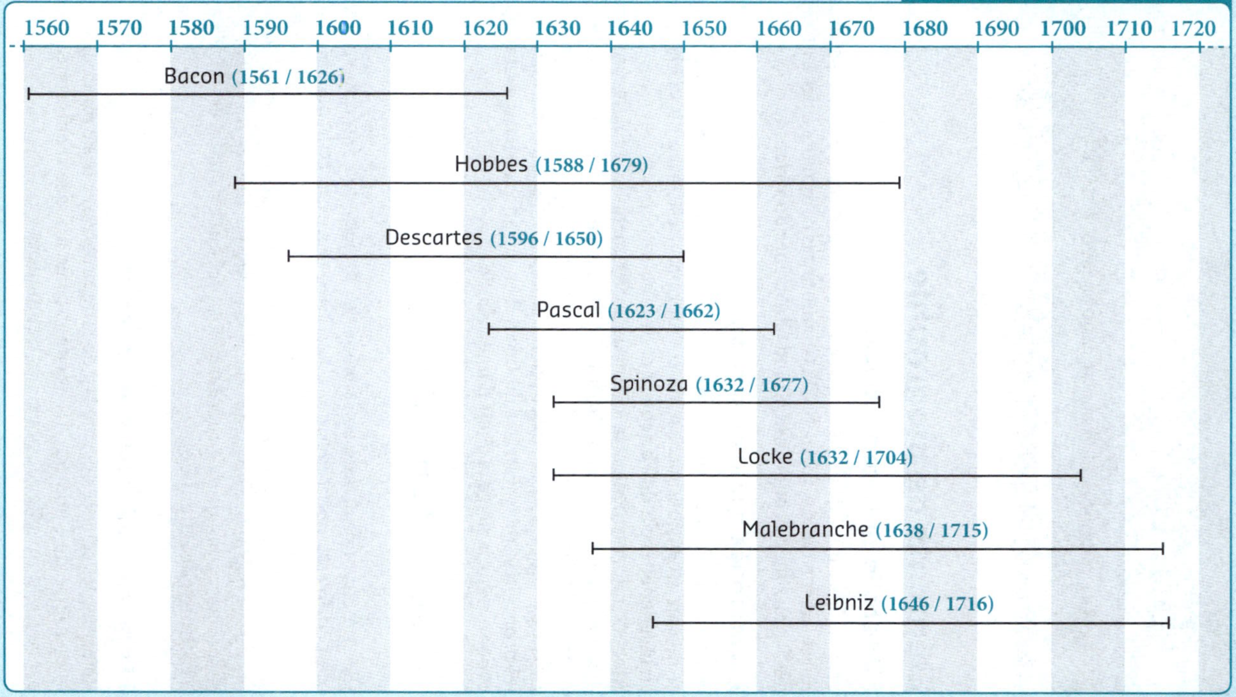

15

Bacon 1561 - 1626

« On ne commande à la nature qu'en lui obéissant. »
Novum Organum

Éléments de biographie

Une belle carrière politique...

Francis Bacon, philosophe anglais, fut initié par son père à la politique. Juriste de formation, il est élu à la Chambre des communes, devient garde des Sceaux du roi, puis Lord Grand Chancelier du royaume.

... marquée par la corruption

Mais ses intrigues et complots auront raison de sa carrière politique et de son ascension : accusé de corruption, il est privé de sa charge de chancelier et exclu du Parlement et de la cour du roi.
Alors, conformément à la méthode expérimentale qu'il recommande dans le *Novum Organum* (1620), il commence à recueillir un nombre important d'informations d'histoire naturelle.
L'histoire veut qu'il soit mort pour l'expérience : souhaitant démontrer les propriétés conservatrices du froid, il en aurait été victime en voulant exposer dans la neige la chair d'une volaille.

Thèses essentielles

*Bacon, pionnier de la science moderne, projette une immense **refonte de l'édifice scientifique** afin d'accroître le savoir et le pouvoir qu'il procure : « Le but de notre établissement est la découverte des causes, et la connaissance de la nature intime des forces primordiales et des principes des choses, en vue d'étendre les limites de l'empire de l'homme sur la nature entière et d'exécuter tout ce qui lui est possible. » (*La Nouvelle Atlantide*).*

La science au service de l'homme

Réformer les sciences permettra de faire progresser le savoir et de servir le bien-être de l'homme. La **vérité** est liée à l'idée d'**efficacité** et doit permettre d'inventer de nouvelles techniques.

Cette conception nouvelle de la science concrète, active, tournée vers l'utilité, s'accompagne d'un renouvellement de l'idée de **nature** qui n'est plus comprise comme objet inaccessible de spéculation, mais comme entité mesurable et lieu d'expérience.

La classification des sciences

Bacon met en correspondance les sciences et les facultés humaines, et établit une classification des sciences.
L'histoire correspond au travail de la mémoire ; la poésie renvoie à l'imagination ; la philosophie (qui comprend les mathématiques et les sciences naturelles) est la science de la raison.

La théorie des idoles

Avant toute recherche, l'entendement doit être libéré de l'emprise des **idoles** (ou encore **fantômes**). Véritables obstacles à la science, causes de son errance, les idoles sont des préjugés, des illusions qui nous amènent à interpréter de façon erronée les faits, des obstacles à la connaissance d'autant plus dangereux qu'ils sont inhérents à l'esprit.
Il y a quatre genres d'idoles :

- **Les idoles de la race** (ou de la tribu) relèvent de notre anthropocentrisme par lequel nous avons tendance à saisir la réalité seulement d'après la mesure humaine.
- **Les idoles de la caverne** désignent les préjugés et passions individuels issus de notre éducation, de nos habitudes…
- **Les idoles de la place publique** : les erreurs véhiculées par le langage.
- **Les idoles du théâtre** : les erreurs qui naissent des théories trop systématiques des écoles philosophiques qui fascinent, notamment de l'aristotélisme et de la scolastique.

La science généralise trop hâtivement et se fonde sur des principes parfois fragiles. Elle doit prendre le temps d'avancer graduellement et prudemment vers la vérité. L'interprétation méthodique qui prend le temps de consigner par écrit ses expériences et de les classer rigoureusement se révèle plus fructueuse que l'anticipation hâtive.

La méthode inductive

La méthode permettant au savoir de progresser est inductive, mais elle relève d'une nouvelle forme d'induction, distincte de celle héritée d'Aristote, que Bacon qualifie de « méthode d'enfants ».
La méthode aristotélicienne consiste, en un ordre inductif, à énumérer des cas particuliers pour en extraire le général. Or, une telle méthode semble précaire : le premier exemple contradictoire venu suffit à remettre en cause les conclusions obtenues.
Le savant doit partir du réel et de l'expérience, sans procéder par généralisation hasardeuse et par énumération. La nouvelle méthode expérimentale que met en place Bacon suppose un travail rigoureux,

ordonné, par lequel les expérimentations, **ciblées**, donnent lieu à des observations que le savant rassemble (la **chasse de Pan** désigne cette activité de collection des faits).
Ces observations minutieusement récoltées seront alors comparées en vue de découvrir la forme du phénomène. Le savant procède ensuite par élimination de propriétés, si bien que « reste au fond du creuset la forme affirmative véritable, solide et bien limitée ».
Ainsi, c'est d'une **expérimentation instruite** (et non pas chaotique ou aveugle) que découle le savoir. La raison et l'expérience doivent s'allier pour découvrir la vérité.

Les principes de l'expérience cruciale

Les expériences permettent de tester une théorie. Elles sont dites cruciales lorsqu'elles permettent de tester simultanément deux hypothèses contraires. L'une étant démentie, l'autre se trouve vérifiée. Cependant, rien n'assure qu'il n'y ait une troisième possibilité : le statut de la vérité ainsi découverte reste problématique.
La découverte de la vérité suppose la patience du savant, elle est « fille du temps ». C'est une conception nouvelle de la science, et notamment de la physique qui naît avec Bacon, celle de la science expérimentale, tâtonnante, graduelle et patiente, dont le travail n'est jamais vraiment terminé.

L'Atlantide : l'utopie moderne

Alors même qu'il est démis de ses fonctions politiques, Francis Bacon imagine, dans *La Nouvelle Atlantide*, une société consacrée à la science et à la technique, véritable « île de la découverte » gouvernée par un État valorisant la sécurité et la prévoyance. On peut y voir le désir de l'ancien chancelier de réformer l'Angleterre et de la prémunir contre tout risque engendré par une technique non maîtrisée.

Une œuvre-clé : *Novum Organum*

Contexte

Le *Novum Organum* (« nouvel outil », par opposition à la logique aristotélicienne) est un traité de méthode scientifique qui renouvelle la conception du travail du savant et pose les bases de la science moderne.

Extrait

> Les philosophes qui se sont mêlés de traiter les sciences se partageaient en deux classes, les empiriques et les dogmatiques. Les empiriques, semblables à des fourmis, se contentent d'amasser et de consommer ensuite les provisions. Les dogmatiques, tels que les araignées, tissent des toiles dont la matière est extraite de leur propre substance.

L'abeille garde le milieu ; elle tire la matière première des fleurs des champs et des jardins ; puis, par un art qui lui est propre, elle la travaille et la digère. La vraie philosophie fait quelque chose de semblable ; elle ne se repose pas uniquement ni même principalement sur les forces naturelles de l'esprit humain, et cette matière qu'elle tire de l'histoire naturelle et des expériences mécaniques, elle ne la jette pas dans la mémoire telle qu'elle l'a puisée dans ces deux sources, mais après l'avoir aussi travaillée et digérée, elle la met dans l'entendement. Ainsi notre plus grande ressource et celle dont nous devons tout espérer, c'est l'étroite alliance de ces deux facultés : l'expérimentale et la rationnelle, union qui n'a point encore été formée.

Novum Organum, PUF, 1986.

Clés du texte

La critique de l'empirisme et du dogmatisme

→ Erreur des philosophes : séparer la raison et l'expérience. Critique de deux attitudes contraires et infructueuses, le dogmatisme et l'empirisme.

→ L'empirique : celui qui collectionne sans méthode les observations, pensant l'expérience comme source unique de toute connaissance.

→ Impossibilité du progrès de la science empirique : connaître revient à reconnaître simplement, à ramener l'expérience nouvelle aux anciennes.

→ Le dogmatique : considérant l'esprit comme seule source de connaissance, il projette dans le réel les concepts élaborés par son esprit.

→ La science dogmatique, trop éloignée de l'expérience et du réel, s'interdit de connaître les choses mêmes.

La bonne méthode : celle de l'abeille

→ La source de la science véritable est l'expérience instruite, éclairée par la raison. La raison et l'expérience doivent s'allier.

→ Métaphore : l'abeille digère le pollen pour constituer le miel. De même le savant use de la raison pour féconder l'expérience qui à son tour peut féconder la théorie.

→ Rôle de la raison : travailler et digérer la matière de l'expérience, la comprendre, pas seulement s'en souvenir (empirisme) ou l'inventer (dogmatisme).

La finalité techniciste de la science

→ L'alliance raison – expérience est source d'espoir : le savoir engendre le pouvoir, la méthode scientifique est évaluée par son efficacité.

16

Hobbes

1588 - 1679

« L'homme est un loup pour l'homme. »
Épître dédicatoire du *De Cive*

Éléments de biographie

Les voyages et les rencontres

Thomas Hobbes, après avoir étudié à Oxford, devient précepteur puis secrétaire de William Cavendish.
À Paris, il se lie avec le Père Mersenne et Gassendi et prend connaissance des écrits de Descartes à qui il envoie des « objections ». Mais surtout, il découvre les *Éléments* d'Euclide qui marquent un tournant dans sa vie intellectuelle. À Florence, il rencontre Galilée dont il admire également la rigueur scientifique. Ces modèles de rationalité l'inspireront et le mèneront à construire un véritable système philosophique.
Il fut le secrétaire de Francis Bacon qui lui fit découvrir les matérialismes anciens, mais il déplora son manque d'intérêt pour les mathématiques et la démarche déductive.

Un contexte historique déterminant

Hobbes restera marqué par la crise politique et religieuse qui déchire l'Angleterre du XVIIe siècle. Prenant parti pour le roi Charles Ier dont il défend l'autorité absolue dans le conflit qui l'oppose au Parlement, il s'exile en France en 1640.
Durant son séjour en France, il rédige ses deux principales œuvres : *De Cive* (*Du citoyen*), publié à Paris en 1642, et *Léviathan*, qui paraîtra à Londres en 1651. Accusé d'athéisme, il connaîtra nombre de controverses avec les penseurs de son temps, sans pour autant manquer de partisans.

Thèses essentielles

*Contemporain de la Révolution anglaise du XVIIe siècle, Hobbes s'est principalement intéressé à la **politique**. Frappé par la violence de la guerre civile, il cherche à poser les bases d'une politique forte assurant paix et sécurité aux hommes. Hobbes, en **matérialiste**, veut poser les bases d'une science politique rationnelle qui en dégage les **mécanismes**.*

L'anthropologie au fondement de la philosophie politique

Avec Hobbes, ce n'est plus la cosmologie ou la théologie (comme dans l'aristotélisme et le thomisme) qui fondent la philosophie politique, mais l'**anthropologie**. Théoricien de l'**absolutisme**, il refuse cependant de penser la politique en lien avec la religion, et justifie le pouvoir absolu par des principes rationnels. Rejetant l'héritage aristotélicien qui voit en l'homme un animal politique, il analyse les causes de l'instauration de l'État et les mécanismes permettant la maîtrise du pouvoir permettant de garantir paix et sécurité aux hommes.

Pour comprendre le fonctionnement d'un corps complexe, il faut d'abord le décomposer en ses éléments les plus simples afin d'en saisir la nature. Ce principe, hérité de la physique galiléenne, Hobbes l'applique à la politique : l'État étant constitué d'individus, c'est la nature humaine elle-même qu'il convient de dégager afin de cerner le fonctionnement du corps social que les individus forment. Il faut donc d'abord interroger la nature humaine, élaborer une anthropologie.

L'état de nature : la « guerre de chacun contre chacun »

Pour analyser la nature humaine, Hobbes élabore un modèle théorique, hypothèse fictive mais rationnelle, celle de l'état de nature. L'**état de nature** désigne l'état dans lequel vivent les hommes avant toute instauration d'une organisation sociale, c'est un état rationnellement conçu, non pas un état historiquement avéré. Il s'agit de comprendre ce qu'est l'homme indépendamment de la société et des transformations qu'elle opère sur lui. La théorie de l'état de nature permet donc de **distinguer nature et culture en l'homme**.

L'**État** n'est pas la réalisation de l'humanité, mais un **artifice** par lequel l'homme s'extrait de la nature. Une création débarrassée en outre de toute référence et donc de toute légitimation religieuse. Il s'agit alors de comprendre les raisons du passage de l'état de nature à l'état civil.

L'état de nature est un état de « guerre de chacun contre chacun » où règnent conflits et violence. Deux principes, en effet, caractérisent l'homme à l'état de nature. D'abord, son insatisfaction incessante, son désir sans cesse renaissant, le pousse à vouloir dominer autrui. Les hommes étant égaux bien que différents, la ruse pouvant se substituer à la force, aucun d'entre eux ne s'y trouve en sécurité. À l'état de nature, donc, « l'homme est un loup pour l'homme », comme le dit la célèbre formule empruntée à Plaute. En outre, et tel est le second principe, dans un tel état, l'homme craint une mort violente et son instinct de conservation le pousse à protéger sa vie. La rivalité éclate, de telle sorte que l'état de nature s'apparente à un état d'insécurité permanente : « Aussi longtemps que les hommes vivent sans un pouvoir commun qui les tienne tous en respect, ils sont dans cette condition qui se nomme guerre, et cette guerre est guerre de chacun contre chacun ».

Droit naturel et liberté

Dans l'état de nature, le **droit naturel**, droit issu de la nature, se définit comme « la liberté qu'a chacun d'user comme il le veut de son pouvoir propre pour la préservation de sa propre nature » (*Léviathan*). La liberté y est définie comme absence d'obstacle. Cependant, en vertu de l'égalité naturelle et de l'inhérence du désir, les libertés s'entrechoquent tant qu'elles ne sont pas réglées par un pouvoir commun, et c'est comme si, finalement, personne n'avait droit à rien. Tel homme veut-il s'approprier cette pomme ? Il en a le droit, mais il peut en être empêché par un autre qui la convoite également. On constate ici la fragilité d'un tel droit que rien ne garantit.

Ainsi, la première **loi naturelle**, issue de la raison consciente de l'insécurité d'une telle situation, nous prescrit de rechercher la paix, afin de sauvegarder notre vie. C'est ainsi que l'homme est appelé à sortir de l'état de nature : seul un pouvoir commun qui règle les coexistences peut assurer la survie des individus.

L'institution de l'État

L'État procède d'un **contrat** par lequel chacun cède son droit naturel à un tiers, le souverain, chargé d'instaurer et de faire régner paix et sécurité. Dans ce contrat, chaque individu cède ses droits de façon absolue, à condition que les autres en fassent de même. Hobbes formule ainsi les termes du contrat par lequel chaque citoyen est lié aux autres : « J'autorise cet homme ou cette assemblée et je lui abandonne mon droit de me gouverner moi-même, à condition que tu lui abandonnes ton droit et que tu autorises toutes ses actions de la même manière ».

Par le contrat social, les sujets s'engagent les uns envers les autres, et deviennent un **peuple**. Le souverain, en revanche, est au-dessus du contrat, il n'y est pas assujetti. Il définit le juste et l'injuste, et ses actes doivent être indiscutables et indiscutés. Chacun, en effet, lui lègue sa liberté. Il n'y a, chez Hobbes, de souveraineté qu'absolue.

La force du pouvoir : l'obéissance des sujets

Si un pouvoir politique véritable est nécessairement absolu, c'est parce que tel est le principe qui permettra au souverain de **garantir paix et sécurité**. Il y a donc une obligation du souverain, une seule, celle d'assurer la sécurité des sujets, sans quoi la révolte serait justifiée. Si nous obéissons au souverain, ce n'est pas en vertu de sa force, de sa capacité à nous contraindre, mais afin de lui donner la puissance nécessaire à l'instauration et au maintien de la paix.

Cela ne fait pas pour autant de Hobbes un partisan du monarchisme absolu : le souverain peut être, indifféremment, un homme, un conseil ou encore une assemblée, l'essentiel étant que sa souveraineté soit incontestée.

On a pu accuser Hobbes de totalitarisme, mais, loin d'étendre le pouvoir politique à la maîtrise de la sphère privée – ce que fait tout pouvoir totalitaire - il pose au contraire celle-ci comme l'espace de liberté dont jouit chaque individu. Le pouvoir politique a un aspect contraignant, mais la contrainte ne vise qu'à permettre le déploiement de la liberté de l'individu dans l'espace privé tant qu'elle ne menace pas la paix et la sécurité.

La métaphore : le Léviathan est comme un corps

Hobbes compare l'État, ce « grand Léviathan », à un **corps artificiel**. La souveraineté est son âme, l'argent son sang, la richesse sa force, les colonies ses enfants. Les magistrats sont ses articulations, les récompenses et les punitions ses nerfs. Les conseillers constituent sa mémoire, les lois sa raison et sa volonté. La paix désigne la santé de ce corps, alors que les troubles civils relèvent de la maladie et la guerre civile de la mort.

Une œuvre-clé : *Léviathan*

Contexte

Soucieux de déterminer les mécanismes du pouvoir politique afin de poser les bases d'un État fort prémuni contre les troubles civils, Hobbes analyse ici l'essence et la nature du pouvoir politique. De la nature de l'homme se déduisent les principes propres à garantir, par le biais de la souveraineté absolue du gouvernement, la paix et la sécurité de chacun.

Extrait

> La nature a fait les hommes si égaux quant aux facultés du corps et de l'esprit, que, bien qu'on puisse parfois trouver un homme manifestement plus fort, corporellement, ou d'un esprit plus prompt qu'un autre, néanmoins, tout bien considéré, la différence d'un homme à un autre n'est pas si considérable qu'un homme puisse de ce chef réclamer pour lui-même un avantage auquel un autre ne puisse prétendre aussi bien que lui. En effet, pour ce qui est de la force corporelle, l'homme le plus faible en a assez pour tuer l'homme le plus fort, soit par une machination secrète, soit en s'alliant à d'autres qui courent le même danger que lui.
>
> Quant aux facultés de l'esprit [...], j'y trouve, entre les hommes, une égalité plus parfaite encore que leur égalité de forces. Car la prudence n'est que de l'expérience, laquelle, en des intervalles de temps égaux, est également dispensée à tous les hommes pour les choses auxquelles ils s'appliquent également.

> [...] De cette égalité des aptitudes découle une égalité dans l'espoir d'atteindre nos fins. C'est pourquoi, si deux hommes désirent la même chose, alors qu'il n'est pas possible qu'ils en jouissent tous les deux, ils deviennent ennemis ; et dans leur poursuite de cette fin (qui est, principalement, leur propre conservation, mais parfois seulement leur agrément), chacun s'efforce de détruire ou de dominer l'autre.
>
> *Léviathan*, trad. F. Tricaud, Sirey, 1983.

Clés du texte

■ Différence et égalité des hommes à l'état de nature

→ Il existe des différences entre les hommes : certains sont plus forts, d'autres plus rusés…

→ Mais ils sont tout de même égaux : la ruse peut contrer la force, égalité des aptitudes corporelles. Chacun peut espérer obtenir ce qu'il convoite.

→ D'autant plus qu'il y a égalité des aptitudes spirituelles, celles-ci étant développées par l'expérience. La réflexion pratique est issue de l'expérience, du vécu.

■ Mon semblable est mon ennemi

→ Mêmes capacités et mêmes désirs mènent au conflit, au désir de domination : l'état de nature est un état de guerre de chacun contre chacun.

Descartes

1596 - 1650

« Je pense, donc je suis. » *Discours de la méthode*

Éléments de biographie

Une éducation jésuite

René Descartes étudie d'abord auprès des Jésuites. Élève vif et appliqué, mais de santé fragile, il bénéficie au collège d'un traitement de faveur en n'arrivant qu'à dix heures le matin, prenant le temps de la réflexion matinale qu'il affectionne.
Dans le *Discours de la méthode*, il retrace son enfance et la genèse de sa méthode, montrant une certaine déception à l'égard de la philosophie scolastique qu'il découvre au collège. Il se passionne davantage pour les sciences, et particulièrement pour les mathématiques, « à cause de la certitude et de l'évidence de leurs raisons ».

Descartes, spectateur du monde

Convaincu du caractère instructif des voyages, Descartes parcourt tour à tour l'Italie, le Danemark, l'Allemagne, afin de s'instruire « dans le grand livre du monde ». Engagé en tant que soldat, il se veut spectateur des mœurs des hommes plus qu'acteur.
En 1619 lui apparaissent sous forme de songes les prémisses de sa méthode, moyen d'unifier les connaissances et de fonder une science universelle (la *mathesis universalis*). Ces visions le confortent dans sa décision de consacrer sa vie à la science.

La Hollande, refuge du philosophe

Descartes s'installe finalement en Hollande, où il échappe à la censure religieuse et aux mondanités afin de se consacrer à l'étude. Lorsque Galilée est condamné par l'Inquisition, il renonce à publier le *Traité du monde* dans lequel il soutient la théorie du mouvement de la terre.
Les principales œuvres de Descartes sont les *Règles pour la direction de l'esprit* (1628), le *Discours de la méthode* (1637), les *Méditations métaphysiques* (1641), les *Principes de la philosophie* (1644), et *Les passions de l'âme* (1649).

Thèses essentielles

Descartes est sans aucun doute le fondateur du ***rationalisme*** *moderne en ce qu'il affirme la supériorité de la raison, source de toute connaissance. Guidé par une* ***méthode rigoureuse****, le sujet peut accéder par ses propres lumières à une science universelle.*

Le projet : réformer la connaissance

Descartes eut très tôt l'intuition de la possibilité de fonder une science universelle. En effet, « le bon sens est la chose du monde la mieux partagée » (*Discours de la méthode*). Le « bon sens » désigne la **raison**, cette « lumière naturelle », puissance de bien juger et de distinguer le vrai du faux.
Affirmant l'universalité de la raison, mais constatant par ailleurs les divergences d'opinions, Descartes nous montre combien la raison, pour accéder à la vérité, doit se débarrasser des préjugés et opinions qui la troublent et se munir d'une **méthode** sûre afin de fonder la connaissance.

La mise en œuvre du doute

Puisque les opinions des hommes sont si diverses et relèvent dès lors plus du vraisemblable que du vrai, il convient d'abord, dans toute quête de la vérité, de rejeter toute affirmation douteuse. C'est donc l'**indubitable** que recherche Descartes, ce dont on ne peut absolument pas douter.
Pour cela, il faut se méfier de ce que l'on nous a enseigné et de l'héritage de la coutume, et n'accepter que ce qui se présente avec la clarté de l'**évidence** indiscutable. Le **doute méthodique**[1] est le moyen d'accéder à la vérité.
Je ne peux être certain de ce que j'ai appris de mes maîtres (ce n'est que connaissance indirecte), ni de l'existence des corps hors de moi (mes sens peuvent me tromper et il se pourrait en outre que ce que je crois voir et toucher ne soit que songe). Et même les vérités mathématiques (2 + 2 = 4) semblent compromises par l'hypothèse de l'existence d'un **Malin Génie**, Dieu trompeur qui se plairait à manipuler mes pensées.

Le cogito cartésien

Alors que le doute semble être à son paroxysme, une seule certitude lui résiste : je doute, donc je pense, et si je pense, je suis. Et même l'hypothèse d'un Malin Génie ne peut abolir cette certitude, puisque s'il me trompe, c'est encore que je suis.
C'est donc dans la conscience de son existence que le sujet trouve l'indubitable, dans l'énonciation du **cogito** : « je pense, donc je suis ». Je suis « une chose pensante » et je me découvre tel avant même de me découvrir comme corps.

1. Le doute méthodique se distingue du doute sceptique par son caractère provisoire, le doute sceptique consistant en une suspension définitive du jugement.

Le dualisme

L'homme est à la fois âme, **substance pensante** immatérielle, et corps, **substance étendue** soumise au mécanisme de la nature.
L'âme est plus aisée à connaître que le corps. La connaissance perceptive est seconde, c'est à l'esprit qu'il faut se fier pour connaître. Lorsque je vois un morceau de cire fondre, alors même que ma perception m'indique que ce morceau de cire a changé d'état, mon esprit me fait savoir que c'est toujours au même morceau de cire que j'ai à faire. C'est l'esprit, et non les sens, qui cerne la permanence.

La véracité divine

Le problème qui se pose est celui de la conformité entre mes pensées et la réalité objective : il y a risque de **solipsisme** (littéralement, être seul avec soi-même). Il faut donc prouver l'existence de Dieu, garant de la correspondance entre la pensée et l'être.
J'ai en moi une idée de Dieu, d'un être infini et parfait, que je ne puis avoir produit de moi-même, moi qui suis fini et imparfait. Ainsi, l'existence en moi d'une telle idée me mène à une seconde certitude qui sera le fondement de la connaissance et de sa conformité au réel, celle de l'existence de Dieu, cause de son idée en moi, et de la véracité divine, un être parfait et tout puissant ne pouvant vouloir tromper le sujet (ce serait une marque de faiblesse).
Je ne peux donc douter de la raison « car, premièrement, cela même que j'ai tantôt pris pour règle, à savoir, que les choses que nous concevons très clairement et très distinctement sont toutes vraies, n'est assuré qu'à cause que Dieu est ou existe, et qu'il est un être parfait, et que tout ce qui est en nous vient de lui ». Les **idées claires et distinctes**, évidences premières, sont innées et vraies. C'est à partir de telles idées qu'il faut élaborer le savoir.

La méthode cartésienne

L'homme est cependant sujet à l'erreur. En effet, « ce n'est pas assez d'avoir l'esprit bon, mais le principal est de l'appliquer bien », ce que nous ne faisons pas toujours. Il nous faut donc une **méthode**, un « chemin » qui mène l'esprit d'une vérité à une autre.
Quatre règles fondent la méthode : 1) **L'évidence** : n'admettre que ce qui est indubitable, éviter précipitation et prévention ; 2) **L'analyse** : diviser les difficultés en autant de parcelles qu'il le faut pour les résoudre ; 3) **La synthèse** : suivre un ordre, aller du plus simple au plus complexe de manière rigoureuse ; 4) **Le dénombrement**, ou récapitulation : recenser toutes les intuitions qui se succèdent dans la déduction de manière à n'omettre aucun maillon de la chaîne.
On connaît donc par **intuition** (vue indubitable par laquelle se présente l'évidence des idées claires et distinctes) et **déduction** (enchaînement logique à partir des évidences). Cette méthode, qui prend modèle sur

les mathématiques, est le moyen pour le philosophe de parvenir à des connaissances certaines et évidentes.

Une science mécaniste

Si l'homme est duel, corps et esprit, l'animal, en revanche, et les corps en général, sont conçus comme des **machines**, des automates, de telle sorte que la nature est désacralisée et mécanisée, offerte à l'analyse mathématique du savant. Le vivant réductible à la matière et à son mécanisme : voilà qui rend la médecine et l'étude de l'anatomie véritablement scientifiques.
Une telle conception de la nature et de la science qui l'étudie légitime l'espoir que l'homme fonde en la technique, celle-ci pouvant nous rendre « comme maîtres et possesseurs de la nature ». Le développement de la technique et de la médecine est conçu, d'une façon très moderne, comme moyen d'améliorer les conditions de vie. Mais ce n'est pas une toute-puissance aveugle que prône ici Descartes, tout est dans le « comme » qui confère à l'homme la responsabilité de la maîtrise et de la gestion de la nature.

La morale

En attendant de trouver les certitudes nécessaires à l'établissement d'une vraie morale, fondée en raison, Descartes élabore une « morale par provision ». En effet, le savoir est comme un arbre dont les racines sont la métaphysique, le tronc la physique, les branches la mécanique, la médecine et la morale : ce n'est donc que d'un savoir déjà avancé que doit se déduire une morale véritable.
En quoi consiste cette **morale par provision** ? En des règles de prudence permettant d'agir dans l'urgence. Ces maximes, inspirées du stoïcisme, conseillent de « juger du mieux qu'on puisse », de « changer ses désirs plutôt que l'ordre du monde », d'obéir aux lois et coutumes de son pays, et d'employer sa vie à cultiver sa raison.
Les passions de l'âme, que Descartes rédige à la fin de sa vie, va plus loin. Il met en avant la nécessité de la connaissance des passions, affections de l'âme dues au corps. Obstacles à la recherche de la vérité, les passions produisent des représentations confuses. Mais elles ne sont pas pour autant d'ordre pathologique, elles sont « toutes bonnes de leur nature » en ce qu'elles favorisent l'épanouissement de l'homme. La raison doit apprendre à en faire bon usage et à éviter l'excès et la démesure.
La **générosité** fonde la morale et en est la plus haute vertu. Est doué de générosité celui qui sait que la volonté est absolument libre et qui est résolu à bien en user, à conformer sa volonté au raisonnable. Contrairement aux stoïciens, Descartes admet que la raison est parfois impuissante face aux passions, mais savoir une telle chose permet l'indulgence vis à vis d'autrui, ainsi que d'œuvrer pour bien user de ces passions.

Une œuvre-clé : *Méditations métaphysiques*

Contexte

Descartes invite le lecteur à faire avec lui le chemin qui mène de la destruction des opinions reçues à la reconstruction du savoir. Insatisfait de son éducation, ayant conscience d'avoir « reçu quantité de fausses opinions pour véritables », il entreprend de s'en défaire au moyen du doute en commençant « tout de nouveau dès les fondements » afin d'« établir quelque chose de ferme et de constant dans les sciences ».
Le texte qui suit, début de la seconde méditation, nous livre le premier résultat de ce doute radical (hyperbolique) mais provisoire.

Extrait

Je suppose donc que toutes les choses que je vois sont fausses ; je me persuade que rien n'a jamais été de tout ce que ma mémoire remplie de mensonges me représente ; je pense n'avoir aucun sens ; je crois que le corps, la figure, l'étendue, le mouvement et le lieu ne sont que des fictions de mon esprit. Qu'est-ce donc qui pourra être estimé véritable ? Peut-être rien autre chose, sinon qu'il n'y a rien au monde de certain.

Mais que sais-je s'il n'y a point quelque autre chose différente de celles que je viens de juger incertaines, de laquelle on ne puisse avoir le moindre doute ? N'y a-t-il point quelque Dieu, ou quelque autre puissance, qui me met en l'esprit ces pensées ? Cela n'est pas nécessaire, car peut-être que je suis capable de les produire moi-même. Moi donc à tout le moins ne suis-je pas quelque chose ? [...] Mais je me suis persuadé qu'il n'y avait rien du tout dans le monde, qu'il n'y avait aucun ciel, aucune terre, aucun esprit, ni aucun corps ; ne me suis-je donc pas aussi persuadé que je n'étais point ? Non certes, j'étais sans doute, si je me suis persuadé, ou seulement si j'ai pensé quelque chose. Mais il y a un je ne sais quel trompeur très puissant et très rusé, qui emploie toute son industrie à me tromper toujours. Il n'y a donc point de doute que je suis, s'il me trompe ; et qu'il me trompe tant qu'il voudra, il ne saurait jamais faire que je ne sois rien, tant que je penserai être quelque chose. De sorte qu'après y avoir bien pensé, et avoir sérieusement examiné toutes choses, enfin il faut conclure, et tenir pour constant que cette proposition : *Je suis, j'existe*, est nécessairement vraie, toutes les fois que je la prononce, ou que je la conçois en mon esprit.

Méditation Seconde, in *Méditations métaphysiques*,
Flammarion, coll. « GF », 1979.

Clés du texte

La mise en œuvre du doute

→ Projet de Descartes : trouver l'indubitable.

→ Doute des données des sens et de l'existence des choses matérielles : les sens sont sources d'illusions (un bâton droit plongé dans l'eau paraît brisé, par exemple) et le rêve se distingue difficilement de la veille (comment être sûr que nous ne sommes pas en train de rêver ?).

→ Caractère hyperbolique, radical du doute qui semble rejeter toute affirmation.

La première certitude : je suis, j'existe

→ Affirmation de l'existence du sujet pensant : douter, c'est penser, c'est donc être sujet de ses pensées, et par conséquent être une chose pensante.

→ Impuissance de l'hypothèse d'un Malin Génie, puissant trompeur, à remettre en cause cette évidence : s'il me trompe, je suis encore, puisque que je pense qu'il me trompe.

→ « Je suis, j'existe » : première évidence que découvre l'esprit, fondement de la reconstruction du savoir que projette Descartes.

vraiment profiter de ce qui est ici au moment présent. En cherchant le repos et le bonheur par le divertissement, nous nous condamnons à ne jamais les trouver.

Grandeur et faiblesse de la raison

Mais ce n'est pas la raison qui nous permettra de dépasser l'angoisse à laquelle nous prétendons échapper par le divertissement. Les deux grandes philosophies dignes de ce nom aux yeux de Pascal, le stoïcisme et le scepticisme, ont fait erreur. Épictète a survalorisé les pouvoirs de la raison jusqu'à l'orgueil, alors que Montaigne les a dévalorisés jusqu'à la justification de la lâcheté. Tous deux ont commis « deux excès : exclure la raison, n'admettre que la raison ».
Or, « nous avons une impuissance de prouver, invincible à tout le dogmatisme. Nous avons une idée de la vérité, invincible à tout le pyrrhonisme » : la raison, marque de grandeur, est cependant faible tant qu'elle ne reconnaît pas ses limites. Soumise aux caprices de l'imagination et de la mémoire, elle ne peut, comme le voudrait le dogmatisme, tout démontrer. Elle doit reconnaître qu'« il y a une infinité de choses qui la surpassent », et telle est sa dignité.

Vérités du cœur et vérités de la raison

La **raison**, faculté de l'universel dont fait preuve l'**esprit de géométrie**, peut en effet démontrer méthodiquement, par **déduction,** certaines vérités. Néanmoins, elle requiert, pour ses démonstrations, des bases, principes premiers que l'on nomme ordinairement axiomes, sans quoi les démonstrations régresseraient à l'infini. Le **cœur**, faculté de l'**esprit de finesse**, saisit son objet immédiatement, par **intuition** (contrairement à la raison) et offre par une vision les **notions communes**, principes non démontrables que la raison prend pour base de ses démonstrations.
Ainsi, la raison est seconde, elle ne peut tout démontrer d'elle-même, contrairement à ce que voudrait le projet cartésien. Aux vérités déductivement établies par la raison, il convient d'ajouter des vérités du cœur, senties immédiatement : « Nous connaissons la vérité, non seulement par la raison, mais encore par le cœur. »

La foi, Dieu sensible au cœur, non à la raison

Pascal distingue trois **ordres**, trois plans d'existence. La **chair**, ordre des corps, est le lieu des plaisirs sensibles, des activités mondaines liées aux intérêts matériels. L'**ordre des esprits** relève de l'activité intellectuelle. Enfin, l'**ordre de la charité**, supérieur aux deux autres, est celui de l'amour désintéressé d'autrui inspiré par l'amour de Dieu. Entre ces trois ordres, il y a un abîme, une distance infinie. Ce serait tyrannie que de vouloir soumettre l'un de ces trois ordres à un seul jugé primordial.
Ainsi, vouloir, comme Descartes, tout ramener à la raison et chercher à démontrer l'existence de Dieu relève de l'erreur. Dieu est sensible au

cœur, non à la raison, son existence ne se démontre pas. La foi est donc une révélation : « c'est le cœur qui sent Dieu, et non la raison ».
Le Dieu caché de Pascal ne se découvre qu'à ceux qui l'aiment. La foi suppose une soumission de la raison et une véritable conversion. Ainsi faut-il dépasser cette vie inconsistante faite d'illusions et de divertissements afin de se connaître soi-même dans la foi : « ce n'est pas par les superbes agitations de notre raison, mais par la simple soumission de la raison, que nous pouvons véritablement nous connaître ». Jésus, Dieu fait homme, est le modèle de la dualité unifiée et réconciliée, c'est en lui que l'homme peut se connaître.

Le pari

Mais puisque les libertins ne croient pas en Dieu, c'est par la raison que Pascal essaie de les convaincre, en transposant la situation du pari (situation que les libertins connaissent bien, puisqu'ils passent leur temps à jouer) sur le plan métaphysique : l'homme doit choisir entre l'existence de Dieu et sa non-existence (il n'a pas le choix, il est « embarqué »).
S'il parie sur Dieu, il mise son existence finie et négligeable (une existence faite de plaisirs inconsistants) pour gagner une félicité éternelle, infinie. On a donc tout intérêt à parier pour Dieu : « Si vous gagnez, vous gagnez tout ; si vous perdez, vous ne perdez rien. Gagez donc qu'il est, sans hésiter. »

Une œuvre-clé : *Pensées*

Contexte

Ensemble de notes fragmentaires visant à faire l'apologie de la religion chrétienne en vue de convaincre les incroyants, les *Pensées* sont, selon le mot de Paul Valéry, l'œuvre « d'une des plus brillantes intelligences qui ait paru ».

Extrait

> **347**. - L'homme n'est qu'un roseau, le plus faible de la nature ; mais c'est un roseau pensant. Il ne faut pas que l'univers entier s'arme pour l'écraser ; une vapeur, une goutte d'eau, suffit pour le tuer. Mais, quand l'univers l'écraserait, l'homme serait encore plus noble que ce qui le tue, parce qu'il sait qu'il meurt, et l'avantage que l'univers a sur lui, l'univers n'en sait rien.
>
> Toute notre dignité consiste donc en la pensée. C'est de là qu'il nous faut nous relever et non de l'espace et de la durée, que nous ne saurions remplir. Travaillons donc à bien penser : voilà le principe de la morale. [...]
>
> 397. – La grandeur de l'homme est grande en ce qu'il se connaît misérable. Un arbre ne se connaît pas misérable.

> C'est donc être misérable que de [se] connaître misérable ; mais c'est être grand que de connaître qu'on est misérable.
>
> *Pensées*, Classification de Léon Brunscvicg, JC Lattès, 1988.

Clés du texte

■ La faiblesse de l'homme : son corps

→ L'homme comparé à un roseau : idée de fragilité, de petitesse de l'homme en tant que corps par rapport à un univers infini.

→ Faiblesse de l'homme corporellement démuni d'armes pour se protéger face à un univers qui peut « l'écraser » et le « tuer ».

→ Progrès de la technique insuffisant : même un microbe (infiniment petit) peut tuer l'homme.

■ La dignité de l'homme : sa pensée

→ Valorisation de la pensée : la conscience de soi comme source de dignité et de supériorité par rapport à un univers non conscient de lui-même.

→ Dignité de l'homme issue de sa capacité à éviter divertissement et illusion et à prendre conscience de sa misère. Paradoxe : conscience qui fait la dignité de l'homme, mais aussi son malheur.

→ Principe de la morale : travailler à bien penser, c'est-à-dire développer cette conscience de soi, respecter sa pensée.

→ La valeur d'un homme ne dépend pas de ses propriétés ou de ses titres de noblesse, mais de l'activité de sa pensée.

Locke 1632 - 1704

« L'expérience : c'est là le fondement de toutes nos connaissances. » *Essai sur l'entendement humain*

Éléments de biographie

L'amitié avec Shaftesbury

Philosophe anglais, John Locke fut médecin et conseiller personnel de lord Ashley, futur comte de Shaftesbury, personnage influent à la cour de Charles II d'Angleterre. Lorsque Shaftesbury, devenu son ami, s'oppose à l'absolutisme du gouvernement, Locke le soutient dans l'*Essai sur la tolérance*.

La menace politique et l'exil

Shaftesbury accusé de républicanisme et démis de ses fonctions par Charles II, Locke s'exile en France puis en Hollande, ne se sentant plus en sécurité dans son pays d'origine.

L'issue de la guerre civile permet à Guillaume d'Orange d'accéder au trône. Locke peut alors, en 1688, revenir en Angleterre. Il y occupe successivement plusieurs fonctions officielles, avant de se consacrer, durant les dernières années de sa vie, à la publication de ses œuvres, dont nous pouvons citer la *Lettre sur la tolérance* (1689), l'*Essai philosophique concernant l'entendement humain* (1690), et les deux *Traités du gouvernement civil* (1690).

Thèses essentielles

*Que pouvons-nous connaître ? Quelle est l'étendue et quelles sont les limites de la connaissance humaine ? Telles sont les questions qui préoccupent John Locke qui se propose, dans l'*Essai sur l'entendement humain*, « d'examiner notre propre capacité et de voir quels objets sont à notre portée, ou au-dessus de notre compréhension ». Pour cela, il convient d'analyser comment se forment nos idées, quelles sont leurs origines.*

Une philosophie empiriste de la connaissance

Locke remet en cause l'innéisme : nous n'avons pas d'idées innées présentes naturellement en notre esprit. La preuve en est que, si nous avions de telles idées, elles devraient être aperçues par nous d'emblée. En effet, une idée se définit comme une perception consciente, si bien que rien ne peut être dans l'âme que ce que cette dernière aperçoit effectivement. Or, les enfants, par exemple, sont loin de saisir ces principes que l'on qualifie d'innés, finalement par habitude ou par obéissance à l'autorité de certains systèmes philosophiques (cartésiens, néoplatoniciens...). À l'origine, donc, l'âme (siège de la pensée) est vierge de toute idée, elle se présente comme « une table rase[1] vide de tous caractères, sans aucune idée ».

C'est l'**expérience**, « fondement de toutes nos connaissances », qui est à l'origine des idées. Locke inaugure ainsi l'empirisme, doctrine selon laquelle toute connaissance et toute idée est issue de l'expérience, et d'elle uniquement. L'expérience atteint l'âme et engendre les idées par deux voies différentes : la **sensation**, produite par les objets extérieurs, et la **réflexion** de l'esprit sur ses propres opérations.

Ces deux sources introduisent en l'âme ce que Locke nomme des **idées simples**, c'est-à-dire des idées irréductibles à l'analyse, qui résultent seulement d'impressions produites par l'objet et non combinées par l'esprit. Relativement aux idées simples, l'esprit est passif, il n'en est pas la cause, elles s'imposent à lui. Les idées simples sont la matière première que l'esprit compare, combine ou encore sépare pour engendrer des **idées complexes** (par exemple, la notion de substance).

Qualités premières et qualités secondes

Afin d'analyser plus en avant notre pouvoir de connaître, il convient de classer nos idées simples en fonction de leur ressemblance aux choses. C'est ce que fait Locke en distinguant les **qualités premières** (les propriétés qui constituent effectivement la matière, comme l'étendue, la figure, le mouvement...) et les **qualités secondes** (les propriétés qui ne sont que dans notre âme, produites par l'objet, mais qui ne sont pas en lui, comme la chaleur, les sons, les couleurs...). Ces dernières ne ressemblent pas à l'objet qui les produit, mais sont relatives à la condition du sujet qui les perçoit.

Une idée simple de qualité première est donc objective, elle ressemble effectivement à cette qualité. Par l'affirmation de l'existence des qualités premières (que Berkeley récusera par la suite), Locke affirme l'existence du monde hors de nous. En revanche, toute idée de qualité seconde n'existe que dans notre perception.

Entre scepticisme et dogmatisme

Il résulte de cette conception empiriste que l'étendue de notre savoir est limitée. En effet, puisque les connexions d'idées n'excluent pas l'erreur, l'essence réelle des choses nous échappe, nos connaissances sont plus ou moins probables et connaissent des degrés variables de certitude (l'idée

1. Table rase : ***tabula rasa***, table de cire vierge. Symbole de l'empirisme, cette expression renvoie au caractère vierge de l'esprit avant toute expérience.

simple est beaucoup moins fragile que l'idée complexe, mais elle est moins instructive, puisqu'elle n'ajoute rien à son objet).
Contre le dogmatisme, Locke affirme donc que c'est l'esprit de l'homme qui construit ses propres idées suivant les données fournies par l'expérience. Mais il combat le scepticisme en affirmant l'adéquation possible entre la réalité objective et nos idées.

Une conception libérale de la politique

Tout comme celle de Hobbes, la philosophie politique de Locke s'interroge sur la possibilité pour les hommes de vivre en paix et s'enracine dans l'hypothèse de l'état de nature, état anhistorique dans lequel l'on conçoit la situation de l'homme antérieurement à toute organisation sociale. Mais Locke, **défenseur des libertés**, s'oppose à la philosophie politique absolutiste de Hobbes, aussi bien dans sa conception de l'état de nature que dans l'analyse du contrat social et de ses fins et moyens.
Dans l'**état de nature** règnent liberté (chacun est maître de soi) et égalité. Le **droit de propriété privée** est naturel : chacun, ayant un droit absolu sur lui-même, étend ce droit aux fruits de son travail. Ainsi, la terre que l'individu cultive devient son bien. L'état de nature n'est pas, comme l'affirme Hobbes, un état de conflits permanents, mais les passions humaines poussent les hommes à enfreindre la loi naturelle et le rendent imparfait. L'état civil sera le moyen de corriger cette imperfection.
Ainsi, si l'homme passe de l'état de nature à l'état civil, ce n'est pas, comme le veut Hobbes, afin de rompre avec un état naturel de guerre, mais pour protéger les droits naturels, les légaliser de manière à les garantir. Le citoyen, par le contrat social, offre sa confiance au gouvernement, et le charge de protéger ses droits.
Le contrat social n'est donc pas un contrat de soumission, mais une convention, un acte de confiance par lequel le citoyen vise un bénéfice. S'il accepte le pacte, par lequel il se démunit de son droit naturel à se faire justice lui-même, s'il consent aux lois de l'État, c'est parce qu'elles garantissent sa **liberté** et ses **propriétés** : « La fin principale et capitale en vue de laquelle les hommes s'associent dans des républiques et se soumettent à des gouvernements, c'est la conservation de leur propriété. » On voit poindre ici le fondement du libéralisme : l'État a pour fonction de garantir aux individus la libre jouissance du fruit de leur travail.
Est également affirmé par ce principe le **droit de résistance à l'oppression** (il est même un devoir) : lorsque le gouvernement ne parvient pas à remplir sa mission, c'est-à-dire à garantir les propriétés des individus (au sens large, les propriétés désignent la vie, la liberté et les biens), alors, la résistance est légitime.

La tolérance religieuse

Fondant l'idée de **droits de l'homme**, Locke affirme la primauté de l'individu : celui-ci ne doit rien à la société, c'est elle qui lui doit tout. Ainsi

le gouvernement n'est-il pas habilité à régir la vie privée des individus, et surtout ce qui relève de la religion.
La **tolérance positive** est nécessaire en matière de culte, chacun doit pouvoir choisir librement sa croyance, d'autant plus que l'existence d'idées innées déposées dans l'esprit de l'homme par Dieu est réfutée. Locke œuvre pour une séparation de l'Église et de l'État.
Ces idées modernes et libérales auront une grande influence sur le régime constitutionnel anglais, sur la Constitution américaine, et inspireront des penseurs tels que Montesquieu, ou encore Rousseau.

Une œuvre-clé :
Second traité du gouvernement civil

Contexte

Contemporain de conflits politiques et religieux, Locke s'interroge sur la possibilité pour les hommes de vivre en paix. Théoricien du contrat social, il réfute dans le *Premier traité du gouvernement civil* l'idée d'un héritage du pouvoir en s'opposant à la monarchie absolue de droit divin, et expose dans le *Second traité du gouvernement civil* sa théorie politique.
Fondateur du libéralisme, Locke voit dans l'état civil le moyen de garantir les droits que possède l'homme à l'état de nature, à savoir la liberté et la propriété privée.

Extrait

Un homme qui se nourrit de glands qu'il ramasse sous un chêne, ou de pommes qu'il cueille sur des arbres, dans un bois, se les approprie certainement par-là. On ne saurait contester que ce dont il se nourrit, en cette occasion, ne lui appartienne légitimement. Je demande donc : *Quand est-ce que ces choses qu'il mange commencent à lui appartenir en propre ?* Lorsqu'il les digère, ou lorsqu'il les mange, ou lorsqu'il les cuit, ou lorsqu'il les porte chez lui, ou lorsqu'il les cueille ? Il est visible qu'il n'y a rien qui puisse les rendre siennes, que le soin et la peine qu'il prend de les cueillir et de les amasser. Son travail distingue et sépare alors ces fruits des autres biens qui sont communs ; il y ajoute quelque chose de plus que la *nature*, la mère commune de tous, n'y a mis ; et, par ce moyen, ils deviennent son bien particulier.

Second traité du gouvernement civil, Flammarion, coll. « GF », 1992.

Clés du texte

■ La nature commune à tous

→ Tout ce qui est, dans l'état de nature, est donné à tous en commun aux hommes par Dieu.
→ Question : la propriété privée est-elle, alors, légitime ? Quelle est son origine ? Analyse de la justification et de l'origine de l'appropriation d'un bien à l'origine commun.

■ Le travail, origine de la propriété privée

→ Le droit absolu de l'homme sur lui-même (sa liberté) s'étend aux fruits de son travail.
→ Le travail, transformation de la nature brute, crée la richesse et légitime l'appropriation des biens qu'il engendre : la propriété est un droit naturel.
→ La nature, commune à l'origine, devient bien particulier de celui qui la transforme en vertu de cette transformation même : libéralisme économique et politique qui légitime la propriété privée.

Spinoza 1632 - 1677

« L'homme libre ne pense à rien moins qu'à la mort, et sa sagesse est une méditation non de la mort, mais de la vie. »
Éthique

Éléments de biographie

Un hérétique excommunié

Philosophe hollandais d'origine juive et portugaise, Baruch Spinoza, qui fréquente les chrétiens libéraux et les libres penseurs, est violemment excommunié et chassé d'Amsterdam par la Synagogue pour propos et attitude contraires à l'orthodoxie juive. Il sera longtemps accusé d'athéisme, ce dont il se défend.
Libre penseur, délivré de toute attache religieuse, il sera incompris de ses contemporains. On a pu tout aussi bien l'insulter (tel un ministre de l'Église anonyme, qui put écrire : « Ci-gît Spinoza ; crachez sur sa tombe ») que l'encenser (ainsi Renan qui, inaugurant deux siècles plus tard sa statue, termine son discours en remarquant que « c'est ici peut-être que Dieu a été vu de plus près »).

Une œuvre qui dérange

Il gagne sa vie en tant que polisseur de verres d'optique, mais publie anonymement en 1670 le *Traité théologico-politique*, où il défend la liberté de penser, réfute l'existence des miracles et expose une méthode critique pour la lecture des Écritures saintes. Cet ouvrage fait scandale : il renonce à toute autre publication.
Mais il continue à écrire et à méditer sur la politique, la sagesse et la liberté humaine. Bien qu'il vive en reclus, ses amis démentent sa réputation de solitaire et publieront ses œuvres à sa mort. Le public prend alors connaissance de l'*Éthique*, du *Traité politique*, et du *Traité de la réforme de l'entendement*. Considérées « profanes, athées et blasphématoires », ces œuvres seront interdites sous la pression des autorités religieuses.

Thèses essentielles

Spinoza veut montrer que la philosophie, connaissance de soi, du monde et de Dieu, conduit à la ***béatitude****, cet état de bonheur parfait que procure la connaissance rationnelle en délivrant l'homme des superstitions et des passions qui l'affectent négativement. La vie selon la raison est le Souverain Bien, elle sauve l'homme du trouble des passions.*

Un projet éthique

Ce projet éminemment moral repose sur une **démarche rationnelle** qui prend pour modèle la **méthode géométrique**. Partant des principes métaphysiques, Spinoza en déduit les principes de la morale et de la politique et montre que l'homme doit se défaire des illusions qui l'aliènent et le soumettent. La première de ces illusions consiste dans la conception de la nature héritée de la tradition religieuse.

« Dieu, c'est-à-dire la Nature »

Spinoza réfute par cette formule d'influence stoïcienne l'idée d'une divinité personnelle et transcendante. Dieu n'est pas l'Être au-delà, bienfaisant, qui crée la nature en vue de l'homme, comme l'affirment les textes sacrés qu'il accuse d'anthropomorphisme.

Dieu est la totalité de la nature. Tout ce qui est est en Dieu et procède de lui. Il est la seule **substance** qui existe, la substance désignant ce qui est en soi et est conçu par soi (ce qui ne dépend de rien d'autre que de soi) et a une infinité d'attributs.

Un **attribut** désigne ce que l'entendement perçoit de la substance comme constituant son essence. S'il existe une infinité d'attributs, nous n'en connaissons cependant, en raison de la limitation de notre entendement, que deux : l'étendue et la pensée.

Toutes les choses singulières (un caillou, un arbre, ou encore un homme) ne sont que les **modes** de Dieu, les manières particulières dont l'attribut de la substance est déterminé (un caillou, par exemple, est un mode de l'attribut « étendue »).

L'homme n'est pas « un empire dans un empire »

Une telle conception réfute le finalisme, selon lequel Dieu est doté d'intentions et ne fait rien en vain, poursuivant un projet librement décrété. Si toute chose découle de Dieu, ce n'est pas par un libre décret de sa volonté, mais par **nécessité** : le déterminisme règne dans la nature, les causes et les effets s'y enchaînent de manière nécessaire.

En conséquence, l'homme n'est pas un être privilégié dans la Nature, il n'est pas « un empire dans un empire », mais une partie de la Nature soumise au déterminisme qui la caractérise. L'homme se croit libre, non soumis à la nécessité, parce qu'il a conscience de ses volitions, mais le libre arbitre (capacité d'être cause première de ses actes sans inclination aucune) est une illusion due à l'ignorance des causes qui agissent sur lui. Cela ne fait pas pour autant de Spinoza un adversaire de l'idée de liberté : est dite « libre [...] une chose qui est et agit par la seule nécessité de sa nature ». Son autonomie, l'homme la conquiert en prenant connaissance de sa place dans la Nature, des lois qui agissent sur lui, en apprenant à n'avoir que des passions joyeuses, et à n'être pas affecté de passions tristes. La **liberté** n'est donc pas une indépendance

à l'égard de toute nécessité, elle est bien plutôt connaissance adéquate de soi-même et de ses affections.
La philosophie, en combattant les illusions du finalisme et de la liberté, et en révélant les mécanismes des passions, s'avère donc libératrice et source de plénitude. Si l'homme est malheureux, c'est qu'il sépare réel et rationnel, conçoit le finalisme qui le pousse à rechercher toujours plus de puissance. Or, celui qui sait que la raison est le réel ne cherche pas à accroître sa puissance : il est déjà dans l'épanouissement que procure l'amour intellectuel de Dieu.

L'homme, un être de désirs

L'homme est essentiellement désir de « persévérer dans son être », ***conatus*** (effort). Tout désir n'est que l'expression consciente de ce désir fondamental par lequel l'esprit et le corps cherchent à augmenter leur puissance.
Contrairement aux pensées traditionnelles, Spinoza ne dévalorise pas le désir, et ne le lie pas non plus irrémédiablement au corps. L'esprit désire tout autant que le corps, et tous deux ont même dignité. Le désir exprime la puissance d'affirmation de l'homme, il constitue son essence. Par conséquent, ce n'est pas la pensée ou encore la raison qui définit l'homme, mais le désir.

Passions tristes et passions joyeuses

Cependant, l'homme peut être affecté de diverses manières. Spinoza distingue les affects qui sont de l'ordre des passions, déterminés par une cause extérieure, vis-à-vis desquels l'individu est passif, des affects actifs dont nous sommes la cause. Ces derniers permettent la véritable affirmation de soi alors que les premiers sont sources de servitude.
Les affections peuvent être tristes (par exemple la haine, l'envie, la honte…) lorsqu'elles provoquent un sentiment passif de tristesse en diminuant notre puissance d'agir. Ces affections négatives, sources de servitude et liées à une fausse morale qui exalte la pitié et le renoncement, doivent laisser place aux affections joyeuses qui augmentent notre puissance d'agir et d'exister, nous libèrent et provoquent un sentiment actif de joie. La vertu véritable consiste dans la connaissance rationnelle de soi-même qui libère des passions tristes dues à l'ignorance de soi et de la nécessité et permet au sage d'accéder à la béatitude. Le sage est celui qui médite sur la vie, non sur la mort et sait goûter les plaisirs qui augmentent sa puissance d'agir. La sagesse se situe dans la réalisation de soi-même et la joie que procure la raison.

Politique et tolérance

La réflexion politique de Spinoza repose sur le principe du caractère passionné des hommes : non raisonnables, ils trouvent en l'État la possibilité de vivre en paix et libres. L'État doit être fort, fondé sur la raison, et, surtout, il se doit de garantir la liberté et la sécurité de tous : « La fin de

l'État n'est pas de transformer les hommes, êtres raisonnables, en bêtes ou en automates, mais au contraire de faire en sorte […] qu'eux-mêmes usent de leur libre Raison. […] La fin de l'État est en réalité la liberté. »
Partisan de la **démocratie** et de la **tolérance**, Spinoza défend la liberté de penser et d'exprimer ses opinions. Celles-ci, même contraires aux lignes de conduite de l'État, ne peuvent l'ébranler si son pouvoir est légitime, et préviennent les abus de pouvoir. Et même plus, elles sont nécessaires au bon fonctionnement de la société : « La liberté de philosopher […] ne peut être supprimée sans supprimer en même temps la paix de l'État. » Un État qui supprimerait toute liberté de penser et de s'exprimer se heurterait bien vite à la haine populaire.

Une œuvre-clé : *Traité théologico-politique*

Contexte

La parution de cet ouvrage valut à Spinoza bien des critiques. Il y défend la laïcité et la tolérance en matière de pensée et d'expression des opinions, et dénonce la domination politique et religieuse qui, se fondant sur des superstitions, prive l'homme de sa liberté. L'État est d'autant plus fort qu'il reconnaît la pluralité des opinions et les laisse s'exprimer librement.

Extrait

> Comme le libre jugement des hommes est tout à fait divers et que chacun pense à lui seul tout savoir, et qu'il est impossible que tous pensent également la même chose, et parlent d'une seule voix, ils ne pourraient vivre en paix si chacun n'avait pas renoncé au droit d'agir selon le seul décret de sa pensée. C'est donc seulement au droit d'agir selon son propre décret que l'individu a renoncé, non au droit de raisonner et de juger ; par suite personne ne peut, sans danger pour le droit du pouvoir souverain, agir à l'encontre du décret de celui-ci, mais il peut totalement penser et juger, et par conséquent aussi s'exprimer, à condition cependant qu'il se contente de parler et d'enseigner, et de défendre son opinion par la seule Raison, sans introduire par la ruse, la colère et la haine, quelque mesure contraire à l'État qui ne ressortirait que de l'autorité de son propre vouloir.
>
> *Traité théologico-politique*, Hatier, 1999.

Clés du texte

■ Limitation de la liberté d'action

→ L'homme, non raisonnable, a tendance à agir à sa guise, souvent en ne suivant que ses propres intérêts égoïstes.
→ Nécessité d'une régulation des actions, qui doivent se conformer aux lois communes décrétées par le souverain, afin de vivre en paix.
→ Transgresser la loi, c'est fragiliser la paix qu'elle garantit.

■ Affirmation de la liberté d'expression

→ Néanmoins, l'homme doit conserver la liberté de penser et de s'exprimer, d'exhiber oralement ou par écrit ses idées : refus de la censure.
→ Défense de la laïcité qui suppose une autonomie du politique par rapport au religieux et l'indépendance de la philosophie par rapport à la théologie et à la politique.

■ Ce qu'est la vraie liberté d'expression

→ Mais le droit d'expression n'est garanti qu'à condition qu'il ne déstabilise pas intentionnellement le pouvoir et la paix qu'il assure.
→ Car la pensée n'est libre qu'en étant conforme aux exigences de la raison. Elle ne doit pas émaner de passions tristes et aliénantes comme la ruse, la colère ou la haine qui ne relèvent pas d'une pensée issue de la raison.

21

Malebranche 1638 - 1715

« L'homme n'est point à lui-même sa propre lumière. »
Entretiens sur la métaphysique et sur la religion

Éléments de biographie

La vocation religieuse

Nicolas Malebranche, fils d'un trésorier du roi, étudie la philosophie puis la théologie.
En 1660, il choisit de devenir prêtre et entre à l'Oratoire, congrégation religieuse du faubourg Saint-Honoré à Paris.

Une vie vouée à la recherche de la vérité

En 1664, il est ordonné prêtre et découvre avec enthousiasme le *Traité de l'Homme* de Descartes, qui le décide à consacrer sa vie aux études scientifiques et à la philosophie.
Parmi les œuvres de Malebranche, nous pouvons retenir : *De la recherche de la vérité* (1674), les *Conversations chrétiennes* (1677) et les *Entretiens sur la métaphysique et la religion* (1688).

Thèses essentielles

La philosophie est, pour Malebranche, le moyen de justifier le christianisme. Dans son œuvre majeure, De la recherche de la vérité, *il « démontre, en plusieurs manières, que nos sens, notre imagination et nos passions nous sont entièrement inutiles pour découvrir la vérité et notre bien ». L'esprit humain s'abaisse en s'attachant au corps, mais s'élève lorsqu'il est éclairé par la lumière de Dieu, conçu comme* ***Raison universelle****.*

La vision en Dieu

Comme Descartes, Malebranche affirme qu'on ne peut connaître que grâce aux **idées claires et distinctes**. Nos erreurs proviennent de ce que nous pensons pouvoir connaître par les sens et l'imagination. Or, les sens ne permettent pas de connaître, mais seulement de savoir ce qui nous est utile ou nuisible. Quant à l'imagination, véritable « folle du logis », elle est séductrice et dangereuse.

Mais Malebranche s'éloigne de la doctrine cartésienne lorsqu'il considère que ce n'est pas de lui-même que l'homme peut connaître, mais en Dieu. Les idées claires se trouvent en Dieu et c'est en lui que l'homme les voit directement.
D'Augustin, Malebranche retient la conception de la **raison** comme lumière naturelle d'origine divine : marque de Dieu en l'homme, universelle, immuable et infinie, elle nous unit à Dieu et rend possible cette **vision en Dieu** de la vérité. Ainsi, « lorsque l'esprit connaît la vérité, il est uni à Dieu » (*De la recherche de la vérité*).
La connaissance du monde et des lois qui le régissent provient donc de la vision en Dieu des **idées**. Par « idées », Malebranche, inspiré par le platonisme, désigne les archétypes, les modèles des choses sensibles, réalités spirituelles indépendantes de l'homme.
Dieu est donc le lieu de toutes les connaissances : la philosophie véritable relève de la religion.

L'occasionalisme

La nature est régie par un ordre rationnel. Les sciences de la nature dévoilent légitimement les causes naturelles des phénomènes, mais il faut comprendre que celles-ci sont secondes : elles ne sont que des **causes occasionnelles**. Dieu, créateur des lois générales qui ordonnent la nature, est la seule cause véritable, la seule cause efficace de toutes choses. Toute autre cause n'est que l'occasion de l'exercice de la volonté divine.
Par exemple, lorsqu'une boule de billard en heurte une autre, elle n'est que **l'occasion** de son mouvement, non sa cause véritable, laquelle est Dieu, cause de toutes choses créées et des lois qui régissent leurs interactions. L'esprit lui-même n'est pas cause véritable des idées, elles proviennent de Dieu.
L'occasionalisme permet à Malebranche de proposer au problème cartésien de l'union de l'âme et du corps une solution originale : ce n'est pas l'âme qui meut effectivement le corps, mais Dieu.
L'âme et le corps ne sont donc pas unis par des liens de causalité, l'une ne peut influencer l'autre, et inversement, le corps n'a aucun pouvoir sur l'âme. Les états de l'âme et ceux du corps sont bien plutôt en **correspondance**, Dieu garantissant ce lien.

La simplicité des voies divines

La perfection de la création s'apprécie à l'aune de la perfection des voies empruntées par Dieu pour l'accomplir, perfection qui réside dans la **simplicité** de ces voies : Dieu ne crée pas arbitrairement et aveuglément, suivant des volontés particulières, mais suivant **un ordre rationnel**, établi par des lois générales.
S'il peut arriver qu'il agisse par volonté particulière (d'où naissent les miracles) ce n'est que lorsque cela se révèle nécessaire pour le maintien de l'ordre.

En considérant la nature comme le lieu d'un enchaînement mécanique dont les lois sont immuables, Malebranche ouvre la voie au rationalisme du XVIIIe siècle et à la physique moderne.

Le problème de l'existence du mal

Mais si l'ordre règne dans ce monde parfait, comment expliquer l'existence du mal ? L'œuvre de Malebranche s'attache à justifier le christianisme et à montrer que le mal ne peut être imputé à Dieu lui-même.
Dieu n'est pas cause du mal, il le « permet » parce qu'il veut la perfection des voies qui interdit le recours aux volontés arbitraires et particulières. Par exemple, si Dieu nous donne le pouvoir de parler, il ne peut, en vertu de l'ordre général, nous ôter le pouvoir d'insulter autrui.

Une œuvre-clé : *De la recherche de la vérité*

Contexte

Malebranche propose, dans cet ouvrage, de montrer comment il convient d'user de nos facultés afin d'éviter l'erreur et de trouver, par la vision en Dieu, la vérité.

Extrait

Il n'y a personne qui ne convienne que tous les hommes sont capables de connaître la vérité ; et les philosophes, même les moins éclairés, demeurent d'accord que l'homme participe à une certaine *Raison* qu'ils ne déterminent pas. [...] Je vois par exemple que 2 fois 2 font 4, et qu'il faut préférer son ami à son chien ; et je suis certain qu'il n'y a point d'homme au monde qui ne le puisse voir aussi bien que moi. Or je ne vois point ces vérités dans l'esprit des autres, comme les autres ne les voient point dans le mien. Il est donc nécessaire qu'il y ait une Raison universelle qui m'éclaire, et tout ce qu'il y a d'intelligences. Car si la raison que je consulte, n'était pas la même qui répond aux Chinois, il est évident que je ne pourrais pas être aussi assuré que je le suis, que les Chinois voient les mêmes vérités que je vois. Ainsi la Raison que nous consultons quand nous rentrons dans nous-mêmes, est une Raison universelle. Je dis quand nous rentrons dans nous-mêmes, car je ne parle pas ici de la raison que suit un homme passionné. Lorsqu'un homme préfère la vie de son cheval à celle de son cocher, il a ses raisons, mais ce sont des raisons particulières dont tout homme raisonnable a horreur. Ce sont des raisons qui dans le fond ne sont pas raisonnables, parce qu'elles ne sont pas conformes à la souveraine Raison, ou à la Raison universelle que tous les hommes consultent.

De la recherche de la vérité : éclaircissement, vol. 3, Vrin, 1976.

Clés du texte

■ Une certitude : nous pouvons atteindre la vérité universelle

→ Un constat : les hommes s'accordent sur les vérités scientifiques et morales, même lorsqu'ils sont bien différents (exemple des « Chinois » qui symbolisent les étrangers).

→ Origine de cet accord : la raison présente en tous, la même capacité pour tout homme à voir la vérité, capacité dont on ne saurait raisonnablement douter.

■ La Raison universelle, source de la vision de la vérité

→ La certitude de l'accord sur la vérité ne provient pas de la vision des vérités dans l'esprit d'autrui : il est nécessaire de poser l'origine de la vérité en Dieu.

→ Dieu : la Raison universelle source de connaissance commune à laquelle participe tout homme par son esprit.

→ Raison universelle : ce qui éclaire l'homme en lui-même, dans son intériorité, par opposition aux raisons particulières non raisonnables (non conformes à la Raison universelle) du passionné attaché au corps et non tourné vers Dieu.

22

Leibniz 1646 - 1716

« Rien ne peut venir de Dieu qui ne soit parfaitement conforme à la bonté, à la justice et la sainteté. » *Essais de Théodicée*

Éléments de biographie

Un des plus grands esprits de son siècle

Gottfried Wilhelm Leibniz, philosophe et mathématicien allemand d'une rare précocité intellectuelle, consacra sa vie à l'étude de domaines aussi variés que la philosophie, le droit, les mathématiques, la physique, la chimie ou encore l'histoire.
Cultivé, curieux de tout, il n'a de cesse de parfaire ses connaissances. Il se lie avec les plus grands savants de son temps et entretient de nombreuses correspondances.

De nombreux voyages mis à profit

Conseiller de l'Électeur de Mayence chargé de missions diplomatiques, il parcourt l'Europe et rencontre notamment Malebranche, Arnauld et Spinoza. Il prend également connaissance des travaux de Descartes, de Pascal, de Newton, ou encore de Locke.
Lors d'une mission diplomatique à Paris, il découvre, indépendamment de Newton, le calcul infinitésimal. La paternité de cette découverte sera objet de conflit entre Leibniz et les newtoniens.
Nommé bibliothécaire et conseiller à la cour de Hanovre, il poursuit l'élaboration de son système philosophique et s'occupe de la publication de ses ouvrages philosophiques, dont les *Nouveaux Essais sur l'entendement humain* (1703), les *Essais de Théodicée* (1710), et *La Monadologie* (1714).

Thèses essentielles

Leibniz élabore une vision systématique et harmonieuse du monde, une ***monadologie*** *: tout ce qui existe est* ***monade****, substance individuelle issue de Dieu. Rejet du mécanisme cartésien et de l'empirisme de Locke, affirmation de l'individualité et exploration de l'inconscient : la philosophie leibnizienne ouvre de nouvelles voies à la pensée moderne.*

La critique de l'empirisme

Dans la lignée de Descartes, Leibniz minimise le rôle de l'expérience dans la recherche de la vérité. Les *Nouveaux essais sur l'entendement humain* analysent de manière critique l'empirisme de Locke : nos idées ne viennent pas de l'expérience. L'idée selon laquelle notre esprit ne serait qu'une « table rase », selon le mot de Locke, n'est que fiction.
Certes, « l'expérience est nécessaire » : elle offre matière à la constitution de nos connaissances. Mais « rien n'est dans l'âme qui n'ait auparavant été dans les sens, si ce n'est l'âme elle-même ». Nous raisonnons avant même de réfléchir sur la raison, si bien que la raison n'a pas d'emblée conscience des principes qu'elle contient. C'est l'expérience qui lui fournit l'occasion de découvrir ces principes, ainsi que la primauté de l'esprit. En effet, le réel se laisse comprendre par les principes logiques de la raison.

La suprématie de la raison

Rationaliste, Leibniz considère que c'est à la raison et à ses principes qu'il faut se fier pour rendre compte du monde. Ce ne sont pas l'évidence et la clarté, critères cartésiens peu fiables, qui assurent le chemin vers la saisie de la vérité, mais la **logique**. « Car souvent les hommes, jugeant à la légère, trouvent clair et distinct ce qui est obscur et confus. »
Ainsi, « il ne faut rien admettre comme certain qui n'ait été prouvé par une expérience exacte ou une démonstration solide. Or, une démonstration est solide lorsqu'elle respecte la forme prescrite par la logique » (*Méditations sur la connaissance, la vérité et les idées*). La suprématie de la raison sur les sens est affirmée sans conteste.

Vérités de fait et vérités de raison

Il faut distinguer vérités de fait, contingentes, et vérités de raison, nécessaires absolument.
Les **vérités de raison**, d'ordre mathématique, se déduisent du **principe de contradiction** selon lequel est nécessaire ce dont le contraire est impossible. De telles vérités sont démontrées et déduites par l'analyse.
Les vérités de fait sont contingentes : leur opposé est possible, il n'implique pas de contradiction. Mais cela ne signifie pas qu'elles soient sans raison : si le principe de contradiction rend compte des vérités de raison, c'est le **principe de raison suffisante** qui rend compte des vérités de fait. « Rien ne se fait sans raison suffisante, c'est-à-dire que rien n'arrive sans qu'il soit possible à celui qui connaîtrait assez les choses de rendre une raison qui suffise pour déterminer pourquoi il en est ainsi et non pas autrement ».
Écho au **finalisme** aristotélicien, ce principe majeur fonde la philosophie leibnizienne. Il affirme que si les choses sont ainsi et non autrement, ce n'est pas par hasard, mais ce peut être justifié, même si la raison nous échappe, notre vision du monde étant limitée.

Individualité et diversité dans le monde

Ce n'est pas parce que le monde se donne à voir au premier abord comme chaotique et désordonné qu'il l'est effectivement : la raison vise à retrouver l'ordre, l'unité de cette variété dont l'organisation nous échappe au premier regard. Elle se doit de penser la diversité et de lui donner sens.
Il y a une infinité de détails, car tout n'est qu'individualité. Le principe de raison suffisante implique celui des **indiscernables** : il n'y a pas dans la nature deux êtres identiques, sans quoi on ne pourrait comprendre pourquoi celui-ci se trouve ici plutôt que là où se trouve l'autre être qui lui est identique.
La variété présente dans la nature implique le principe de **continuité** : tous les degrés de perfection se rencontrent dans la hiérarchie des créatures, parce que « la nature ne fait pas de saut ».

L'harmonie préétablie des monades

La réalité se constitue d'unités indivisibles : « ce qui n'est pas véritablement *un* être n'est pas non plus un *être* ». **La monade** est l'unité d'être, la substance simple d'ordre spirituel, **force** active qui déploie ses potentialités et ne saurait se confondre avec l'étendue (contrairement à ce qu'affirme Descartes lorsqu'il distingue substance étendue et substance pensante) parce que toute matière est divisible à l'infini.
Véritable **microcosme**, toute monade, créée par Dieu, est individuelle, unique, indivisible. La monade est le sujet, elle est ce à quoi l'on peut appliquer un attribut, mais qui ne peut être attribut. Par exemple, l'on peut dire de César qu'il est empereur, mais de rien d'autre que de César on ne peut dire qu'il est César.
La monade contient tous ses attributs, aussi bien passés que futurs, et ici réside son **principe d'individuation**. Elle n'a « ni portes, ni fenêtres », elle ne peut être transformée du dehors, elle contient en elle-même tout ce qu'elle est et sera, mais aussi tout l'univers : elle est un **miroir du monde** qui en exprime un certain point de vue, de même qu'au théâtre, chaque spectateur perçoit d'un point de vue différent le même spectacle.
Bien que les monades n'agissent pas les unes sur les autres, elles communiquent entre elles et s'accordent selon un ordre réglé par Dieu, **l'harmonie préétablie**. L'univers est parfait parce que Dieu crée l'harmonie la plus parfaite possible entre ses éléments.

Le meilleur des mondes possibles

La *Théodicée* (littéralement, « justification de Dieu ») s'emploie à montrer que l'on ne peut imputer à Dieu l'existence du mal, ni déduire du mal la non existence de Dieu. Car Dieu ne fait rien sans raison : notre monde est le meilleur des mondes possibles en ce qu'il contient à la fois le maximum d'ordre et le maximum de variété.

Leibniz ne nie pas pour autant l'existence du mal, comme Voltaire le lui reproche dans son fameux *Candide* : ce monde est le plus préférable, le plus parfait possible, mais cela ne signifie pas que ce soit un monde absolument parfait.
Dieu crée le monde en calculant : il conçoit tous les mondes possibles (tous les **compossibles** : ce qui est possible en même temps) et choisit parmi ces possibles le meilleur, celui qui comporte le maximum de perfection, c'est-à-dire de variété ordonnée. Parmi toutes les combinaisons possibles, « celle qui existe est celle par laquelle la plus grande quantité d'essence ou de possibilité est amenée à l'existence ». La volonté de Dieu se conforme à son intelligence pour créer le meilleur de tous les mondes *possibles*, non pas le meilleur des mondes *souhaitables*.
Dieu veut **le meilleur**. Notre vision trop restrictive du monde nous empêche de voir la perfection dans laquelle le mal n'est finalement qu'une nécessité pour le bien de l'ensemble. La *Théodicée* rend compte de l'optimisme mathématicien de Leibniz. Tout est pour le mieux dans le meilleur des mondes possibles.

Le problème de la liberté

La monade contient implicitement en elle toutes ses qualités et son devenir. Mais qu'en est-il alors de la liberté ?
Leibniz distingue deux sortes de nécessités. La **nécessité géométrique** (ou logique), fondée sur le principe de non-contradiction, est absolue et concerne les **vérités de raison**.
En revanche, les **vérités de fait**, contingentes, relèvent d'une **nécessité hypothétique** : leur contraire n'implique pas contradiction, d'autres mondes étaient possibles, si bien que les existences sont contingentes. La nécessité hypothétique prend la forme du « si…, alors nécessairement » : si Dieu a voulu le meilleur des mondes possibles, alors il était nécessaire *dans ce monde*, mais pas absolument, que César passe le Rubicon.
La liberté n'exclut que la nécessité absolue, laquelle ne concerne pas les actes des monades. Elle consiste non pas dans l'action imprévisible par Dieu, dans la possibilité de faire n'importe quoi, mais dans l'accomplissement de chaque monade.

Les petites perceptions

Précurseur de l'inconscient, Leibniz s'oppose à l'identification cartésienne de la pensée et de la conscience. Il met en évidence l'existence en l'âme d'une infinité de **petites perceptions** dont elle n'a point conscience. Jointes les unes aux autres, elles forment **l'aperception** (perception consciente), même si elles sont en elles-mêmes indiscernables (voir texte ci-dessous). Ainsi, nous pensons constamment, mais nous n'avons pas conscience de toutes nos pensées. La conscience est le résultat d'un processus qui lui échappe.

Une œuvre-clé : *Nouveaux Essais sur l'entendement humain*

Contexte

Leibniz entreprend dans cet ouvrage de répondre à l'*Essai sur l'entendement humain* de John Locke sous forme d'un dialogue entre Philalèthe, l'empiriste, et Théophile, le rationaliste.
L'expérience n'est pas au fondement de la connaissance, elle est bien plutôt l'occasion pour l'esprit de penser l'idée qu'il avait déjà.

Extrait

Il y a mille marques qui font juger qu'il y a à tout moment une infinité de perceptions en nous, mais sans aperception et sans réflexion, c'est-à-dire des changements dans l'âme même, dont nous ne nous apercevons pas, parce que les impressions sont, ou trop petites et en trop grand nombre, ou trop unies, en sorte qu'elles n'ont rien d'assez distinguant à part, mais jointes à d'autres, elles ne laissent pas de faire leur effet et de se sentir, au moins confusément, dans l'assemblage. C'est ainsi que l'accoutumance fait que nous ne prenons pas garde au mouvement d'un moulin ou à une chute d'eau, quand nous avons habité tout auprès depuis quelque temps. [...]

Et pour juger encore mieux des petites perceptions que nous ne saurions distinguer dans la foule, j'ai coutume de me servir de l'exemple du mugissement ou du bruit de la mer, dont on est frappé quand on est au rivage. Pour entendre ce bruit, comme l'on fait, il faut bien qu'on entende les parties qui composent ce tout, c'est-à-dire les bruits de chaque vague, quoique chacun de ces petits bruits ne se fasse connaître que dans l'assemblage confus de tous les autres ensemble, c'est-à-dire dans ce mugissement même, et ne se remarquerait pas, si cette vague, qui le fait, était seule. Car il faut qu'on soit affecté un peu par le mouvement de cette vague, et qu'on ait quelque perception de chacun de ces bruits, quelques petits qu'ils soient ; autrement, on n'aurait pas celle de cent mille vagues, puisque cent mille riens ne sauraient faire quelque chose.

Nouveaux Essais sur l'entendement humain, Flammarion, coll. « GF », 1966.

Clés du texte

Il y a des perceptions inconscientes

→ Il y a en l'âme des perceptions non conscientes, une infinité de petites perceptions dont on ne s'aperçoit pas.

→ Distinguer l'aperception (perception consciente) et les perceptions insensibles, inconscientes, qui constituent les éléments de l'aperception.

→ Caractère secondaire de l'aperception qui procède d'une infinité de perceptions inconscientes.

La preuve par l'exemple

→ Raison première des perceptions inconscientes : l'habitude par laquelle on ne porte plus attention à ce qui nous entoure quotidiennement, comme le bruit de la chute d'eau située près de notre habitation.

→ Raison seconde : le caractère indiscernable, infime, obscur de ces petits bruits qui constituent ensemble le bruit perçu consciemment.

→ Exemple : le bruit de la mer est constitué d'une infinité de bruits infimes (celui de chaque goutte d'eau) que l'on ne peut percevoir par eux-mêmes consciemment mais que l'on perçoit nécessairement sans s'en rendre compte. Sinon, on ne percevrait aucun bruit : du néant ajouté au néant ne résulte que le néant lui-même.

Le XVIIIe siècle

Le XVIIIe siècle s'ouvre sur une crise culturelle européenne propice à l'émergence de ce mouvement intellectuel, social et politique que l'on nomme les Lumières. L'autorité, la hiérarchie, la tradition laissent place à la liberté, l'autonomie, et au libre usage de la raison. La raison devient critique et part à l'assaut des préjugés, des privilèges, des incohérences qui se manifestent en ce monde. Le rationalisme cartésien perd de son influence au profit de l'empirisme. Les siècles précédents avaient préparé la mise à distance de la religion. Les Lumières consomment ce divorce en s'appuyant sur l'idée de nature.

Les Lumières

• Le siècle de la raison critique

Lumière naturelle éclairant chaque individu et le guidant vers la majorité, la raison permet à l'homme de conquérir son autonomie. Penser par soi-même, faire usage de sa raison, sortir de la minorité, de la tutelle de l'autorité religieuse et politique, telle est la tâche de l'homme des Lumières.

La raison n'est plus Lumière venue d'en haut découvrant les vérités innées, les idées claires et distinctes, ainsi que la concevait Descartes. Elle n'est plus raison métaphysique, mais lumière naturelle en chacun, faculté critique qui s'appuie sur l'expérience.

Dès 1784, **Kant** (1724 – 1804) définit de manière éloquente les Lumières : « Qu'est-ce que les Lumières ? La sortie de l'homme de sa Minorité, dont il est lui-même responsable. […] *Sapere aude*[1] ! Aie le courage de te servir de ton propre entendement. Voilà la devise des Lumières. » (*Réponse à la question : qu'est-ce que « les Lumières » ?*).

• Un homme perfectible qu'il faut instruire

Si tout homme possède la raison, beaucoup manquent d'éducation. Les Lumières visent à répandre le savoir, à éduquer chacun.

Avec **Rousseau** (1712 – 1778) se développe l'idée de **perfectibilité** humaine : puisque l'homme peut progresser, il faut l'instruire. L'alphabétisation progresse, les lecteurs sont de plus en plus nombreux, et les idées se propagent ainsi plus largement. Les salons littéraires se développent et sont des lieux d'échanges intellectuels où se côtoient penseurs, artistes et noblesse éclairée.

1. Ose penser !

Diderot (1713 – 1784) et **d'Alembert** (1717 – 1783) travaillent à l'*Encyclopédie*, œuvre collective monumentale à laquelle participent Buffon, Rousseau, Montesquieu et Voltaire. Ce *Dictionnaire raisonné des sciences, des arts et des métiers*, vise à réunir l'ensemble du savoir acquis afin de le diffuser.

Une raison militante

• L'expérience contre la métaphysique

Désormais, la raison se veut critique, **source de liberté et d'autonomie**. Distance est prise avec l'autorité des Anciens : il faut oser penser par soi-même. On veut s'affranchir de toute tutelle et de toute loi étrangère à la raison.
Le philosophe adopte une attitude critique à l'égard de la métaphysique. Éloignée de l'expérience, parfois conçue comme œuvre de l'imagination, la science de l'être en tant qu'être est délaissée, parfois même décriée, par une raison qui s'appuie sur l'expérience.
C'est de **Newton** (1642 – 1727) qu'héritent les penseurs du siècle des Lumières lorsque, s'opposant à la démarche cartésienne, ils considèrent que la raison, loin de pouvoir trouver par elle-même et en elle-même des vérités absolues, doit élaborer la connaissance à partir de l'observation.

• L'empirisme

L'empirisme hérité des travaux de **Locke** (1632 – 1704) se développe. **Berkeley** et **Hume** en sont les principaux représentants. Si Berkeley (1685 – 1753) en vient à élaborer un idéalisme réfutant l'existence de la matière et se fondant en Dieu, Hume (1711 – 1776), plus critique à l'égard des objets métaphysiques, examine les limites de la raison. Il dénonce la croyance en sa toute puissance et affirme la primauté de l'expérience.
Kant posera après Hume la question de l'usage légitime de la raison et limitera également la connaissance à la sphère des phénomènes. Néanmoins, il réhabilitera la métaphysique en la réorientant vers le domaine pratique.

• La critique de la religion

La raison interroge la religion et critique les superstitions et invraisemblances que véhicule l'Église. En quête d'émancipation, elle refuse le christianisme qui voudrait la dompter. Ainsi, Diderot se proclame matérialiste. Œuvrant à l'*Encyclopédie*, il affirme, avec d'Alembert, son dessein de **promouvoir la raison avant la foi** : « Nous sommes hommes avant que d'être chrétiens. » Quant à Voltaire, il fustige le clergé et combat les injustices et l'intolérance dont fait preuve l'Église : « Écrasons l'Infâme ! » L'Infâme, c'est l'intolérance religieuse.
Partout, les conflits religieux sont jugés inadmissibles et l'on exige la **tolérance** en matière de culte. Les philosophes des Lumières, Voltaire en tête, n'auront de cesse de combattre le fanatisme religieux.
Néanmoins, les philosophes ne rejettent pas *toute* religion. Si les matérialistes proclament leur athéisme, le refus de la religion est loin de faire l'unanimité. Lorsqu'ils revendiquent une religion, c'est une **religion naturelle** que les philosophes appellent

de leur vœu. La religion naturelle s'oppose à la religion révélée : c'est le rapport immédiat de l'homme à Dieu qui est mis en avant, non le respect de rituels institués. Voltaire voit dans le **déisme** la religion proprement philosophique : l'ordre dont témoigne la nature manifeste l'existence d'un « grand horloger » ordonnateur des lois qui la régissent. Ainsi, la religion naturelle se fonde sur la raison.

L'idée de progrès

• Les progrès scientifiques et techniques

L'homme est perfectible, nous dit Rousseau : il n'en fallait pas plus pour que l'homme se mette à croire au progrès et à penser **l'histoire** comme manifestation de ce progrès.

Si le XVIIe siècle avait été le témoin de la naissance de la physique moderne avec Galilée et Newton, le XVIIIe est celui de nombreuses découvertes, notamment de la naissance de la chimie moderne, avec **Lavoisier** (1743 – 1794). Parallèlement, les techniques d'agriculture se développent. La mise au point de la machine à vapeur permet le développement de l'industrie et concourt à l'essor de l'économie. Le libéralisme économique s'affirme. C'est le début de la civilisation industrielle.

Les progrès de la navigation ouvrent de nouvelles portes et encouragent l'essor du mythe du « bon sauvage », antithèse de l'homme européen soumis au joug des lois et des religions que Rousseau popularise avec le second *Discours*. Même si le sauvage est aussi vu comme l'homme qu'il faut éduquer et civiliser, il reste pour beaucoup l'exemple de l'homme non perverti par la civilisation. La nature, mécanisée par Descartes et dénuée de tout affect, retrouve une valeur et devient norme. Par sa critique de la civilisation moderne et la réhabilitation de la sensibilité, Rousseau ouvre la voie au romantisme qui se développera surtout au siècle suivant.

• L'émergence d'une nouvelle configuration politique

La nature est réhabilitée en tant que norme de la religion, mais aussi en tant que norme du droit. Au droit positif imposé par les pouvoirs en place s'oppose l'idée de **droit naturel**, fondé sur la nature humaine : un droit universel et inaliénable que chacun peut exiger. On conteste le droit divin du monarque pour lui substituer celui du peuple et de l'homme.

On défend le « despotisme éclairé », souveraineté d'un prince autoritaire mais bienveillant cherchant à faire le bonheur de ses sujets. Néanmoins, Rousseau s'oppose à une telle conception et popularise l'idée de **souveraineté du peuple** et l'exigence d'une répartition démocratique du pouvoir.

Les événements majeurs du XVIIIe siècle, les révolutions américaine et française manifestent cet élan vers la liberté et le refus de l'aliénation à un pouvoir considéré comme illégitime. Les hommes doivent se gouverner eux-mêmes, grâce à la raison.

Ainsi, le siècle des Lumières est un siècle de rupture et de mutations, un siècle d'émancipation, de libération de toute tutelle. L'homme, découvrant sa capacité à atteindre le bonheur par lui-même, prend son avenir en main.

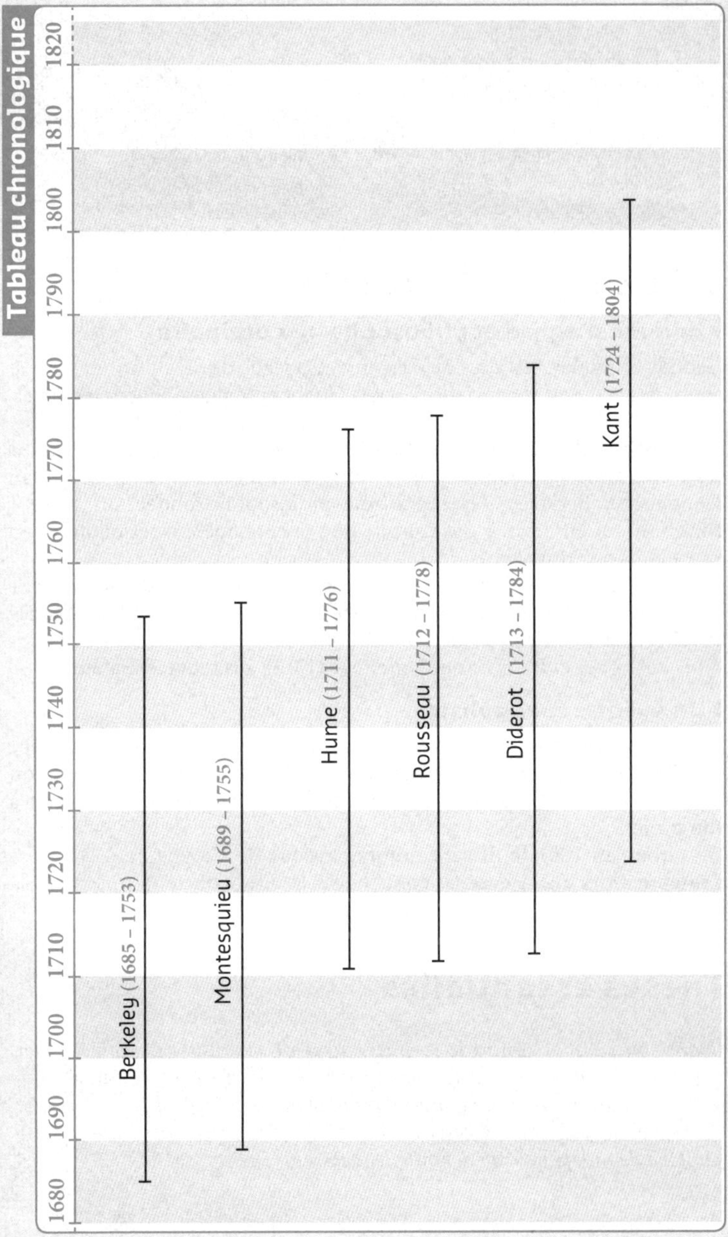
Tableau chronologique
1680
1690
1700
1710
1720
1730
1740
1750
1760
1770
1780
1790
1800
1810
1820
Berkeley (1685 – 1753)
Montesquieu (1689 – 1755)
Hume (1711 – 1776)
Rousseau (1712 – 1778)
Diderot (1713 – 1784)
Kant (1724 – 1804)

23

Berkeley 1685 - 1753

« Exister, c'est être perçu. » *Notes philosophiques*

Éléments de biographie

Homme d'église et philosophe peu ordinaire

George Berkeley étudie au Trinity College de Dublin, et prend connaissance des travaux de Locke, Hobbes, Malebranche, Descartes, Bayle et de Newton.

Dès 1707, les prémisses de son immatérialisme apparaissent dans ses *Notes philosophiques*. Ayant à cœur de défendre la religion face au scepticisme, Berkeley développe une philosophie fondée sur le sens commun qui en dévoile des aspects non encore aperçus, et qualifiés en leur temps d'extravagants.

Ordonné diacre en 1709, année de parution de l'*Essai d'une nouvelle théorie de la vision*, il voyage ensuite en Angleterre, en Italie et en France et rédige les *Principes de la connaissance humaine* (1710) ainsi que les *Trois dialogues entre Hylas et Philonoüs* (1713), ses œuvres majeures.

Un évêque évangéliste

En 1728, il embarque pour l'Amérique, projetant de fonder un collège aux Bermudes qui éduquerait les populations locales dans la religion chrétienne. Mais le manque de soutiens financiers l'oblige à renoncer à son projet.

De retour en Irlande, il sera nommé évêque de Cloyne en 1734. Il se consacre alors à son évêché, contribue à la lutte contre la misère de la population irlandaise et s'occupe de l'éducation de ses enfants.

Thèses essentielles

Dans son combat contre le scepticisme et l'incrédulité, Berkeley remet en cause le dualisme cartésien et élabore une théorie immatérialiste originale qui ouvrira la voie au développement de l'idéalisme. Il refuse l'idée selon laquelle il existerait, en dehors de notre esprit, une réalité matérielle indépendante de toute perception.

Être, c'est être perçu

Rien n'existe en dehors de nos perceptions. Pour appuyer son propos, Berkeley part du sens commun : on pense d'ordinaire qu'il existe en dehors de nous une réalité que nous percevons au travers de nos sens, parce que nous pouvons la sentir, la voir, la toucher… Ainsi, c'est parce que nous percevons les choses que nous pouvons dire qu'elles sont.
Mais Berkeley va plus loin que le sens commun, et en dévoile les principes cachés. Si, justement, « être c'est être perçu », alors **rien n'existe qui ne soit en notre esprit**. Les « choses » ne sont *que* dans l'esprit, elles ne sont que des idées, des perceptions. Seules les idées sont, il n'y a pas d'objet en soi, hors de l'esprit, qui soit cause de la perception.
Par exemple, cette cerise que je vois, que je touche et que je goûte, n'est que l'ensemble des sensations de « souplesse, d'humidité, de rougeur, d'acidité […] elle n'existe pas à part des sensations ». Car si nous ôtons de la cerise toutes ces sensations qui la constituent, il n'en reste rien, elle n'est plus.

La matière : une fiction

La matière ne serait que fiction issue du langage, lequel nous porte à croire en l'existence d'idées abstraites. À la différence de Locke, qui affirme l'existence de la matière et distingue qualités premières (qui sont réellement dans les choses, comme la figure, l'étendue) et qualités secondes (qui ne sont que dans notre esprit, comme la chaleur, la couleur), Berkeley met en évidence le fait que nous ne pouvons abstraire une idée des sensations éprouvées (par exemple, on ne peut concevoir une étendue sans figure). Ainsi, la matière, comprise comme substrat de toutes ces qualités n'est qu'un mot dénué de référence réelle, vide.
Contrairement à ce qu'affirme Descartes, il n'y aurait donc pas d'un côté l'esprit et de l'autre la matière : le **monisme** de Berkeley consiste à considérer que tout est d'ordre spirituel.

La réalité est d'ordre spirituel

Si tout ce qui est n'est qu'idée, perception, état de conscience, il s'agit alors de pouvoir distinguer vérité et fausseté afin de réfuter le scepticisme. Nos perceptions ne sont pas des fictions issues chaotiquement de notre esprit.
Bien que le monde se conçoive comme ensemble d'idées, il possède néanmoins une réalité. Nous pouvons aisément distinguer la perception du rêve ou de l'imagination par le fait même que les perceptions, ordonnées, cohérentes et stables, sont liées entre elles de manière contraignante : ce que je vois est lié à ce que je touche. Cette cerise, qui n'est autre que des sensations, et donc qui n'existe pas hors de mon esprit, puisque toute sensation relève d'un état de conscience, « est donc réelle », puisque « le néant ne peut être vu, touché, goûté ». Elle n'est pas pour autant matérielle.

Et ce que je ne perçois pas personnellement n'est pas pour autant inexistant. Les hommes ont bien un monde commun, mon monde ne se réduit pas à ce que je perçois individuellement, et ce que je perçois, un autre peut aussi le percevoir. Cette table qui est là, je la vois, et mon voisin, juste à côté de moi, la voit aussi. Si nous la voyons tous deux, et si nous pouvons également considérer qu'elle existe même lorsque nous ne la percevons pas effectivement tous les deux, c'est en tant qu'elle est idée de Dieu.
Dieu régule et coordonne les perceptions des différents esprits, de telle sorte qu'il y a un monde commun à tous les esprits. Dieu, esprit suprême, est la source des perceptions, celles-ci ne proviennent aucunement d'une réalité matérielle indépendante.

Une œuvre-clé : *Principes de la connaissance humaine*

Contexte

Lorsque Berkeley écrit ce traité, il n'a que vingt-cinq ans. Et pourtant, il expose ici une conception originale et déjà aboutie, un immatérialisme idéaliste selon lequel tout ce qui est n'est que dans l'esprit.
Contre le scepticisme, le matérialisme et l'athéisme, il affirme la possibilité de connaître un monde fondé en Dieu, réel mais néanmoins immatériel.

Extrait

Que ni nos pensées, ni nos passions, ni les idées formées par l'imagination n'existent hors de l'esprit, c'est ce que tout le monde accordera. Et il semble non moins évident que les diverses sensations ou idées imprimées sur les sens, de quelque manière qu'elles soient mélangées et combinées ensemble (c'est-à-dire quels que soient les objets qu'elles composent) ne peuvent exister autrement que dans un esprit qui les perçoit. Je pense qu'une connaissance intuitive de cela peut être obtenue par quiconque prête attention à ce qu'on entend par le mot exister lorsqu'il s'applique aux choses sensibles. La table sur laquelle j'écris, je dis qu'elle existe : c'est-à-dire je la vois, je la sens ; et, si j'étais hors de mon cabinet je dirais qu'elle existe, entendant par là que si j'étais dans mon cabinet, je pourrais la percevoir ou que quelque autre intelligence la perçoit effectivement. Il y avait une odeur, c'est-à-dire, elle était sentie ; il y avait un son, c'est-à-dire, il était entendu ; une couleur ou une figure, elle était perçue par la vue ou le toucher. C'est tout ce que je peux comprendre par ces expressions et autres semblables. Car, quant à ce qu'on dit de l'existence absolue de choses non pensantes, sans aucune relation avec le fait qu'elles sont perçues, cela semble parfaitement inintelligible. Leur esse est percipi[1], et il n'est pas possible qu'elles aient quelque existence en dehors des esprits ou choses pensantes qui les perçoivent.

Principes de la connaissance humaine, Flammarion, coll. « GF », 1991.

Clés du texte

Rien n'existe hors de l'esprit

→ Toutes idées et toutes sensations sont dans l'esprit de celui qui pense ou sent.

→ Or, ce qui ne peut être senti n'a aucune existence. Par conséquent, la réalité repose sur la perception. La table existe parce que je peux la toucher, la voir, la percevoir.

→ Tout ce qui existe n'existe que dans l'esprit : il n'y a pas de réalité matérielle hors de l'esprit qui soit cause des sensations et perceptions.

Être, c'est être perçu

→ Exister, c'est être perçu : les choses sensibles existent parce qu'elles sont perçues. Puisque toute perception est dans l'esprit, les « choses » sont dans l'esprit.

→ Caractère inintelligible de l'existence indépendante d'une réalité matérielle hors de l'esprit : non perçue, quelle existence aurait-elle ? Sans les sensations, il n'y a plus qu'un néant. Sans la perception de la table, il n'y a plus de table.

1. En latin dans le texte. « Leur *être* c'est d'*être perçu*. »

24

Montesquieu 1689 - 1755

« La liberté est le droit de faire ce que les lois permettent. » De l'Esprit des lois

Éléments de biographie

Un personnage influent et admiré

Charles-Louis de Secondat, baron de la Brède et de Montesquieu, fut d'abord avocat. Héritant de son oncle, il devient vite un personnage incontournable.

Magistrat sans grande vocation, plus intéressé par les sciences et la littérature que par sa charge, il s'inquiète cependant de la valeur de la justice qu'il rend, et s'interroge sur la possibilité d'éclairer cette justice par des principes universels.

La carrière littéraire et philosophique

Célèbre, admiré pour sa carrière littéraire commencée en 1721 avec la parution des *Lettres persanes*, il fréquente les salons parisiens. Esprit pertinent et vif, il est élu à l'Académie française.

Las de ses fonctions de magistrat, il entreprend un long périple à travers l'Europe, occasion de recueillir des informations relatives aux mœurs et institutions étrangères.

De retour en France, il se consacre à son œuvre, et publie notamment *De l'Esprit des lois* (1748), ouvrage politique monumental qui sera mis à l'index mais influencera plus tard la constitution des États modernes.

Thèses essentielles

Penseur de la politique et du droit, Montesquieu nous offre une analyse novatrice du fondement des lois. Son souci est de concilier liberté du citoyen et autorité du pouvoir politique. Précurseur de la sociologie, il montre comment les forces sociales et l'économie influencent les institutions étatiques.

La rationalité de la loi

L'analyse du droit que développe Montesquieu est profondément rationaliste. Les **lois positives**, instituées, doivent pour être justes se conformer aux **lois naturelles**, éternelles, inscrites dans la **raison** humaine. Le droit naturel, épuré de toute référence à un quelconque droit divin, constitue le principe fondateur des lois positives et la norme universelle permettant de les évaluer. « La loi, en général, est la raison humaine, en tant qu'elle gouverne tous les peuples de la terre ». Il y a une justice idéale, antérieure à toute justice instituée, fondée sur la nature humaine.

Cependant, les lois positives « doivent être tellement propres au peuple pour lequel elles sont faites, que c'est un très grand hasard si celles d'une nation peuvent convenir à une autre ». Montesquieu élabore **une conception déterministe des lois** : les lois positives varient d'un État à l'autre, et Montesquieu cherche à en rendre raison, à en dévoiler les causes par l'analyse du climat, de la nature et du principe des divers régimes politiques, mais aussi de l'esprit des peuples (leurs mœurs, leurs manières...).

Les trois types de gouvernement

Montesquieu distingue trois types de régime politique : la république, la monarchie, et le despotisme. Chacun a une nature et un principe différents. La **nature** d'un régime désigne sa structure : le nombre de ses dirigeants, le mode d'exercice du pouvoir. Son **principe** renvoie au sentiment qui permet au gouvernement de se conserver, à la passion qui l'anime et constitue le moteur de ses actes.

La **république** est par nature aristocratique (pouvoir d'une partie du peuple) ou démocratique (pouvoir du peuple) et son principe est la vertu (amour de la république). La **monarchie**, pouvoir d'un seul selon des lois fixes et établies, repose sur l'honneur. Ces deux premiers types de gouvernement, modérés, garantissent la sûreté nécessaire à la liberté.

En revanche, le **despotisme**, gouvernement excessif d'un seul qui, « sans loi et sans règle, entraîne tout par sa volonté et ses caprices », ne se maintient que par la peur (son principe) et relève du mal politique absolu.

Certes, il y a des démocraties sans vertu, mais elles ne sont alors pas parfaites : chaque type de gouvernement doit faire régner le principe qui lui convient le mieux afin de se conserver.

Le principe de la séparation des pouvoirs

Pour que l'État soit libre, « il faut que, par la disposition des choses, le pouvoir arrête le pouvoir ». Il faut que soient nettement séparés et équilibrés le pouvoir législatif (pouvoir de faire les lois), le pouvoir exécutif concernant le droit international (pouvoir de faire la paix ou la guerre), et le pouvoir judiciaire, chargé d'appliquer la loi. Seul le pouvoir peut empêcher les abus de pouvoir : il doit être partagé afin que règne la liberté.

Une œuvre-clé : *De l'Esprit des lois*

Contexte

Montesquieu nous livre dans cet ouvrage le fruit de près de vingt années de travail. Partant des faits, il propose de faire surgir la logique qui sous-tend la diversité des lois positives.

Extrait

> Il est vrai que, dans les démocraties, le peuple paraît faire ce qu'il veut ; mais la liberté politique ne consiste point à faire ce que l'on veut. Dans un État, c'est-à-dire dans une société où il y a des lois, la liberté ne peut consister qu'à pouvoir faire ce que l'on doit vouloir, et à n'être point contraint de faire ce que l'on ne doit pas vouloir.
>
> Il faut se mettre dans l'esprit ce que c'est que l'indépendance, et ce que c'est que la liberté. La liberté est le droit de faire tout ce que les lois permettent ; et si un citoyen pouvait faire ce qu'elles défendent, il n'aurait plus de liberté, parce que les autres auraient tout de même ce pouvoir.
>
> La démocratie et l'aristocratie ne sont point des États libres par leur nature. La liberté politique ne se trouve que dans les gouvernements modérés. Mais elle n'est pas toujours dans les États modérés. Elle n'y est que lorsqu'on n'abuse pas du pouvoir [...].
>
> Pour qu'on ne puisse abuser du pouvoir, il faut que, par la disposition des choses, le pouvoir arrête le pouvoir.

De l'Esprit des Lois, Livre XI, Flammarion, coll. « GF », 1979.

Clés du texte

La définition de la liberté politique

→ La liberté n'est pas la licence : elle n'est pas le pouvoir de faire tout ce que l'on veut, mais le pouvoir de ne pas être inquiété tant que l'on agit conformément aux lois.

→ Liberté politique liée au devoir, à la vertu : on doit vouloir le bien commun, on doit vouloir faire seulement ce que les lois permettent. La liberté suppose d'agir conformément à la raison.

→ Transgression de la loi comme atteinte à la liberté : si chacun fait ce qui lui plaît, la liberté n'est plus garantie.

Les conditions de la liberté

→ Le caractère modéré de la république (aristocratie et démocratie) : condition nécessaire mais non suffisante de la liberté.

→ Condition de la liberté : l'absence d'abus de pouvoir.

→ Les pouvoirs doivent être séparés et équilibrés, afin que le pouvoir arrête le pouvoir, qu'il y ait modération.

25

Hume

1711 - 1776

« Toute connaissance dégénère en probabilité. »
Traité de la nature humaine

Éléments de biographie

Une carrière aux débuts difficiles

Philosophe empiriste écossais, David Hume délaisse la carrière juridique à laquelle le destine sa famille au profit de la philosophie. Il se rend en France et rédige, au collège de La Flèche, les deux premiers livres du *Traité de la nature humaine*.
En 1739, l'ouvrage est publié mais n'obtient pas le succès escompté. Hume fait alors paraître les *Essais moraux et politiques* (1741), ouvrage plus facile d'accès qui attire de nombreux lecteurs, ainsi que les *Essais philosophiques sur l'entendement humain* (1748), qui deviendront en 1758 l'*Enquête sur l'entendement humain*.
Après avoir plusieurs fois rencontré l'opposition du parti dévot à sa candidature à des chaires universitaires, il est élu bibliothécaire de l'ordre des avocats d'Édimbourg.

Un diplomate philosophe

Il mène une brillante carrière diplomatique : il est nommé secrétaire d'ambassade en France, puis sous-secrétaire d'État à Londres.
À Paris, il rencontre les encyclopédistes qui l'accueillent chaleureusement. Il héberge Rousseau en Angleterre avant de se brouiller avec lui.
En 1769, Hume décide de quitter définitivement Londres pour Édimbourg, sa ville natale où il retrouve ses amis, dont Adam Smith. Les *Dialogues sur la religion naturelle*, rédigés en 1751, seront publiés à titre posthume en 1779.

Thèses essentielles

Principal représentant de l'empirisme, « géographe de l'esprit humain », selon le mot de Kant, Hume s'attache à dévoiler les limites et les pouvoirs de la raison et à développer un scepticisme modéré qui jouera un rôle essentiel dans le développement ultérieur de la philosophie.

L'empirisme

David Hume est empiriste : seuls les faits, l'expérience, sont sources de connaissance. Nous n'avons en notre esprit que des **perceptions**. Hume désigne par là tout phénomène de notre esprit (haïr, voir, sentir…).
Les perceptions peuvent être soit des **impressions** soit des **idées**. Les impressions comprennent « toutes nos sensations, passions et émotions ». Fermes et vives, elles s'imposent avec force à notre esprit, alors que les idées, qui sont « les faibles images » des impressions, ont un degré moindre de vivacité.
Nulle idée innée ne peut constituer le fondement de l'édifice qu'est la science. L'esprit se borne à lier et à associer les idées issues de l'expérience à l'aide de la **mémoire** (rappel d'une impression passée) et de **l'imagination** (constitution de l'image d'un objet existant ou possible).
Si l'esprit peut en apparence élaborer des idées nouvelles, c'est que **l'imagination**, essence de la pensée, associe des idées issues de l'expérience. Par exemple, nous pouvons former l'idée d'une montagne d'or bien que nous n'en ayons jamais vue auparavant : il nous suffit pour cela de combiner deux idées issues de l'expérience, celle de montagne et celle d'or. Toute idée provient donc de l'expérience.
Quant aux idées générales, elles « ne sont rien que des idées particulières jointes à un certain terme qui leur donne une signification plus étendue et qui leur fait rappeler l'occasion d'autres idées singulières semblables. » (*Traité de la nature humaine*). Hume est **nominaliste** : l'idée générale n'existe pas en tant que telle, elle est le fruit du langage, elle n'existe que dans le nom. Ainsi, le terme « triangle » désigne un ensemble d'idées particulières (celles d'un triangle isocèle, d'un autre scalène…) et non une idée générale ou abstraite.

La critique de la causalité

Hume est resté célèbre pour sa critique de la causalité : c'est **l'habitude** qui nous fait croire à une connexion nécessaire entre la cause et l'effet. Par exemple, c'est parce que plusieurs fois nous avons constaté que la flamme produisait de la chaleur que nous en inférons le lien causal nécessaire entre la flamme (que nous nommons cause) et la chaleur (que nous nommons effet). La causalité est issue de l'habitude, elle n'est pas inhérente aux choses.
L'expérience, en effet, ne nous donne à voir que des **conjonctions** (la flamme *puis* la chaleur), jamais des **connexions** (la flamme *donc* la chaleur). Ce n'est donc que l'habitude qui nous amène à une telle inférence, mais rien ne la justifie. La causalité est une croyance.
Cette analyse de la causalité réveillera Kant de son « sommeil dogmatique » (voir p. 142) : il établira, contre Hume, le caractère *a priori*[1] de la relation de causalité.

1. A priori : indépendant de toute expérience.

Un scepticisme mitigé

De façon générale, la connaissance se fonde sur le principe de causalité : en dévoilant son caractère illusoire, Hume affirme son scepticisme. Si la causalité est croyance, la science n'exhiberait donc elle-même que des croyances.
Pour Hume, la raison ne peut prétendre, contrairement à ce qu'affirment les **dogmatiques**, connaître la vérité absolue et justifier ses propos. Une justification totalement objective est donc impossible. Nos croyances sont plus ou moins probables, mais restent croyances. Le vrai est donc un certain degré du probable, il relève d'un assentiment commun.
Cependant, ce scepticisme est **modéré** en ce qu'il ne considère pas pour autant vaine toute recherche et suppose des degrés de probabilités parmi nos croyances. Le scepticisme de Hume ne l'empêche pas de vivre, d'avoir des croyances, et se distingue ainsi d'un scepticisme pyrrhonien radical qui condamnerait l'homme à une léthargie morbide.

La critique de la métaphysique

Le scepticisme de Hume frappe la métaphysique : il est illusoire de supposer l'illimitation des pouvoirs de la raison et de penser que les objets de la métaphysique (Dieu, l'âme…) lui sont accessibles. Ils ne sont que pures fictions issues de l'imagination.
L'âme, considérée comme un « moi » identique à lui-même qui demeurerait au cours de la vie de l'individu, n'est qu'une fiction, rien ne nous autorise à affirmer l'existence d'un tel substrat. Hume critique ainsi le *cogito* cartésien qui conçoit l'âme comme une substance simple et identique : il n'y a pas d'identité personnelle. Le « moi » n'est qu'une suite de perceptions particulières et changeantes, qu'un ensemble d'états et de qualités variables : « pour moi, quand je pénètre au plus intime de ce que j'appelle *moi-même*, c'est toujours pour tomber sur une perception particulière ou sur une autre : une perception de chaud ou de froid, de lumière ou d'obscurité, d'amour ou de haine, de peine ou de plaisir. » (*Traité de la nature humaine*).

La morale

Empiriste, Hume le reste lorsqu'il analyse la morale, qu'il ancre dans l'affectivité : ce n'est pas la raison qui guide l'homme dans ses actions et lui fait savoir ce qui est bien et ce qui ne l'est pas, mais le **sentiment**. Si nous approuvons un acte vertueux, c'est parce qu'il nous fait ressentir un sentiment désintéressé de plaisir. Inversement, la douleur que l'on ressent face au vice nous amène à le considérer comme mauvais.
Douée de **sympathie**, par laquelle chaque homme peut ressentir ce que l'autre ressent, la nature humaine témoigne d'un **sens moral** universel. Ainsi, contre les morales de l'intérêt qui considèrent que l'égoïsme est au fondement de toute conduite morale, Hume montre que la **bienveillance**, qui nous porte à nous soucier de nos semblables, est une vertu naturelle.
La morale dépend donc du sentiment, mais cela ne signifie nullement qu'elle soit particulière et relative. Le sentiment peut prétendre à

l'universalité, la sympathie est un sens commun en vertu de l'existence d'une nature humaine. Le rôle de la raison sera néanmoins d'éclairer et de perfectionner le sens moral.

Une œuvre-clé :
Enquête sur l'entendement humain

Contexte

Cet essai entend analyser trois questions : d'où viennent nos idées ? Comment se forment nos connaissances ? Comment pouvons-nous être assurés de leur vérité ?
Hume montre que nos connaissances reposent sur l'expérience, et non sur la raison, si bien qu'elles sont fragiles et relèvent plus de la croyance que de la certitude objective. Par son empirisme sceptique, Hume rejette le dogmatisme orgueilleux qui prétend savoir sans jamais pouvoir réellement justifier ses propos.

Extrait

Rien, à première vue, ne peut paraître plus libre que la pensée humaine, qui non seulement échappe à toute autorité et à tout pouvoir humain, mais que ne contiennent même pas les limites de la nature et de la réalité. Former des monstres et unir des formes et des apparences discordantes, cela ne coûte pas plus de trouble à l'imagination que de concevoir les objets les plus familiers. Tandis que le corps est limité à une seule planète sur laquelle il se traîne avec peine et difficulté, la pensée peut, en un instant, nous transporter dans les régions les plus distantes de l'univers [...] Ce qu'on n'a jamais vu, ce dont on n'a jamais entendu parler, on peut pourtant le concevoir ; et il n'y a rien au-dessus du pouvoir de la pensée, sauf ce qui implique une absolue contradiction.

Mais, bien que notre pensée semble posséder cette liberté illimitée, nous trouverons, à l'examiner de plus près, qu'elle est réellement resserrée en de très étroites limites et que tout ce pouvoir créateur de l'esprit ne monte à rien de plus qu'à la faculté de composer, de transposer, d'accroître ou de diminuer les matériaux que nous apportent les sens et l'expérience. Quand nous pensons à une montagne d'or, nous joignons seulement deux idées compatibles, or et montagne, que nous connaissions auparavant [...] Bref, tous les matériaux de la pensée sont tirés de nos sens [...] : ce sont seulement leur mélange et leur composition qui dépendent de l'esprit et de la volonté.

Enquête sur l'entendement humain, trad. Leroy, Flammarion, coll. « GF », 2006.

Clés du texte

L'illusion du dogmatisme

→ Liberté apparente de l'esprit : présentation de la thèse dogmatique (pour mieux la critiquer ensuite).

→ Pour les dogmatiques :
- La pensée échappe à toute autorité : nul ne peut m'obliger à penser ce que je ne veux pas penser.
- Liberté de la pensée à l'égard du temps et de l'espace : je peux m'imaginer ailleurs et en un autre temps.
- Capacité à s'extraire du réel : je peux imaginer des formes non existantes (des monstres, par exemple).
- Puissance importante de la pensée qui ne connaît qu'une limite : les règles de la raison comme le principe de non contradiction (je ne peux penser en même temps une chose et son contraire). La pensée ne serait limitée que par elle-même.

Critique de la toute puissance de la pensée

→ Toute idée provient de l'expérience : il est illusoire de croire la pensée toute puissante.

→ Preuve par l'exemple : l'idée de montagne d'or est la conjonction de deux idées issues de l'expérience (idées de montagne et d'or).

→ Empirisme et assignation de limites à la pensée : issue de l'expérience, la pensée ne peut s'en affranchir et se borne à combiner des idées fournies par l'expérience. On en déduit une modestie nécessaire de la raison.

26

Rousseau 1712 - 1778

« L'homme est né libre, et partout il est dans les fers. »
Du contrat social

Éléments de biographie

Une jeunesse instable

Philosophe et écrivain genevois, fils d'horloger, Jean-Jacques Rousseau naît dans une famille protestante. Sa mère décède peu après sa naissance.
Son père est contraint de s'exiler : il sera mis en pension chez un pasteur, puis recueilli par la charmante Madame de Warens qui le convertit au catholicisme. C'est auprès de cette dernière, qu'il appelle « Maman », que Rousseau se réfugie à plusieurs reprises. Il occupe divers emplois de laquais et de secrétaire, puis s'intéresse à la musique. Instable, il vagabonde et ne parvient pas à se fixer.
Il se rend à Paris et côtoie la bonne société. On le nomme secrétaire de l'ambassadeur de France à Venise. Il se brouille avec lui et rentre à Paris où il participe à l'*Encyclopédie* avec son ami Diderot.
À la même époque, il a une liaison avec une lingère, Thérèse Le Vasseur. Tous deux auront cinq enfants qu'ils abandonnent aux Enfants Trouvés.

La célébrité et l'exil

Il se fait connaître en 1750 par le *Discours sur les sciences et les arts*, dissertation qu'il rédige pour l'Académie de Dijon. Commence alors une période riche en publications : le *Discours sur l'origine et les fondements de l'inégalité parmi les hommes* paraît en 1755, *Julie ou la nouvelle Héloïse* en 1761, et *Du contrat social* en 1762.
Mais le Parlement condamne *La Profession de foi du vicaire savoyard* qui se trouve dans l'*Émile*, paru en 1762, et Rousseau est contraint de s'exiler.
De nombreuses querelles – avec Diderot, Hume, Madame d'Épinay, Grimm... – marqueront la vie de Rousseau, qui se croit persécuté. Solitaire, il se retire pour écrire les *Confessions* et les *Rêveries d'un promeneur solitaire* qui seront publiées à titre posthume en 1782.

Thèses essentielles

Penseur souvent mal compris, Rousseau s'oppose au courant des Lumières et notamment à l'optimisme des Encyclopédistes face au progrès. Il nuance cette vision positive et montre la nécessité de réformer mœurs, morale, éducation et institutions politiques avant que l'homme ne soit totalement perverti et ne se perde lui-même.

De l'état de nature à l'état social

Dans le *Discours sur l'origine et les fondements de l'inégalité parmi les hommes*, Rousseau analyse la vie sociale et ses dérives. Pour montrer comment la société a corrompu l'homme, il met en place une fiction, l'hypothèse rationnelle de **l'état de nature**, âge d'or de l'humanité innocente et libre.

L'homme y vit solitaire, libre en ce qu'il n'est soumis à personne, oisif dans une nature abondante, bref, heureux, sans industrie ni société. Il ne possède la raison qu'en puissance, et agit suivant deux principes : **l'amour de soi**, qui le porte au souci de sa propre vie, et **la pitié**, sentiment de répugnance face à la souffrance inutile de tout être vivant.

Rien ne destine l'homme à sortir d'un tel état anhistorique, si ce ne sont des catastrophes naturelles exceptionnelles (que l'on ne peut que supposer) à la suite desquelles l'homme se trouve contraint de s'associer avec d'autres pour survivre face à une nature dont les fruits se raréfient. **Perfectible**, c'est-à-dire capable de changer sa manière d'être, en bien autant qu'en mal, l'homme va sortir de l'état de nature.

Une vision pessimiste du progrès

La vie sociale va radicalement transformer l'homme, au point de le rendre méconnaissable. Les premières communautés portent les hommes à se comparer et, très vite, l'amour de soi se transforme en **amour propre**, cette tendance égoïste à vouloir dominer autrui, qui valorise **le paraître** au détriment de **l'être**. Mais c'est surtout l'avènement de la **propriété privée** qui instaure les plus grandes inégalités et engendre les maux de la société.

Rousseau, loin d'adhérer à l'idée commune de son époque selon laquelle le progrès moral suit celui des sciences et des arts, constate l'évolution négative de l'humanité qui, par ses techniques, se donne la possibilité d'accroître égoïsme et servitude.

L'homme, pourtant naturellement bon, mais dépravé, dénaturé par les passions qui l'assaillent, se retrouve dans un état de conflits permanents qui nécessite la mise en place d'un contrat social garant de la liberté civile.

Le contrat social

« L'homme est né libre, et partout il est dans les fers », écrit Rousseau dans le *Contrat social* : puisque la société fait perdre à l'homme sa **liberté naturelle**, puisque l'homme est soumis à autrui, il faut envisager un remède qui instaure une **liberté civile**. Tel est le projet du *Contrat social*.

L'État n'est légitime que s'il garantit la liberté par le **droit**, car « renoncer à sa liberté, c'est renoncer à sa qualité d'homme ». Ainsi, ni l'autorité

paternelle, ni Dieu, ni la force (qui est de l'ordre du fait plus que du droit) ne sont susceptibles de rendre légitime l'autorité politique et d'instaurer le droit. Le « vrai contrat » ne saurait être un pacte de soumission d'un peuple à son chef (contrairement à ce que veut Hobbes).
Le contrat n'est légitime que si la **souveraineté appartient au peuple**. Chacun contracte avec tous, de telle sorte qu'il accepte de se soumettre à la **volonté générale**, volonté de tous en vue du bien commun.
La liberté civile est absence de soumission à autrui : ce ne sont pas des maîtres qui commandent, mais la loi issue de la volonté générale, et obéir à la loi, c'est n'obéir qu'à soi-même. Tous doivent donc être soumis à la loi, afin de n'être soumis à personne. « Il n'y a donc point de liberté sans loi, ni où quelqu'un est au-dessus des lois ».

L'éducation

C'est de l'éducation que naît le salut individuel de l'homme. Dans l'*Émile*, Rousseau dresse le portrait d'un élève imaginaire, éduqué selon la nature et protégé de la corruption qu'engendre la société. Si l'homme est naturellement bon, une éducation à propos doit lui permettre de se cultiver tout en évitant la dépravation que cause la société actuelle. Préserver la bonté originelle de l'enfant tout en lui apprenant à contrôler par sa raison les pulsions anarchiques de l'instinct afin de former un homme libre et heureux : tel est le projet pédagogique de Rousseau. Car la véritable **morale** se découvre en soi, par l'éveil de la **conscience**, cet « instinct divin, immortelle et céleste voix [...] ; juge infaillible du bien et du mal » qui nous guide.
De même, les valeurs religieuses reposent sur le sentiment. Adepte de la **religion naturelle**, Rousseau s'attire les foudres des religieux lorsqu'il affirme que « le culte essentiel est celui du cœur » : c'est par le cœur que Dieu parle à l'homme.

Une œuvre-clé : *Du contrat social*

Contexte

Cet ouvrage de philosophie politique analyse la légitimité de l'autorité politique et pose les bases d'un État légitime garantissant à tous la liberté civile.
Les principes que Rousseau développe ici inspireront les rédacteurs de la *Déclaration des droits de l'homme et du citoyen* de 1789.

Extrait

> Le plus fort n'est jamais assez fort pour être toujours le maître, s'il ne transforme sa force en droit et l'obéissance en devoir. De là le droit du plus fort ; droit pris ironiquement en apparence, et réellement établi en principe : mais ne nous expliquera-t-on jamais

ce mot ? La force est une puissance physique ; je ne vois point quelle moralité peut résulter de ses effets. Céder à la force est un acte de nécessité, non de volonté ; c'est tout au plus un acte de prudence. En quel sens pourra-ce être un devoir ?

Supposons un moment ce prétendu droit. Je dis qu'il n'en résulte qu'un galimatias inexplicable. Car sitôt que c'est la force qui fait le droit, l'effet change avec la cause ; toute force qui surmonte la première succède à son droit. Sitôt qu'on peut désobéir impunément on le peut légitimement, et puisque le plus fort a toujours raison, il ne s'agit que de faire en sorte qu'on soit le plus fort. Or, qu'est-ce qu'un droit qui périt quand la force cesse ? S'il faut obéir par la force, on n'a pas besoin d'obéir par devoir, et si l'on n'est plus forcé d'obéir on n'y est plus obligé. On voit donc que ce mot de droit n'ajoute rien à la force ; il ne signifie ici rien du tout.

Du contrat social, livre I, Flammarion, coll. « GF », 2001.

Clés du texte

L'opposition du fait et du droit

→ Le problème : qu'est-ce qui légitime l'autorité politique ? Est-ce la force ? Peut-on parler d'un « droit du plus fort » ?
→ Non, car la force ne relève absolument pas du droit.
→ Argumentation fondée sur l'opposition entre le domaine du fait (l'ordre matériel, physique) et celui du droit (l'ordre moral) : force / droit ; obéissance / devoir ; puissance physique / moralité ; nécessité / volonté ; impunément / légitimement.

Caractère contradictoire de l'expression

→ Galimatias : discours confus, dénué de sens.
→ Le caractère instable de la force s'oppose à la stabilité garantie du droit.
→ Il est illusoire de parler d'un « droit du plus fort » en vue de protéger l'autorité qu'on a acquis par la force : elle ne contient aucune légitimité, on reste ici dans un rapport de force.

27

Diderot 1713 - 1784

« Si la raison est un don du ciel, et que l'on puisse en dire autant de la foi, le ciel nous a fait deux présents incompatibles et contradictoires. » *Addition aux pensées philosophiques*

Éléments de biographie

Une vie de bohème

Denis Diderot suit des études en vue de devenir prêtre, puis étudie le droit à la Sorbonne. Il interrompt ses études pour mener une vie de bohème. Il se lie avec Rousseau qui lui fait rencontrer Condillac. En 1747 naît le projet de l'*Encyclopédie*, dont il dirigera la rédaction avec d'Alembert jusqu'en 1766.

La lutte contre la censure

Il écrit nombre d'ouvrages, philosophiques et littéraires, dont les *Pensées sur l'interprétation de la nature* (1753), *Le Rêve de d'Alembert* (1769), et *Jacques le fataliste* (1771).
La *Lettre sur les aveugles*, parue en 1749, lui vaut d'être arrêté et emprisonné. En effet, d'abord déiste[1], il tend de plus en plus vers un matérialisme athée condamné par l'Église. Sa vie est marquée par une lutte courageuse et tenace contre la censure.

Thèses essentielles

Le matérialisme athée de Diderot se fonde sur l'idée de Nature comprise comme totalité dynamique vivante et féconde. Réfutant l'idée d'une intelligence divine ordonnatrice du monde, la pensée de Diderot est représentative de l'esprit critique des Lumières qui accorde toute confiance au progrès.

La suprématie de l'expérience scientifique

Diderot, passionné par les sciences, voit en l'expérience scientifique le moyen par lequel doit se constituer la connaissance.
Il rejette le critère cartésien de l'évidence. La philosophie doit prendre modèle sur les sciences pour parvenir à des résultats positifs.

1. Déisme : position qui affirme l'existence d'un Être divin inconnaissable et rejette tout dogme révélé.

Un monisme matérialiste

La nature, totalité vivante et dynamique n'est, selon Diderot, constituée que de **matière**. La matière se meut d'elle-même, sans recours à une quelconque impulsion divine. Diderot ne distingue pas l'inerte du vivant : la matière est constituée de molécules hétérogènes qui s'assemblent au hasard pour former des organismes, la sensibilité morte des molécules devenant sensibilité vive.
Dans *Le rêve de d'Alembert*, Diderot soutient la parenté chimique de tous les êtres constituant la nature : « Tout animal est plus ou moins homme ; tout minéral est plus ou moins plante ; toute plante est plus ou moins animal. »
Annonçant le transformisme de Lamarck, Diderot pense que les organismes s'engendrent les uns les autres et se complexifient sous l'influence du monde extérieur et par activité interne, les plus inaptes disparaissant.
Les monstres, formes ratées de la nature, apportent un démenti aux thèses déistes selon lesquelles les « merveilles de la nature » prouvent l'existence de leur créateur : soit Dieu n'existe pas, soit il est bien malhabile, ce qui contredit son concept même.

Une morale naturaliste

Le critère fondateur de toute morale se trouve dans la nature. En suivant la nature et la raison, en réglant notre comportement sur nos besoins, notre sensibilité et le bien commun, nous pourrons distinguer le juste de l'injuste.
Certes, nous cherchons d'abord notre plaisir, mais l'action vertueuse est source de plaisir. Ce qui est naturellement bon devient, par la vie en société, le bien. La société subordonne les intérêts privés à l'intérêt général, et humanise les tendances individuelles.
La morale est relative à notre physiologie : dans la *Lettre sur les aveugles*, Diderot montre que l'aveugle, davantage susceptible d'être victime de vol, condamne plus sévèrement ce délit que le voyant.

L'art, dévoilement de la nature

La nature joue un rôle important dans l'analyse de l'art. Le génie est celui qui sait imiter la nature. Mais cette imitation n'est pas une simple copie, elle est révélation de la nature profonde. Ce qu'imite l'artiste, le comédien notamment, c'est un modèle idéal qui révèle la nature humaine et en dégage les traits caractéristiques.

Une œuvre-clé :

Lettre sur les aveugles à l'usage de ceux qui voient

Contexte

Cette lettre, jugée scandaleuse parce qu'exhibant un matérialisme athée, valut à Diderot trois mois d'emprisonnement.

Diderot s'interroge sur la constitution de nos connaissances en analysant la perception d'un aveugle qu'il compare à celle des voyants. Il montre que nos idées sont liées à la conformation de notre corps.

Extrait

Comme je n'ai jamais douté que l'état de nos organes et de nos sens n'ait beaucoup d'influence sur notre métaphysique et sur notre morale, et que nos idées les plus purement intellectuelles, si je puis parler ainsi, ne tiennent de fort près à la conformation de notre corps, je me mis à questionner notre aveugle sur les vices et sur les vertus. Je m'aperçus d'abord qu'il avait une aversion prodigieuse pour le vol ; elle naissait en lui de deux causes : de la facilité qu'on avait de le voler sans qu'il s'en aperçût ; et plus encore peut-être, de celle qu'on avait de l'apercevoir quand il volait. Ce n'est pas qu'il ne sache très bien se mettre en garde contre le sens qu'il nous connaît de plus qu'à lui, et qu'il ignore la manière de bien cacher un vol. Il ne fait pas grand cas de la pudeur : sans les injures de l'air dont les vêtements le garantissent, il n'en comprendrait guère l'usage, et il avoue franchement qu'il ne devine pas pourquoi l'on couvre plutôt une partie du corps qu'une autre, et moins encore par quelle bizarrerie on donne entre ces parties la préférence à certaines que leur usage et les indispositions auxquelles elles sont sujettes demanderaient que l'on tînt libres. [...]

Tant nos vertus dépendent de notre manière de sentir, et du degré auquel les choses extérieures nous affectent !

Lettre sur les aveugles à l'usage de ceux qui voient, in *Diderot, Œuvres*, Gallimard, La Pléiade, 1951.

Clés du texte

La relativité des valeurs morales

→ Origine de nos idées et de nos valeurs morales : l'état de nos organes et de nos sens, la conformation de notre corps. La morale est issue de la sensibilité.

→ La preuve par l'exemple : l'aveugle redoute le vol parce qu'il en est facilement victime et ne peut le commettre sans risque. La pudeur est pour lui inutile, le vêtement qui cache est sans intérêt pour celui qui ne voit pas.

→ Relativité : la morale varie en fonction de nos sens et de la façon dont les choses nous affectent.

Le critère d'utilité

→ La morale est liée à l'utilité : le bien est ce qui est plaisant (la pudeur dévalorisée car elle enferme le corps et l'indispose) ; le mal est ce qui nous dessert (ce dont on peut être victime, le vol pour l'aveugle).

Kant 1724 - 1804

« Il n'y a qu'une seule chose qu'on puisse tenir pour bonne sans restriction, c'est une bonne volonté. » Fondements de la métaphysique des mœurs

Éléments de biographie

Une vie sédentaire consacrée à l'étude

Ainsi que l'écrit Heine dans *De l'Allemagne*, l'on peut dire que « l'histoire de la vie d'Emmanuel Kant est difficile à décrire, car il n'eut ni vie ni histoire ; il vécut d'une vie de célibataire, vie mécaniquement réglée et presque abstraite… »
Kant vécut pratiquement toute sa vie à Königsberg. Précepteur, puis privat-dozent (professeur libre directement rémunéré par ses étudiants) apprécié, il devient finalement professeur titulaire à l'université.

Une vie réglée pour une œuvre brillante

De santé fragile, Kant s'impose un mode de vie extrêmement régulier qui est resté légendaire. Kant vécut sans excès ni défaut, de manière imperturbable et presque monastique. Pourtant, il est un penseur révolutionnaire qui renouvelle la philosophie et demeure une référence incontournable.
Son œuvre, immense, comprend entre autres la *Critique de la raison pure* (1781 et 1787), les *Fondements de la métaphysique des mœurs* (1785), la *Critique de la raison pratique* (1788), la *Critique de la faculté de juger* (1790), et *La Religion dans les limites de la simple raison* (1793).

Thèses essentielles

La philosophie se ramène, selon Kant, à trois questions :
1) Que puis-je savoir ?
2) Que dois-je faire ?
3) Que m'est-il permis d'espérer ?
Ces trois questions déterminent les trois domaines d'analyse qui occuperont l'œuvre de Kant : la métaphysique, la morale, et la religion. Toutes trois se rapportent à une ultime question relevant de l'anthropologie : Qu'est-ce que l'homme ?

Le problème de la connaissance

Réveillé de son sommeil dogmatique par Hume, Kant entreprend l'analyse de notre pouvoir de connaître : pour déterminer **les pouvoirs et les limites de la raison**, il élabore une *Critique de la raison pure.* La science progresse, alors que la métaphysique, qui analyse ce qui n'est pas objet d'expérience (l'âme, le monde, Dieu et la liberté), est un « champ de bataille » où se livrent des combats sans fin. Face à ce constat, il faut interroger le statut de la métaphysique et la légitimité de nos connaissances.

Deux écoles de pensée s'affrontent. Le **rationalisme dogmatique** affirme que la raison humaine peut tout connaître en droit, et que la vérité est l'adéquation entre notre représentation des choses et ce que sont les choses objectivement. Au contraire, l'**empirisme sceptique** affirme que nos représentations sont issues de l'expérience, que nous ne pouvons en sortir pour appréhender les choses en soi, et qu'il est illusoire de prétendre détenir une vérité certaine.

La révolution copernicienne

Alternative au rationalisme et à l'empirisme, le **criticisme** kantien opère une **révolution copernicienne** dans la théorie de la connaissance : Copernic avait inversé les places respectives du Soleil et de la Terre en affirmant l'héliocentrisme. De même, selon Kant, dans la connaissance, ce n'est pas le sujet qui tourne autour de l'objet, mais l'objet qui se règle sur le sujet.

En effet, s'opposant au **réalisme** qui admet que l'objet nous est donné, et que notre connaissance doit se modeler sur lui, Kant montre que l'esprit est actif dans l'élaboration de la connaissance. Le réel est pour nous une construction : « nous ne connaissons a priori des choses que ce que nous y mettons nous-mêmes ». L'objet est perçu **par nous** selon la structure de notre esprit, et non pas **en soi** (en tant que chose indépendante de notre manière de l'appréhender).

Matière et forme de la connaissance

La connaissance des objets dépend du sujet connaissant au moins autant que de l'objet connu. Elle suppose certes l'expérience, comme l'affirment les empiristes, mais cette expérience ne saurait exister sans une synthèse, une mise en forme opérée par le sujet : « si toutes nos connaissances commencent *avec* l'expérience, il n'en résulte pas qu'elles dérivent toutes *de* l'expérience » (*Critique de la raison pure*).

Connaître, c'est mettre en forme une matière donnée. Il faut donc distinguer la **matière** de la connaissance, qui est *a posteriori* (elle dépend de l'objet de l'expérience), et la **forme** de la connaissance, qui est *a priori* (elle dépend du sujet et est antérieure à toute expérience).

Sensibilité et entendement

Tout objet connu ou connaissable est appréhendé dans l'espace et le temps par la **sensibilité**. Or, **espace** et **temps** ne sont ni des concepts empiriques (qui dérivent de l'expérience : ce ne sont pas des propriétés externes des choses), ni des concepts de l'entendement : ce sont des **formes *a priori* de la sensibilité**, des cadres qui conditionnent la perception des objets. Temps et espace sont des **intuitions pures**, ils structurent et conditionnent toute perception en tant qu'ils sont *a priori* (non dérivés de l'expérience).
Dans la connaissance, les objets se règlent également sur les concepts *a priori* de notre entendement, les **catégories** qui sont les structures logiques de la pensée (par exemple le concept de causalité).
L'objet est donc d'une part **donné à la sensibilité par l'intuition** sensible, et d'autre part **pensé par l'entendement** et ses concepts.

Les limites de la connaissance

Nous ne pouvons connaître que les **phénomènes**, les objets tels que nous les présente notre faculté de connaître. Mais ni les choses en soi (les choses telles qu'elles existent en elles-mêmes, indépendamment de la connaissance humaine), ni les **noumènes** (les réalités intelligibles, les idées métaphysiques telles que Dieu, l'âme, ou encore le monde) ne sont connaissables.
La connaissance est **subjective**, non pas relative, elle ne vaut pas que pour l'individu, mais elle dépend néanmoins du sujet connaissant compris comme universel. L'**objectivité** caractérise une représentation universellement valable, mais limitée à la saisie des phénomènes. L'**idéalisme transcendantal** kantien pose donc que tout objet de connaissance est déterminé *a priori* par la nature même de notre faculté de connaître, tout en se distinguant de l'idéalisme de Berkeley, puisqu'il affirme l'existence, en dehors de la perception, d'une réalité externe insaisissable en tant que telle par l'esprit humain.

Le statut de la métaphysique

Les objets de la **métaphysique** (l'âme, Dieu, le monde, la liberté) ne peuvent être connus : ce sont de pures **idées** non expérimentables. La raison, faculté de désirer, erre dès lors qu'elle occulte ses limites et veut conférer l'existence à ce qui n'est qu'idée. Les **illusions** naissent d'un usage illégitime de la raison.
La métaphysique ne produit que des pensées, non des connaissances : elle s'égare lorsqu'elle croit **connaître** ce qu'elle ne peut que **penser**. « La connaissance suppose en effet deux éléments : d'abord le concept, par lequel, en général, un objet est pensé (la catégorie), et ensuite, l'intuition par laquelle il est donné » (*Critique de la raison pure*).

Cependant, les idées de la métaphysique sont **régulatrices** : elles orientent notre effort pour connaître vers une exigence de systématisation et d'unité.

Les postulats de la raison pratique

La métaphysique joue donc un rôle dans le domaine pratique. Les idées acquièrent le statut de **postulats nécessaires de la raison pratique** : des idées qu'il faut admettre, sans pour autant pouvoir les prouver, afin de rendre possible la **morale** et de donner **sens** à la vie.
Nous ne pouvons prouver l'existence de la **liberté :** l'analyse de cette idée mène à une **antinomie**. Deux thèses contradictoires s'affrontent sans que l'on puisse trancher pour l'une plus que pour l'autre. Si, comme le montre la science, le monde paraît déterminé, et si la liberté semble n'être qu'illusion, il est cependant nécessaire d'admettre l'existence de la liberté, d'une cause première, afin de rendre compte des phénomènes. Puisque l'on ne peut ni nier ni prouver l'existence de la liberté, il faut la **postuler**, sans quoi l'on ne pourrait concevoir la possibilité de l'autonomie de la volonté.

Moralité et légalité

Être moral, ce n'est pas chercher son bonheur, mais être **autonome**, obéir aux lois que l'on s'est soi-même données : non à n'importe quelle loi qui résulterait de la sensibilité ou de l'affect, mais aux lois universelles et inconditionnées de la raison pratique.
L'action moralement bonne est d'abord l'action désintéressée, l'action accomplie avec **bonne volonté**, par pur respect pour la loi morale, indépendamment de tout mobile sensible. Il faut donc distinguer la **légalité** de l'action et la **moralité** de l'action : est **légale** l'action qui est **conforme au devoir**, mais elle peut être immorale si elle est accomplie en vue d'intérêts sensibles (par exemple, un commerçant honnête qui ne l'est que parce qu'il sait qu'il ne peut garder ses clients qu'à ce prix) ; est **morale** l'action qui n'est accomplie que **par devoir**, par seul respect pour la loi morale.

L'impératif catégorique

Parmi les **impératifs** (commandements qui guident nos actions), certains sont **hypothétiques**. Ils renvoient à des fins particulières, et prennent la forme suivante : « si tu veux ceci, alors tu dois faire cela ». Conditionnés, de tels impératifs ne revêtent pas la forme d'impératifs moraux.
L'impératif est **catégorique**, en revanche, et purement moral lorsqu'il prend la forme suivante : « tu dois », et ce, quelles que soient les circonstances. Inconditionné, il exprime l'universalité de la loi morale.
Le premier impératif catégorique est : « **Agis comme si la maxime de ton action devait être érigée par ta volonté en loi universelle de la nature.** » Le mensonge, même efficace, pour sauver quelqu'un par

exemple, est immoral : la maxime de l'action, pour être morale, doit être universalisable sans contradiction. Or, vouloir que tous les hommes mentent serait contradictoire.

La morale suppose de concevoir l'homme comme un être raisonnable, **digne,** respectable en tant que **personne**. Ainsi, la seconde formulation de l'impératif catégorique appelle au **respect** : « Agis de telle sorte que tu traites l'humanité aussi bien dans ta personne que dans la personne de tout autre toujours en même temps comme une fin, et jamais simplement comme un moyen. »

Une morale *a priori*

Seule l'intention compte dans la moralité, non le résultat : est vertueux celui qui se détermine en fonction de la **forme** de la loi, en fonction de son caractère universalisable.

Reste que nous ne pouvons être assurés qu'une action purement morale ait déjà été accomplie dans le monde : derrière toute intention sincère, nous pouvons imaginer un intérêt (ne serait-ce que la fierté résultant de l'acte vertueux). Mais cela ne remet pas en cause la conception même du devoir : elle ne résulte pas de l'expérience, la moralité ne se découvre pas par imitation des actes moraux. Elle provient *a priori* de la raison pure pratique. Kant ne cherche pas à établir une morale empirique ou efficace, mais à dégager les **conditions de possibilité *a priori*** de la morale.

Qu'est-ce que l'homme ?

L'homme n'est pas qu'un être moral, il se caractérise par son **insociable sociabilité** : d'une part, il ne peut vivre seul, mais d'autre part, il refuse les contraintes, rechigne à restreindre sa liberté pour vivre en société. Chacun, pour défendre ses intérêts, est poussé à développer ses dispositions naturelles. Cet antagonisme est le moyen par lequel la nature amène l'homme à développer la culture, la société, et, finalement, la moralité.

L'**Histoire**, considérée comme la réalisation d'un « dessein de la nature », est le lieu d'un progrès, elle voit l'éducation de l'homme en marche. La nature, ôtant à l'homme tout instinct, ruse et le force à progresser. Elle vise une fin : la **paix universelle**, l'instauration d'une « société des nations » administrant universellement le droit.

Que m'est-il permis d'espérer ?

Le **bonheur**, conçu comme satisfaction durable et complète de toutes nos inclinations, n'est qu'un **idéal de l'imagination**, une visée illusoire ici bas, qui ne constitue aucunement le souverain bien, contrairement à ce qu'affirment les morales du bonheur (les eudémonismes). Nous devons, en tant qu'êtres raisonnables, agir moralement, bien que cela puisse contredire notre quête du bonheur.

Puisque nous sommes des êtres **sensibles**, déterminés de part et d'autre (par notre éducation, nos fréquentations, nos affects...), il est nécessaire de postuler que par notre caractère **intelligible** nous sommes également des êtres responsables et libres, capables d'autonomie, de soumission à la loi morale. Il est permis (et même, cela est exigé par la raison pratique) de postuler l'existence de la **liberté**.

La moralité nous rend **dignes du bonheur**. Le souverain bien consiste alors dans **l'union de la vertu et du bonheur**. Il nous est donc permis d'espérer une telle réconciliation. La raison pratique exige que l'on postule l'existence de Dieu et l'immortalité de l'âme, conditions de possibilité d'une telle union.

Le jugement esthétique

Par la critique de la raison pure et la critique de la raison pratique, Kant distingue deux mondes antagonistes : le **monde naturel**, lieu du déterminisme (tout s'enchaîne suivant des relations de causalité nécessaires), et le **monde nouménal de la liberté transcendantale** qui répond à la législation de la raison pratique. La *Critique de la faculté de juger* érige un pont entre ces deux mondes : « Dans la famille des facultés supérieures de connaître, il existe encore un moyen terme entre l'entendement et la raison. Celui-ci est la faculté de juger. » Kant analyse alors le jugement esthétique dans lequel s'exerce la faculté de juger.

Lors du jugement de goût, le plaisir esthétique résulte d'un **libre jeu de nos facultés** (entendement et imagination), libérées des contraintes de la connaissance, et manifeste la possibilité de l'union de ces facultés.

« Le goût est la faculté de juger un objet ou un mode de représentation par la satisfaction ou le déplaisir d'une façon désintéressée. On appelle beau l'objet de cette satisfaction. » (*Critique de la faculté de juger*). Le plaisir esthétique est **désintéressé**. Seule la représentation de la **forme** de l'objet est la cause du plaisir esthétique, celui-ci n'est donc pas déterminé par l'existence matérielle de l'objet.

Le beau et l'agréable

Le **beau** se distingue de **l'agréable**. L'**agréable** satisfait en tant qu'il est lié à un intérêt ou à un besoin. L'objet qui permet la satisfaction d'un besoin provoque un plaisir, et ce plaisir est déterminé par son existence matérielle. Lorsque je dis « le vin des Canaries m'est agréable », ce jugement ne vaut que pour moi-même et j'admets qu'autrui n'ait pas le même jugement : le principe « à chacun son goût » est valable pour ce qui est agréable. Le **beau**, au contraire, est l'objet d'un jugement de goût désintéressé qui ne résulte pas de mes goûts personnels, de mes préférences. Quand j'affirme qu'une œuvre est belle, je prononce un jugement de goût qui ne vaut pas pour moi seul. J'exige l'adhésion de tous.

« Est beau ce qui plaît universellement sans concept. » Si j'exige l'adhésion de tous, il est cependant impossible de justifier ce jugement, de prouver par des concepts la beauté de l'œuvre. En ce sens, le sentiment esthétique se vit, il ne s'argumente pas.

Une finalité sans fin

Et si ce jugement est en droit universel, c'est parce que l'objet que l'on juge beau est tout ce qu'il doit être. Il y a beauté quand l'harmonie est telle que toutes les parties forment un ensemble indivisible et pourtant ne visent aucune fin spécifique. Toutes les parties concourent à une harmonie interne, sans fin au sens d'utilité. Le beau est à lui-même sa propre fin. Ainsi, « la beauté est la forme de la finalité d'un objet en tant qu'elle est perçue dans cet objet sans représentation d'une fin » (*Critique de la faculté de juger*).

Le jugement esthétique relève donc d'un jugement **subjectif** (il exprime un rapport d'harmonie des facultés qui résulte du rapport de l'objet au sujet) et pourtant universel (il va bien au-delà de l'agréable). Pour affirmer ceci, il est nécessaire de poser l'existence d'un **sens commun** à tous les hommes, qui permette d'éviter tout relativisme.

Une œuvre-clé : *Réponse à la question : qu'est-ce que les Lumières ?*

Contexte

Cet opuscule interroge les Lumières, ce courant philosophique et encyclopédique caractéristique du XVIIIe siècle qui affirme que la raison, présente en tout homme, doit le guider et l'affranchir de toute soumission non légitime.

Extrait

> Qu'est-ce que les Lumières ? *La sortie de l'homme de sa minorité, dont il est lui-même responsable. Minorité*, c'est-à-dire incapacité de se servir de son entendement sans la direction d'autrui, minorité dont il est lui-même responsable, puisque la cause en réside, non dans un défaut de l'entendement, mais dans un manque de décision et de courage de s'en servir sans la direction d'autrui. *Sapere aude !* Aie le courage de te servir de ton propre entendement ! Voilà la devise des Lumières.
>
> La paresse et la lâcheté sont les causes qui expliquent qu'un si grand nombre d'hommes, après que la nature les ait affranchis depuis longtemps d'une direction étrangère, restent cependant volontiers, leur vie durant, mineurs, et qu'il soit si facile à d'autres de se poser

en tuteurs des premiers. Il est si aisé d'être mineur ! Si j'ai un livre, qui me tient lieu d'entendement, un directeur, qui me tienne lieu de conscience, un médecin, qui décide pour moi de mon régime, etc., je n'ai vraiment pas besoin de me donner de peine moi-même. Je n'ai pas besoin de penser pourvu que je puisse payer ; d'autres se chargeront bien de ce travail ennuyeux.

Que la grande majorité des hommes (y compris le sexe faible tout entier) tienne aussi pour très dangereux ce pas en avant vers leur majorité, outre que c'est une chose pénible, c'est ce à quoi s'emploient fort bien les tuteurs qui, très aimablement, ont pris sur eux d'exercer une haute direction sur l'humanité. Après avoir rendu bien sot leur bétail, et avoir soigneusement pris garde que ces paisibles créatures n'aient pas la permission d'oser faire le moindre pas hors du parc où ils les ont enfermées, ils leur montrent le danger qui les menace, si elles essaient de s'aventurer seules au dehors.

Or ce danger n'est vraiment pas si grand ; car elles apprendraient bien enfin, après quelques chutes, à marcher.

Réponse à la question : qu'est-ce que les Lumières ?,
in *La philosophie de l'histoire*, trad. S. Piobetta, Aubier, 1947.

Clés du texte

La minorité : la soumission à autrui

- Minorité : état de ceux qui sont soumis à une direction étrangère, hétéronomie (obéissance à des lois extérieures).
- Absence de liberté du mineur : il ne pense pas par lui-même, sa vie est régie par d'autres (un directeur, un livre, un médecin…).

Les raisons de la minorité

- Le mineur est lui-même responsable de son état : il pourrait en sortir (la raison est commune à tous), mais il choisit la facilité.
- Paresse, manque de courage du mineur qui craint de s'assumer lui-même : la pensée demande des efforts.
- Lâcheté du mineur : peur de devoir se prendre en main, d'être responsable et autonome. La liberté représente un risque.
- Les tuteurs (dirigeants), rusés, s'emploient à garder les mineurs sous leur coupe pour conserver leur hégémonie.

La majorité

- Conditions de la sortie de la minorité : le courage de penser par soi-même, et l'éducation.
- Majorité : état de celui qui n'est pas soumis à autrui, qui pense par lui-même, qui est responsable, autonome (obéit aux lois de sa raison). État de liberté véritable.
- L'homme doit sortir de la soumission et comprendre qu'il est capable, grâce à sa raison, de juger par lui-même.

Le XIXe siècle

C'est sa complexité qui caractérise le XIXe siècle. Fait d'antagonismes et de contradictions, il est le siècle des grands systèmes totalisants pensant l'Histoire et son sens, mais aussi celui du romantisme qui exalte le moi individuel, ou encore le siècle du désenchantement et de la perte des valeurs et idéaux, siècle qui se clôt sur la « mort de Dieu » que déclame Nietzsche et le soupçon qu'inaugure la philosophie à coup de marteau.

Idéalisme et romantisme

• Le romantisme

Contre le rationalisme des Lumières, le romantisme qui naît à la fin du XVIIIe siècle et se développe au XIXe réhabilite la sensibilité, l'intuition et l'imagination. La froide raison est inapte à rendre compte de l'identité de la nature et de l'esprit – identité absolument rejetée par l'esprit des Lumières et affirmée par Schelling (1775 – 1854) – qui se découvre au travers du **sentiment mystique** et de l'œuvre du génie en art. Loin des normes en vigueur, l'art se libère pour devenir lieu d'expression de la **singularité du sujet**.
Nostalgique, l'âme romantique est en quête de l'unité du moi et de l'univers. Si le romantisme exalte le moi, l'individualité libre s'opposant à l'universalisme réducteur de la raison, il est aussi en quête d'absolu, et voit en l'homme et la nature la manifestation de la grandeur divine : le romantisme contribue à un retour de la fidélité aux principes de la religion chrétienne.
Dans un contexte historique particulier, alors qu'en France la Terreur s'installe, on assiste à la **montée du sentiment national** contre la revendication du cosmopolitisme des lumières. On s'enthousiasme, avec Fichte (1762 – 1814), pour l'**État-nation**, revendiquant tradition nationale et culture propre à l'esprit d'un peuple.

• L'idéalisme allemand

L'idéalisme se développe en Allemagne dans la première moitié du XIXe siècle. Les systèmes créés par les successeurs de Kant ont pour but de penser le réel en surmontant l'opposition kantienne de la chose et de l'esprit. L'idée d'une « chose en soi » inconnaissable est rejetée. Il s'agit de **rendre intelligible le réel et de dévoiler son unité**.

Hegel (1770 - 1831) élabore un système totalisant qui pense l'Histoire universelle et identifie l'Esprit et le réel. Son **idéalisme absolu** constitue la pensée majeure du XIXe siècle : tout philosophe succédant à Hegel n'aura de cesse de développer ou de combattre le système hégélien.

Entre optimisme et désenchantement

• Sciences et techniques au fondement de l'optimisme

La croyance en un **progrès** illimité des sciences et des techniques perdure et s'accroît. Le siècle des Lumières avait mis en avant l'importance de **l'expérimentation** et de l'observation en science. Le XIXe siècle confirme cette tendance : **Claude Bernard** développe la méthode expérimentale et découvre la fonction glycogénique du foie ; **Charles Darwin** (1809 - 1882) expose sa théorie de l'évolution dans *De l'Origine des espèces* (1859) ; **Pasteur** (1822 - 1895) fait des découvertes capitales qui font avancer la médecine.

On assiste également à la naissance de la sociologie et de la psychologie expérimentale. L'histoire, la linguistique et l'économie sont en plein essor. On s'interroge sur les fondements des mathématiques (Boole, Frege, Hilbert) et de nouvelles géométries, non euclidiennes, sont élaborées par Lobatchevski puis Riemann.

• Positivisme et scientisme

Ce formidable progrès des sciences et des techniques ouvre la voie au **positivisme** dont **Auguste Comte** (1798 - 1857) est l'un des principaux représentants. La démarche scientifique est alors considérée comme l'unique modèle à suivre afin de développer la connaissance. Mais le positivisme tend, à partir de la seconde moitié du XIXe siècle, à se transformer en **scientisme** : la foi en la science est telle que, pour certains, seule elle est à même de résoudre les maux de l'humanité. La science s'impose comme valeur et méthode dans tous les domaines de la vie. Ce n'est qu'à la fin du siècle que sera remise en cause cette survalorisation de la science.

• Le désenchantement

Si l'optimisme semble dominer le XIXe siècle, des philosophies marginales nuancent ce tableau et s'opposent aussi bien au système hégélien qu'au positivisme.

Schopenhauer (1788 - 1860) développe une philosophie empreinte de pessimisme réfutant la possibilité du bonheur. Loin de partager l'enthousiasme de ses contemporains pour le progrès, il porte un regard cynique sur l'existence et appelle à l'ascétisme, à la négation du vouloir-vivre, lequel n'est que source de souffrance.

Kierkegaard (1813 - 1855) s'oppose à l'esprit de système et valorise l'existence et la subjectivité, ouvrant la voie à l'existentialisme qui s'étendra au XXe siècle.

Quant à **Nietzsche** (1844 - 1900), il inaugure (avec Marx) les philosophies du soupçon en dévoilant les illusions dont l'homme est prisonnier. En généalogiste, Nietzsche fait peser le soupçon sur la philosophie et la religion et annonce l'avènement du nihilisme, la perte des valeurs et des idéaux.
Contre la tendance à vouloir comprendre et orienter rationnellement le monde, tous ces penseurs exhibent l'absurdité du monde ou, du moins, son irréductibilité au concept, et participent à la remise en cause des valeurs traditionnellement admises.

Les mutations sociales : entre croissance et décadence

• Une société en mutation

Les avancées techniques ont contribué à l'émergence de la révolution industrielle. Avec l'invention de la machine à vapeur, les modes de production sont modifiés, le travail salarié se développe. Le libéralisme économique encourage le libre développement de l'industrie et y voit la possibilité pour la société de prospérer.
Néanmoins, l'enrichissement du capitaliste a un revers : il s'accompagne d'une paupérisation croissante de la classe ouvrière. La croissance s'accompagne de la misère, et les conditions de travail sont de plus en plus inacceptables. Cette réalité met au premier plan les questions d'ordre social.

• La philosophie face à de nouvelles interrogations

Si Tocqueville (1805 - 1859) s'interroge sur la possibilité de concilier liberté et égalité sociale, Marx (1818 - 1883) et Engels (1820 - 1895) dénoncent l'exploitation de l'homme par l'homme et élaborent une pensée militante visant à transformer le monde. Le matérialisme historique prend le contre-pied de l'idéalisme hégélien et montre que le capitalisme ne peut être que provisoire. C'est vers l'établissement d'une société sans classe, vers la réalisation du communisme, que marche l'histoire.
Les pensées socialistes se développent face à la montée des inégalités et de la misère. La philosophie acquiert un statut pratique, elle se fait combattante et agissante.

De l'entreprise systématique de Hegel à la critique nietzschéenne de la rationalité philosophique, le XIXe siècle voit s'affronter des pensées antagonistes. Ce faisant, il esquisse la diversité des voies que suivront les penseurs du XXe siècle.

Tableau chronologique

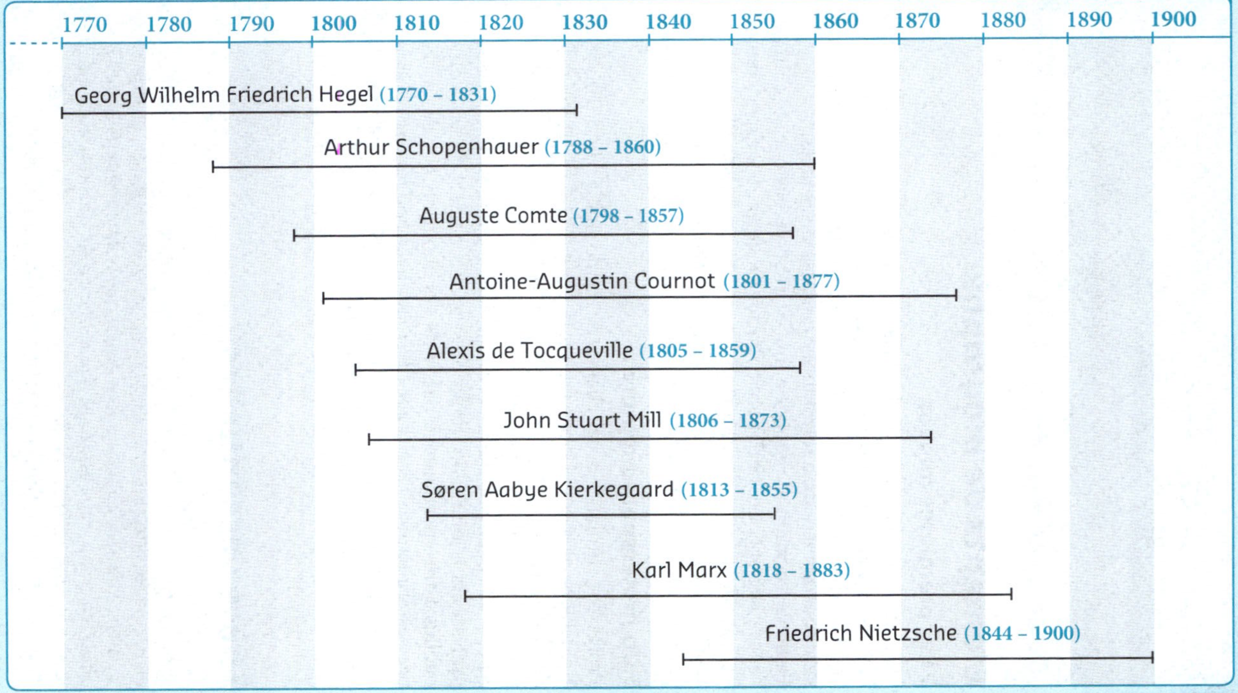

Hegel 1770 - 1831

« Rien de grand ne s'est accompli dans le monde sans passion. » *La raison dans l'Histoire*

Éléments de biographie

Les premières années

Né à Stuttgart, Georg Wilhelm Friedrich Hegel étudie la philosophie et la théologie au séminaire de Tübingen où il se lie d'amitié avec Schelling et Hölderlin. Il lit Rousseau, Lessing, et Fichte. Avec ses compagnons, il s'enthousiasme pour la Révolution française et ses idées.
Faute de vocation, il renonce à une carrière de pasteur et se dirige vers l'enseignement. En 1807 paraît *Phénoménologie de l'Esprit*, œuvre qui s'efforce de dévoiler la rationalité qui est à l'œuvre dans l'histoire.
En effet, Hegel, qui fut quelques temps rédacteur de presse, est passionné par l'histoire, qu'il essaie de percevoir dans son unité, et l'actualité.

Un professeur renommé

Professeur titulaire à la chaire de philosophie de l'Université de Heidelberg, il rédige *La Science de la logique* (1812 – 1816) et le *Précis de l'Encyclopédie des sciences philosophiques* (1817), exposé des points fondamentaux de son système.
Appelé à la chaire de Berlin, celui que l'on surnomme le « professeur des professeurs » jouit d'un grand prestige. La plupart de ses cours seront publiés à titre posthume à partir de ses manuscrits et des notes prises par ses étudiants : *Leçons sur l'histoire de la philosophie* (1833 – 1836), sur l'*Esthétique* (1832), *Leçons sur la philosophie de la religion* (1832), et *Leçons sur la philosophie de l'histoire* (1837).
Durant la dernière année de sa vie, Hegel exercera les fonctions de recteur de l'université de Berlin.

Thèses essentielles

Fondateur d'un véritable système philosophique, Hegel est l'un des penseurs les plus influents du XIXe siècle. Insatisfait des conséquences du système kantien, il élabore une vision nouvelle du monde et de l'histoire dans leur rapport à l'esprit qu'il qualifiera d'idéalisme absolu. La plupart des grandes pensées élaborées après Hegel (celles de Marx, Sartre, Merleau-Ponty…) l'ont été à partir et contre son système.

L'esprit de système

Hegel est le penseur systématique et encyclopédique par excellence : il élabore une pensée de la totalité qui vise à surmonter les dualismes kantiens (par exemple, le noumène et le phénomène, la foi et le savoir, l'esprit et la nature...) et à **saisir la réalité dans son unité et dans sa rationalité immanente**. Le système qu'il élabore vise à montrer la rationalité du réel dans son mouvement même. Il est une pensée totalisante de l'histoire qui en dégage le sens.
La philosophie n'est pas pour Hegel amour de la sagesse, mais sagesse même qui doit pouvoir rendre raison de tout, penser la totalité dans son devenir même comme rationnelle.

Le réel est rationnel

Si la saisie de l'absolu peut être envisagée comme objet de la philosophie, c'est que « tout ce qui est rationnel est réel, tout ce qui est réel est rationnel ».
La philosophie hégélienne est un **idéalisme absolu** : elle affirme la réconciliation et l'unité de l'Idée et du réel. Le réel n'est pas irrationnel, et la saisie de la vérité ne se réduit pas, comme le voudrait Kant, à la saisie des phénomènes. La philosophie est saisie de la vérité dans son caractère absolu. Le vrai, l'absolu (ce qui est en soi et par soi) n'est pas inaccessible.
La **Raison** n'est pas que le mode de compréhension du monde, comme l'affirme Kant, elle est aussi, et surtout, l'essence de la réalité même, ce principe divin immanent aux choses. L'Idée est ce qui se manifeste et se réalise dans les faits, non ce qui s'y oppose ou s'y surajoute, comme l'implique la vision dualiste du monde issue de la tradition platonicienne qui distingue monde sensible (monde de l'apparence, des phénomènes) et monde intelligible (monde des Idées).

La vérité du tout : le résultat d'un déploiement

Afin de saisir l'unité de tant de faits contradictoires, il faut comprendre, ainsi que l'écrit Hegel dans la *Phénoménologie de l'Esprit*, que « le vrai est le tout. Mais le tout n'est que l'essence qui s'accomplit par le déploiement » : **le vrai, l'absolu, n'est pas d'emblée présent, il se déploie, se révèle dans la temporalité** et ne sera qu'à la fin du processus historique effectivement tout ce qu'il est, dans sa forme déployée.
Hegel est ainsi l'un des premiers penseurs à considérer l'absolu comme résultat, et non comme ce qui est là de toute éternité. L'Idée, chez Platon, était conçue comme immuable et éternelle. Chez Hegel, elle est le résultat d'un long processus de déploiement, n'étant à l'origine que virtualité non consciente d'elle-même.

L'histoire : la marche progressive de l'Esprit

L'histoire n'est pas le lieu d'un chaos incompréhensible, mais celui de la **réalisation de l'Esprit** qui s'exprime au travers du modèle

culturel dominant à une époque. « L'histoire universelle n'est que la manifestation de la raison ». L'Esprit s'incarne dans les œuvres de la civilisation : l'art, la religion, et la philosophie sont autant de lieux de son dévoilement progressif.
Il y a donc **un sens** (un progrès) ainsi qu'**une fin de l'histoire**. Et, si en apparence l'histoire nous semble si chaotique, c'est que nous ne saisissons pas le mouvement dialectique qui anime l'Idée qui s'y réalise.

La dialectique

La marche de l'Esprit s'opère par un mouvement dialectique : chaque étape de l'histoire est à la fois la **réalisation**, le **dépassement**, et la **négation** de l'étape précédente.
Pour bien comprendre le mouvement dialectique, l'on peut se représenter l'évolution d'une plante : la fleur est à la fois la négation, le dépassement et la réalisation du bourgeon, puisqu'elle signe sa disparition, mais le réalise en même temps tout en le dépassant. De même, le fruit nie et réalise la fleur.
La **contradiction**, loin d'être irrationnelle et paralysante, est le moteur de l'histoire. C'est ainsi que Hegel conçoit que les moments de paix et de bonheur sont des pages blanches de l'histoire, des pages sans avancée, sans progrès : la guerre est le moyen pour les peuples de conquérir la liberté et de dépasser l'époque et la situation présentes.
À chaque étape, l'Esprit s'incarne dans une culture, un peuple particulier rayonnant davantage que les autres à une époque donnée. Ainsi, Hegel distingue trois moments décisifs de l'histoire : dans le **monde oriental**, despotique, un seul homme est libre. L'Esprit n'est ici présent qu'**en soi**, la conscience de la liberté, qui est aussi conscience de soi de l'Esprit réalisé n'est qu'en germe. Le **monde gréco-romain** affirme la liberté de quelques-uns, les citoyens. Il symbolise le **pour soi**, l'Esprit prenant conscience de lui-même. Enfin, **l'État moderne** sait que tous les hommes sont libres, que l'homme en tant qu'homme est libre : l'Esprit, **en soi et pour soi**, conscience de soi en tant que substance et sujet, est parvenu à sa pleine réalisation. L'histoire signe le développement de la conscience de soi et de la liberté.
Il y a donc **une fin de l'histoire** : l'Esprit réalisé, l'histoire s'achève. Mais elle n'est pas une fin des temps, ni une fin des événements. Elle est la fin de la marche de l'Esprit, simplement. Le sens de l'Histoire (la liberté universelle) étant réalisé, aucun grand principe ne saurait dépasser ce sens et s'imposer.

La passion, ruse de la raison

Mais dire que « la Raison gouverne le monde », comme l'écrit Hegel lorsqu'il analyse l'histoire philosophique, c'est supposer que l'homme, comparable à une marionnette, en est le jouet. Or, l'histoire semble être

le lieu de faits contingents et particuliers, et l'homme historique paraît agir davantage par intérêt et passion que par raison.
C'est que raison et passion ne s'opposent pas : la **ruse de la raison** universelle consiste à se jouer des passions humaines pour se réaliser et aboutir à la réalisation effective de la liberté concrète au travers de l'État moderne. Napoléon, par exemple, en qui Hegel voyait « l'âme du monde », ne réalise pas uniquement son propre projet, il est le particulier réalisant l'Universel. L'homme n'est cependant pas qu'un simple pantin, puisque l'histoire est une marche vers la liberté.
Hegel réhabilite la **passion** : face à la tradition qui considère la passion comme maladie de l'âme, il affirme que la passion est positive, qu'elle produit l'énergie nécessaire à l'action.

La dialectique du maître et de l'esclave

Individuellement, la prise de conscience de soi s'opère également par un mouvement dialectique. La conscience de soi ne saurait être atteinte sans une **lutte** préalable **pour la reconnaissance**, tel est l'enseignement de la dialectique du maître et de l'esclave, fameux épisode de la *Phénoménologie de l'Esprit*.
La lutte à mort des consciences manifeste l'être pour soi de l'individu qui ne se réduit pas à sa simple existence biologique (en soi). Chaque conscience ne s'affirme qu'en s'opposant à d'autres consciences. Mais, paradoxalement, elle veut également être reconnue par l'autre. C'est ainsi, dans cette contradiction, qu'elle se constitue comme conscience.
L'esclave est celui qui préfère sa vie à la liberté, celui qui veut vivre et se soumet à la domination du maître pour sauvegarder son existence biologique. Le maître, en revanche, est celui qui prend le risque de la mort pour affirmer sa liberté.
Le maître soumet l'esclave : ce dernier travaille pour lui et lui assure une existence paisible, affranchie de tout besoin. L'esclave reconnaît le maître comme conscience. Mais l'esclave n'est que chose pour le maître.
Cependant, l'esclave, en servant le maître, se confronte à la résistance de la nature et éprouve ses forces, prend conscience de lui-même, au point de dominer finalement le maître amolli par sa situation oisive et devenu dépendant de l'esclave. La situation connaît un renversement propre au mouvement dialectique. L'esclave devient alors le maître du maître. Le **travail** est une transformation de la nature, mais il opère aussi une transformation de soi en ce qu'il permet à la conscience de se saisir elle-même. « C'est par la médiation du travail que la conscience vient à soi-même » (*Phénoménologie de l'Esprit*).
Cette dialectique inspirera notamment les travaux de Marx et son analyse de la lutte des classes (voir p. 185).

L'art, manifestation sensible de l'esprit

L'art est un « mode de manifestation particulier de l'Esprit », il a donc une histoire. Comme toute manifestation culturelle, l'art évolue de manière dialectique dans l'histoire.

Toute œuvre d'art est union du spirituel et du matériel, en ce qu'elle comporte une forme, élément sensible, matériel, et un fond, élément intelligible, spirituel. La domination de l'un des deux éléments permet de distinguer dans l'histoire de l'art trois grandes périodes caractéristiques du déploiement de l'Esprit.

La première période est celle de **l'art symbolique**, que caractérise l'architecture. Elle s'étend de la civilisation indienne ancienne à la haute Antiquité grecque. La matière, imposante, y domine le spirituel. Vient ensuite **l'art classique** (au Ve siècle av. J.-C. à Athènes) qui manifeste l'équilibre parfait du spirituel et du matériel au travers de la sculpture notamment. Enfin, **l'art romantique** voit advenir la supériorité du spirituel que manifestent par excellence la musique et la poésie à l'époque de la chrétienté.

De même qu'il y a une fin de l'histoire, il y a donc **une fin de l'art** : parvenu à sa pleine effectivité, l'Esprit ne se réalise plus aujourd'hui dans l'art. Celui-ci n'est alors plus nécessité, mais le produit de la liberté individuelle.

La beauté artistique, supérieure à la beauté naturelle

Il n'y a de beauté que pour un esprit qui la contemple. Ainsi, la beauté naturelle n'est saisie comme beauté que parce qu'elle est prise en charge par l'esprit, parce que l'esprit y entrevoit son propre reflet. Si le chant de l'oiseau nous ravit, si nous le jugeons beau, c'est parce qu'il ressemble à une douce mélodie, et non l'inverse.

Dès lors, la beauté artistique, loin d'être copie, imitation plus ou moins parfaite de la beauté naturelle, est la **manifestation sensible de la vérité**. Elle exprime l'incarnation sensible de l'Idée qui se déploie en elle.

Néanmoins, l'art est « quelque chose du passé ». Il est voué à être dépassé par des formes culturelles plus spirituelles évacuant le sensible : la religion puis, en dernier terme, la philosophie.

Une œuvre-clé : *Esthétique*

Contexte

Par cet ensemble de leçons qu'il a professées à Berlin, Hegel analyse la pensée de l'art, et plus particulièrement les conditions et la légitimité d'une réflexion sur l'art. L'art est la manifestation de la vie de l'Esprit, et c'est ainsi qu'il doit être pensé, dans son rapport avec la totalité de l'histoire.

Dans le texte qui suit, plus particulièrement, c'est l'activité pratique (dont l'art est l'une des expressions) et son rapport à la constitution de la conscience de soi qu'il envisage.

Extrait

Les choses de la nature n'existent qu'immédiatement et d'une seule façon, tandis que l'homme, parce qu'il est esprit, a une double existence ; il existe d'une part au même titre que les choses de la nature, mais, d'autre part, il existe aussi pour soi, il se contemple, se représente à lui-même, se pense et n'est esprit que par cette activité qui constitue un être pour soi.

Cette conscience de soi, l'homme l'acquiert de deux manières : primo, *théoriquement*, parce qu'il doit se pencher sur lui-même pour prendre conscience de tous les mouvements, replis et penchants du cœur humain et d'une façon générale se contempler, se représenter ce que la pensée peut lui assigner comme essence, enfin se reconnaître exclusivement, aussi bien dans ce qu'il tire de son propre fond que dans les données qu'il reçoit de l'extérieur.

Deuxièmement, l'homme se constitue pour soi par son activité *pratique*, parce qu'il est poussé à se trouver lui-même, à se reconnaître lui-même dans ce qui lui est donné immédiatement, dans ce qui s'offre à lui extérieurement. Il y parvient en changeant les choses extérieures, qu'il marque du sceau de son intériorité et dans lesquelles il ne retrouve que ses propres déterminations. L'homme agit ainsi, de par sa liberté de sujet, pour ôter au monde extérieur son caractère farouchement étranger et pour ne jouir des choses que parce qu'il y retrouve une forme extérieure de sa propre réalité. Ce besoin de modifier les choses extérieures est déjà inscrit dans les premiers penchants de l'enfant ; le petit garçon qui jette des pierres dans le torrent et admire les ronds qui se forment dans l'eau, admire en fait une œuvre où il bénéficie du spectacle de sa propre activité.

Esthétique, PUF, 1995.

Clés du texte

■ Ce qui distingue l'homme de la nature : la conscience

→ Mode d'existence des êtres de la nature (animaux, végétaux…) : existence en soi (en tant que corps), immédiate (absence de conscience).

→ Double existence de l'homme : en soi (en tant qu'animal, organisme biologique), mais aussi pour soi (être conscient, esprit qui peut se contempler : instauration d'une médiation entre soi et soi-même).

→ Un thème récurrent chez Hegel : l'homme se distingue de la nature en ce qu'il est esprit, conscience de soi.

■ Deux façons d'acquérir la conscience de soi

→ Théoriquement : l'introspection, la réflexion sur soi, le retour sur soi de la conscience réfléchie.

→ Pratiquement : par l'action et le travail, prise de conscience de soi et de sa capacité à transformer le monde à son gré (ici, opposition à Descartes pour qui la conscience de soi se découvre par simple introspection).

→ Humanisation de la nature, transformation du donné brut comme marque de la liberté humaine rendue possible par la conscience de soi de l'homme qu'elle exprime et développe.

Schopenhauer 1788 - 1860

« Le monde est ma représentation. » *Le Monde comme volonté et comme représentation*

Éléments de biographie

Une formation éclectique

Arthur Schopenhauer, issu d'une riche famille de banquiers, est destiné au commerce par son père qui le met en apprentissage et le fait voyager en Europe.
Mais le jeune homme reprend finalement le chemin de l'université et découvre les œuvres de Platon et de Kant. On l'initie aux religions orientales. Auditeur des cours de Fichte, il critique le « bavardage de dément » du philosophe.

La longue traversée du désert

Solitaire, Schopenhauer connaît nombre d'échecs qui semblent nourrir son pessimisme et son cynisme.
Très tôt, il élabore son œuvre majeure, *Le Monde comme volonté et représentation*, publiée en 1819. L'ouvrage n'aura aucun succès à cette époque.
Il donne des cours à Berlin en même temps que Hegel mais là encore, il est boudé et quitte rapidement l'enseignement, non sans mépris pour ce milieu. Il se retire alors à Francfort.

Enfin, la reconnaissance tant attendue

Les *Parerga et paralipomena* qu'il rédige pour le public le mèneront enfin à la célébrité. Ce n'est qu'à la fin de sa vie que *Le Monde comme volonté et représentation*, réédité en 1859, connaît le succès et que Schopenhauer sera enfin reconnu.

Thèses essentielles

Fondateur du pessimisme, Schopenhauer s'oppose aux grands systèmes rationalistes des philosophes allemands (Hegel, surtout) qu'il critique de manière acerbe. Il reconnaît néanmoins sa dette à l'égard de l'œuvre kantienne, la chose, selon ses propres termes, « la plus considérable qui se soit produite depuis vingt siècles en philosophie ». L'influence de Schopenhauer est perceptible chez Nietzsche, notamment, qui s'emploiera à combattre l'idéal ascétique prôné par Schopenhauer, y voyant le symptôme de la décadence de la volonté de puissance.

Le monde est ma représentation

Comme Kant, Schopenhauer distingue le monde (la chose en soi) et la représentation que nous en avons (le phénomène). Nous ne connaissons pas le monde en soi.
Le monde que notre esprit construit est fictif, illusoire. Il n'est que notre représentation, ce que nous percevons à travers un voile d'illusion, le **voile de Maya**, selon les termes de la pensée brahmanique. **Le monde comme représentation est un monde d'apparences.**

Le monde comme volonté

Mais la réflexion intérieure du sujet rend possible l'accès à la réalité. Schopenhauer s'écarte de la position kantienne : la chose en soi n'est pas inconnaissable, il est possible de déchirer le voile des apparences.
L'expérience intérieure, en effet, nous fait intuitivement découvrir l'essence de l'homme et, par extension, du monde dans son ensemble comme volonté, **vouloir-vivre**. Tout être, de l'inorganique à l'homme, est animé par cet effort, cette volonté d'affirmation de la vie sans origine ni fin. **Le monde comme volonté est la réalité**. Et c'est une réalité absurde : la volonté est sans raison, sans cause, aveugle.

Le bonheur est inaccessible

Parce que l'homme est essentiellement vouloir-vivre, il ne peut espérer atteindre le **bonheur** compris comme satisfaction totale. Soumis au **désir** sans cesse renaissant, il connaît d'abord la **souffrance** de la **privation**, du manque qu'exprime tout désir, la satisfaction n'étant que l'absence de souffrance qui bien vite mène à l'**ennui**. Elle n'est rien de positif, elle n'est qu'absence de souffrance qui ne peut durer, puisque le désir sans cesse renait.
L'homme ne peut alors espérer le repos que procurerait une satisfaction complète. Celle-ci n'est qu'illusion : « Toute notre vie oscille, comme un pendule, de droite à gauche, de la souffrance à l'ennui. » (*Le Monde comme volonté et comme représentation*).

La négation du vouloir-vivre

C'est à une **morale du renoncement** qu'appelle Schopenhauer : puisque le vouloir-vivre nous voue au malheur de la frustration et de l'ennui, il faut l'abolir, s'en détacher. C'est par la morale, axée sur la pitié, l'art et l'ascétisme que s'opère cette **négation du vouloir-vivre**.
Chaque homme, mû par le vouloir-vivre, veut réaliser ses désirs : comme Hobbes, Schopenhauer affirme l'égoïsme foncier des individus qui cependant expriment une même volonté universelle. Il faut lever le voile de Maya et saisir l'unité des êtres, comprendre que chaque individu n'est que l'expression d'une volonté universelle qui le dépasse et l'englobe, et qu'ainsi l'égoïsme de chacun le pousse à se retourner finalement contre lui-même en luttant contre autrui.
La **pitié**, compassion pour le malheur universel qui découle de la conscience du tragique de la condition humaine et de l'unité des êtres, peut développer l'altruisme et limiter les méfaits de l'égoïsme.
Mais la pitié ne supprime aucunement la souffrance. C'est alors dans le caractère désintéressé de la contemplation esthétique, mis en évidence par Kant, que Schopenhauer voit l'occasion de la négation du vouloir-vivre. L'**art** serait expression de l'être, et nous détournerait de toute préoccupation égocentrique, il délivre de la tyrannie des désirs.

L'ascétisme, véritable sagesse

Mais la contemplation esthétique ne dure qu'un temps, et il faut lui substituer un moyen plus durable et plus radical de nier le vouloir-vivre : l'**ascétisme**.
Cette attitude de renoncement, de résignation et d'indifférence consiste à nier en soi le vouloir-vivre. Schopenhauer s'inspire ici du non-attachement bouddhiste qui peut apporter la sérénité correspondant au nirvâna. Dans sa vraie sagesse, « l'homme arrive à l'état d'abnégation volontaire, de résignation, de calme véritable et d'arrêt absolu du vouloir ».

Une œuvre-clé : *Le monde comme volonté et comme représentation*

Contexte

Dans cette œuvre, Schopenhauer dévoile son intuition essentielle : le monde est fondamentalement vouloir-vivre, tout n'est que l'expression d'un effort universel absurde. Pessimisme et athéisme se côtoient pour prôner l'ascétisme, moyen de trouver la sérénité.

Extrait

La satisfaction, le bonheur, comme l'appellent les hommes, n'est au propre et dans son essence rien que de *négatif* ; en elle, rien de positif. Il n'y a pas de satisfaction qui, d'elle-même et comme de son propre mouvement, vienne à nous ; il faut qu'elle soit la satisfaction d'un désir. Le désir, en effet, la privation, est la condition préliminaire de toute jouissance. Or, avec la satisfaction cesse le désir, et par conséquent la jouissance aussi. Donc la satisfaction, le contentement, ne sauraient être qu'une délivrance à l'égard d'une douleur, d'un besoin ; sous ce nom, il ne faut pas entendre en effet seulement la souffrance effective, visible, mais toute espèce de désir qui, par son importunité, trouble notre repos, et même cet ennui qui tue, qui nous fait de l'existence un fardeau. – Or, c'est une entreprise difficile d'obtenir, de conquérir un bien quelconque ; pas d'objet qui ne soit séparé de nous par des difficultés, des travaux sans fin ; sur la route, à chaque pas, surgissent des obstacles. Et la conquête une fois faite, l'objet atteint, qu'a-t-on gagné ? Rien assurément, que de s'être délivré de quelque souffrance, de quelque désir, d'être revenu à l'état où l'on se trouvait avant l'apparition de ce désir. – Le fait immédiat pour nous, c'est le besoin tout seul c'est-à-dire la douleur. Pour la satisfaction et la jouissance, nous ne pouvons les connaître qu'indirectement ; il nous faut faire appel au souvenir de la souffrance, de la privation passée, qu'elles ont chassées tout d'abord.

Le Monde comme volonté et comme représentation, livre IV,
trad. A. Burdeau, PUF, 1966.

Clés du texte

Le bonheur est par essence négatif

→ Le bonheur, la satisfaction, renvoie toujours à une privation antérieure : on satisfait toujours un désir conçu comme manque. Il n'y a donc pas de satisfaction sans souffrance antérieure.

→ La satisfaction n'est que délivrance, pas jouissance positive, d'elle-même. Elle est absence de privation, pas positivité.

→ De plus, la satisfaction n'est elle-même pas une jouissance durable : l'ennui apparaît quand le manque est comblé.

La résurgence du vouloir-vivre

→ La satisfaction n'existe que corrélativement au souvenir de la douleur de la privation antérieure : c'est une existence précaire.

→ En effet, le monde est volonté. L'homme est condamné à désirer toujours, à ne jamais être satisfait.

Comte

1798 - 1857

« La formule sacrée des positivistes : l'amour pour principe, l'ordre pour base, et le progrès pour but. » *Système de politique positive*

Éléments de biographie

Les prémices du système

Auguste Comte intègre dès seize ans l'École polytechnique dont il est exclu pour indiscipline. Dépourvu de situation stable, il vit principalement de cours particuliers de mathématiques.
Auprès de Saint-Simon, le « prophète de l'industrialisme » dont il fut le secrétaire, Comte construit la première esquisse de son système.

Des cours de philosophie positive à la religion de l'humanité

Comte publie, de 1830 à 1842, les six volumes des *Cours de philosophie positive*, exposé de son système. Il n'obtiendra jamais le poste de professeur à l'École polytechnique qu'il convoitait, mais il y sera répétiteur, suppléant puis examinateur.
En 1844, alors que paraît le *Discours sur l'esprit positif*, préambule d'un cours d'astronomie donné gratuitement aux ouvriers, il tombe éperdument amoureux de Clotilde de Vaux. Mais l'idylle platonique est de courte durée : Clotilde décède deux ans plus tard. Bouleversé, Comte lui voue un véritable culte, et fait évoluer sa philosophie vers une « religion de l'Humanité » à laquelle il se consacre jusqu'à sa mort.
Il se proclame grand-prêtre de la religion de l'Humanité, institue le « calendrier positiviste » (dont les Saints sont les grands penseurs de l'histoire), et fonde des églises positivistes. Le *Système de politique positive* (1851 – 1854) fut sa dernière grande œuvre.

Thèses essentielles

Le double projet de Comte était d'édifier une philosophie des sciences et d'élaborer une politique rationnelle. Fondateur du positivisme, père de la sociologie, Auguste Comte fait figure de critique de la théologie dont la théorie s'achèvera en une religion que certains positivistes récusent et accusent de délire politico-religieux.

La loi des trois états

Douée de sens, l'Histoire est le lieu de l'évolution nécessaire de l'esprit de l'humanité. L'humanité progresse selon **la loi des trois états**. Cette loi établit que les grands moments du développement historique correspondent à trois états de l'humanité, trois stades de l'intelligence : « L'esprit humain, par sa nature, emploie successivement dans chacune de ses recherches trois méthodes de philosopher, dont le caractère est essentiellement différent et même radicalement opposé : d'abord la méthode théologique, ensuite la méthode métaphysique et enfin la méthode positive. » (*Cours de philosophie positive*).

L'état théologique ou « fictif » constitue le stade le plus primitif de l'intelligence. Tel l'enfant qui a recours à des explications irrationnelles faisant appel au surnaturel, l'humanité a d'abord cru à l'existence d'agents doués de volonté qui expliqueraient les phénomènes naturels. L'esprit humain a en effet spontanément tendance à chercher les causes absolues des phénomènes, c'est-à-dire soit les causes premières, celles qui n'ont elles-mêmes pas de cause, soit les causes finales, les buts ultimes de l'acte. L'état théologique comprend trois moments : **le fétichisme** (les objets, incarnations d'esprits, seraient doués de pouvoirs et d'intentions) ; **le polythéisme** (croyance en l'existence d'êtres divins, causes des phénomènes naturels et humains) ; et enfin **le monothéisme** (Dieu est l'origine unique de tout phénomène).

Dans **l'état métaphysique ou « abstrait »**, l'esprit poursuit cette recherche des causes absolues, mais il argumente au lieu d'imaginer. Des entités abstraites, des essences, des concepts arbitraires détruisent les mythes et remplacent les dieux. Cet état correspond, chez l'individu, à l'adolescence.

L'esprit positif, ou encore **scientifique,** est le stade de la maturité de l'adulte vers lequel tout individu et tout peuple tend nécessairement.

L'esprit positif

L'esprit positif renonce à la recherche des causes absolues (le pourquoi) pour s'attacher à celle des **lois** (le comment). Il doit décrire comment les phénomènes s'enchaînent les uns aux autres. Le véritable objet de la science, ce sont les faits et leurs relations, non leurs causes ultimes. Dans le *Discours sur l'esprit positif*, Comte développe les divers sens du terme « positif ». Ce mot « désigne le réel par opposition au chimérique » : l'esprit positif s'attache au réel. Utile, il permet de prévoir et donc d'agir par la technique : « Science, d'où prévoyance ; prévoyance, d'où action. » L'esprit positif est également certain, précis, constructif (il instaure ordre, cohésion sociale et progrès). Enfin, il substitue le relatif à l'absolu en établissant des lois et en renonçant à la recherche des causes.

La sociologie, reine des sciences

Les sciences deviennent positives au cours de l'Histoire. Comte les hiérarchise : ce sont d'abord les mathématiques qui accèdent au rang de sciences positives, puis l'astronomie, la physique, la chimie, la biologie, et enfin la sociologie qui couronne cet édifice. D'abord nommée « physique sociale » puis **sociologie** par Comte, la science de l'Humanité est la plus digne de toutes. Chaque science dépend des sciences antérieures : par exemple, il faut être mathématicien pour être physicien. Le sociologue doit donc connaître l'essentiel de toutes les sciences antérieures.
La sociologie poursuit un but pratique : instaurer une cohésion sociale durable, instituer un altruisme généralisé.

La religion de l'Humanité

Pour établir l'ordre social, il faut un pouvoir temporel (la puissance politique et économique des industriels), mais surtout un pouvoir spirituel qui le conseille. Ce dernier ne peut s'imposer qu'au travers d'une véritable religion, dont Comte se veut le fondateur et le grand-prêtre : la religion de l'Humanité. L'Humanité, ce **Grand Être** dont nous faisons partie mais qui nous dépasse (il est constitué de l'ensemble des générations passées et à venir) doit être vénérée.
Ce sont les serviteurs les plus prestigieux de l'Humanité qui la représentent le mieux : le culte commun sera celui des grands hommes. Mais puisque chacun fait partie de l'humanité, la vénération privée des êtres aimés (de Clotilde, pour Comte) est tout aussi légitime.

Une œuvre-clé : *Cours de philosophie positive*

Contexte

Les *Cours de philosophie positive* réalisent le premier projet d'Auguste Comte, celui d'ériger une philosophie des sciences. Comte fonde ainsi le positivisme, philosophie qui affirme la supériorité de la connaissance scientifique et rejette la métaphysique.

Extrait

> Dans l'état théologique, l'esprit humain, dirigeant essentiellement ses recherches vers la nature intime des êtres, les causes premières et finales de tous les effets qui le frappent, en un mot, vers les connaissances absolues, se représente les phénomènes comme produits par l'action directe et continue d'agents surnaturels plus ou moins nombreux, dont l'intervention arbitraire explique toutes les anomalies apparentes de l'univers.

Dans l'état métaphysique, qui n'est au fond qu'une simple modification générale du premier, les agents surnaturels sont remplacés par des forces abstraites, véritables entités (abstractions personnifiées) inhérentes aux divers êtres du monde, et conçues comme capables d'engendrer par elles-mêmes tous les phénomènes observés, dont l'explication consiste alors à assigner pour chacun l'entité correspondante.

Enfin, dans l'état positif, l'esprit humain, reconnaissant l'impossibilité d'obtenir des notions absolues, renonce à chercher l'origine et la destination de l'univers, et à connaître les causes intimes des phénomènes, pour s'attacher uniquement à découvrir, par l'usage bien combiné du raisonnement et de l'observation, leurs lois effectives, c'est-à-dire leurs relations invariables de succession et de similitude. L'explication des faits, réduite alors à ses termes réels, n'est plus désormais que la liaison établie entre les divers phénomènes particuliers et quelques faits généraux dont les progrès de la science tendent de plus en plus à diminuer le nombre.

Cours de philosophie positive, Première leçon, Hermann, 1975.

Clés du texte

■ Les trois états

- Progrès de l'esprit de l'humanité qui passe de l'enfance (état théologique) à l'âge adulte (état positif).
- L'état métaphysique : un état transitoire qui dépasse l'état théologique.
- L'état positif, état définitif et normal de l'intelligence, rend possible le progrès des sciences.

■ La loi substituée à la cause

- État théologique et état métaphysique recherchent les causes premières ou finales des phénomènes. Au contraire, l'état positif ne cherche plus les causes, mais les liens entre les faits, les lois qui les régissent.

Cournot

1801 - 1877

« La philosophie sans la science [...] s'égare dans des espaces imaginaires. » *Essai*

Éléments de biographie

Universitaire et haut fonctionnaire

Antoine-Augustin Cournot, reçu à l'École normale Supérieure par la voie scientifique, fit des études supérieures de mathématiques. Il fut professeur d'analyse et de mécanique à l'université de Lyon puis recteur de l'Académie de Grenoble avant de devenir inspecteur général puis recteur de l'Académie de Dijon.

Mathématicien, économiste et philosophe

Pionnier de l'économie mathématique, il publie notamment les *Recherches sur les principes mathématiques de la théorie des richesses* en 1838.
Cet éminent penseur pourtant mal connu de ses contemporains fit aussi œuvre de philosophe dans son *Essai sur les fondements de nos connaissances et sur les caractères de la critique philosophique* (1851), et dans *Matérialisme, vitalisme, rationalisme* (1875), où il analyse l'emploi des données de la science en philosophie.

Thèses essentielles

*Penseur du rationalisme du XVIIe siècle, fin connaisseur des probabilités, Cournot renouvelle la réflexion sur le hasard et projette de « faire bien comprendre la valeur philosophique des idées de chance, de hasard, de probabilité. » (*Exposition de la théorie des chances et des probabilités*, 1843). Toute son œuvre exprime « l'union intime et pourtant la primitive indépendance de l'élément philosophique et de l'élément positif, ou proprement scientifique dans le système de la connaissance » (*Essai*, § 329).*

Le hasard, une réalité

Laplace, strictement déterministe, niait l'existence du hasard : une intelligence capable de voir le monde en son entier ainsi que les lois qui le régissent pourrait prévoir tous les événements à venir. Le hasard se réduit alors à une impression subjective causée par la faiblesse de l'esprit humain,

ignorant des causes d'un phénomène. Tel n'est pas l'avis de Cournot qui lui confère une existence véritable sans pour autant renoncer à l'idée d'un monde ordonné.
Déterministe, Cournot affirme que tout événement a des causes, mais il concilie l'ordre du monde avec l'existence objective du hasard.

L'événement aléatoire n'est pas sans cause

Le hasard ne se réduit pas à la contingence, il s'en distingue nettement. On qualifie ordinairement de contingent ce qui n'a pas de cause, ce qui est commencement absolu. Or, ce qui arrive par hasard, selon Cournot, n'est pas sans cause. Rien ne se produit sans cause. En effet, chaque événement a une cause qui elle-même est l'effet d'une cause antécédente. Tout événement est donc un maillon d'une série causale.
Mais les séries causales sont indépendantes les unes des autres, et l'événement fortuit, issu du hasard, résulte de la rencontre de deux séries causales indépendantes. « Les événements amenés par la combinaison ou la rencontre d'autres événements qui appartiennent à des séries indépendantes les unes des autres sont ce qu'on nomme des événements fortuits ou des résultats du hasard. » Si, par hasard, une tuile tombe d'un toit, assommant un passant, nous y voyons de la malchance. Mais ce n'est pas là un événement sans cause. La tuile tombe parce que le toit est vétuste, par exemple. Si le passant est présent à cet endroit à ce moment, c'est en vertu d'une autre série causale, totalement indépendante de celle qui préside à la chute de la tuile. L'événement fortuit (la tuile tombe sur la tête du passant) est donc le résultat de l'interférence de ces deux séries causales, mais n'est pas sans cause. Ainsi, il y a à la fois ordre et désordre dans le monde : déterminisme et hasard ne sont pas incompatibles.

La philosophie de l'Histoire

Il y a deux façons de penser l'Histoire, selon que l'on s'attache aux causes ou aux raisons des événements. La **cause** est ce qui produit l'effet, alors que la **raison** est ce qui en rend compte. **L'histoire anecdotique** se limite au dévoilement des causes, et s'attache à montrer la petitesse des causes et la grandeur des effets. Elle explique comment sont advenus les faits. **L'histoire philosophique**, plus éclairante, s'attache à chercher les raisons des événements, à déceler l'ordre auquel ils obéissent. Elle dévoile le pourquoi des événements.
Mais, puisqu'il y a à la fois ordre et désordre dans le monde, l'Histoire n'est à comprendre ni comme lieu d'une contingence pure, ni comme déploiement rationnel d'un principe unique. Elle est le règne du hasard et de la nécessité. « Il n'y a pas d'Histoire proprement dite, là où tous les événements dérivent nécessairement et régulièrement les uns des autres, en vertu des lois constantes par lesquelles le système est régi » (*Essai*).
Contre les philosophies totalisantes (celle de Hegel, par exemple) et contre une conception irrationnelle de l'Histoire, Cournot élabore une vision

originale de l'Histoire où coexistent l'ordre et le hasard. Il s'ensuit un **probabilisme** qui affirme la légitimité de la prise en compte du probable dans la connaissance en général.

Une œuvre-clé : *Essai*

Contexte

Cournot s'intéresse dans l'*Essai* au rôle de la raison dans l'élaboration de la connaissance humaine. Dans cet extrait, il analyse plus particulièrement l'objet du savoir de l'historien.

Extrait

S'il n'y a pas d'histoire proprement dite là où tous les événements dérivent nécessairement et régulièrement les uns des autres, en vertu de lois constantes par lesquelles le système est régi, et sans concours accidentel d'influences étrangères au système que la théorie embrasse, il n'y a pas non plus d'histoire, dans le vrai sens du mot, pour une suite d'événements qui seraient sans aucune liaison entre eux. Ainsi les registres d'une loterie publique pourraient offrir une succession de coups singuliers, quelquefois piquants pour la curiosité, mais ne constitueraient pas une histoire : car les coups se succèdent sans s'enchaîner, sans que les premiers exercent aucune influence sur ceux qui les suivent, à peu près comme dans ces annales où les prêtres de l'Antiquité avaient soin de consigner les monstruosités et les prodiges à mesure qu'ils venaient à leur connaissance. Tous ces événements merveilleux, sans liaison les uns avec les autres, ne peuvent former une histoire, dans le vrai sens du mot, quoiqu'ils se succèdent suivant un certain ordre chronologique.

Essai sur les fondements de la connaissance et sur les caractères de la critique philosophique, Vrin, 1975.

Clés du texte

■ Le hasard ne constitue pas l'Histoire

→ L'Histoire n'est pas la connaissance des faits passés dans leur singularité et leur contingence.

→ Une telle connaissance n'est qu'une accumulation d'anecdotes sans intérêt : elle livre les causes sans les raisons, sans intelligibilité, sans montrer le lien qu'entretiennent les événements entre eux.

→ Un exemple : les registres d'une loterie recensent des faits indépendants les uns des autres, mais cela ne constitue pas une histoire, un ensemble compréhensible et ayant un sens.

■ L'Histoire n'est pas non plus le lieu d'une nécessité absolue

→ L'historien doit rendre raison des événements et dévoiler l'ordre qui leur préside, mais il ne doit pas oublier l'existence de faits aléatoires dans l'histoire.

→ Là où les événements s'enchaînent en toute rigueur et régulièrement, on parle de science, non d'histoire.

→ L'histoire véritable s'attache à la connaissance des raisons et prend en compte l'existence du hasard.

Tocqueville 1805 - 1859

« Qui cherche dans la liberté autre chose qu'elle-même est fait pour servir. »
L'Ancien Régime et la Révolution

Éléments de biographie

Un voyage décisif

Issu d'une famille aristocrate, Alexis de Tocqueville est l'un des principaux penseurs de la Révolution et de la démocratie.
Sa fonction de magistrat l'amène à séjourner aux États-Unis pour analyser le système pénitentiaire américain. Cette mission n'est qu'un prétexte pour Tocqueville qui veut assouvir sa curiosité face au système démocratique qui se développe en Amérique. De ce voyage naît un rapport remis au ministre de l'Intérieur, *Du système pénitentiaire aux États-Unis et de son application en France.* Mais, surtout, Tocqueville rédige l'ouvrage qui le rend célèbre, *De la démocratie en Amérique* (1835 – 1840).
Le succès, immédiat, fait de Tocqueville un personnage reconnu : il est nommé chevalier de la légion d'honneur, élu à l'Académie des sciences morales et politiques, puis à l'Académie française.

Un politicien passionné

Tocqueville commence alors une intense carrière politique. Il sera notamment député, membre de la commission chargée d'élaborer la Constitution de 1848, et ministre des Affaires étrangères.
Opposé au coup d'État de Louis-Napoléon Bonaparte, il est emprisonné à Vincennes puis relâché. C'est la fin de sa carrière politique. Il se consacre à la rédaction de *L'Ancien Régime et la Révolution* (1856).

Thèses essentielles

« Aristocrate de cœur mais démocrate de tête », Tocqueville est avant tout un défenseur de la liberté. Conscient de la progression inévitable de la démocratie, il en analyse les bienfaits et les dangers, et pose un regard neuf et éclairant sur le système démocratique et son évolution.

L'égalité, valeur essentielle de la démocratie

Tocqueville nomme **démocratique** toute société qui valorise l'égalité et qui permet à tous de prendre part aux affaires publiques. La démocratie progresse dans le monde de manière inéluctable. La société change, et le peuple exige **l'égalisation des conditions**. Il n'y a plus de supériorité héréditaire légitime, et les différences liées à la naissance, les privilèges et les rangs disparaissent progressivement.

Mais avec l'égalité, c'est **l'individualisme** qui se développe : chacun jouissant de plus en plus de confort, ou pouvant du moins espérer améliorer sa condition, s'éloigne des préoccupations politiques au profit de ses propres ambitions et se replie sur soi. L'individualisme, ce « sentiment réfléchi et paisible qui dispose chaque citoyen à s'isoler de la masse de ses semblables et à se retirer à l'écart avec sa famille et ses amis », se distingue cependant de l'égoïsme, « amour passionné et exagéré de soi-même ». La passion du bien-être matériel, voilà ce qui caractérise les membres d'une société dans laquelle chacun peut espérer une vie meilleure. Ainsi, chaque individu est amené à se préoccuper davantage de ses propres affaires et de celles de ses proches que de politique.

Les dangers de la démocratie

Amoureux de l'égalité, les peuples des sociétés démocratiques ne voient cependant pas que leur **liberté** est en péril. En préférant l'égalité à la liberté, ils risquent de laisser s'installer un despotisme insidieux.

Dans une société égalitaire, les opinions se valent : la **tyrannie de la majorité** risque de s'installer, contribuant à la dangereuse uniformisation de la pensée et à l'oppression de la minorité. La majorité passe pour avoir raison et constitue la norme à l'aune de laquelle toute pensée est évaluée. Intériorisée, elle engendre un **conformisme** mou et passif propice au développement de la soumission à une pensée unique et au désintérêt pour la politique.

L'atomisation du corps social et l'individualisme grandissant des citoyens en font des êtres passifs et dépolitisés, ne se souciant que de leur tranquillité et de leur confort au détriment de la liberté politique qui suppose engagement et risques. Ils laissent au pouvoir politique le soin de veiller à leur bien-être et à leur sécurité. Le pouvoir, centralisé, renforcé, risque de devenir un tuteur paternaliste, dictant opinion et volonté, **un despote doux et régulier** bienveillant mais infantilisant.

La liberté politique

La **liberté** de l'homme réside dans sa capacité à s'autodéterminer. Mais ce « droit égal et imprescriptible, pour chaque individu, à vivre indépendant de ses semblables en tout ce qui n'a rapport qu'à lui-même et à régler comme il l'entend sa propre destinée » souffre d'une égalisation des conditions qui engendre la **centralisation du pouvoir**. Seul un pouvoir fort et tutélaire semble pouvoir réaliser une société sans privilège. Mais

alors, on met en danger la possibilité pour chacun de s'autodéterminer et d'affirmer sa différence.
Tocqueville ne prône pas un retour au régime aristocratique, mais un droit à la différence et une véritable liberté politique. Pour que la démocratie soit favorable à la liberté, le pouvoir social doit être décentralisé, limité par des **contre-pouvoirs**, des **pouvoirs intermédiaires** que réalisent les **associations** (partis politiques, organisations coopératives). Le droit d'association, l'indépendance judiciaire et la liberté de la presse (qui ne peut alors plus être utilisée pour manipuler l'opinion) sont les garants de la liberté. Pour assurer le règne de la liberté, il faut éduquer le citoyen, le responsabiliser, lui montrer la nécessité de sa participation aux affaires publiques.

Une œuvre-clé : *De la démocratie en Amérique*

Contexte

Tocqueville analyse la démocratie en Amérique et dévoile les caractéristiques essentielles de toute société démocratique et les dangers qui la guettent. L'égalité revendiquée par la société démocratique menace la liberté. Il faut donc s'interroger sur la possibilité d'une société démocratique qui réconcilie liberté et égalité.

Extrait

Je veux imaginer sous quels traits nouveaux le despotisme pourrait se produire dans le monde : je vois une foule innombrable d'hommes semblables et égaux qui tournent sans repos sur eux-mêmes pour se procurer de petits et vulgaires plaisirs dont ils emplissent leur âme. Chacun d'eux, retiré à l'écart, est comme étranger à la destinée de tous les autres : ses enfants et ses amis particuliers forment pour lui toute l'espèce humaine ; quant au demeurant de ses concitoyens, il est à côté d'eux, mais il ne les voit pas ; il les touche et ne les sent point ; il n'existe qu'en lui-même et pour lui seul, et, s'il lui reste encore une famille, on peut dire du moins qu'il n'a plus de patrie.

Au-dessus de ceux-là s'élève un pouvoir immense et tutélaire, qui se charge seul d'assurer leur jouissance et de veiller sur leur sort. Il est absolu, détaillé, régulier, prévoyant et doux. Il ressemblerait à la puissance paternelle si, comme elle, il avait pour objet de préparer les hommes à l'âge viril ; mais il ne cherche, au contraire, qu'à les fixer irrévocablement dans l'enfance ; il aime que les citoyens se réjouissent, pourvu qu'ils ne songent qu'à se réjouir. Il travaille volontiers à leur bonheur ; mais il veut en être l'unique agent et le seul arbitre ; il pourvoit à leur sécurité, prévoit et assure leurs besoins, facilite leurs plaisirs, conduit leurs principales affaires, dirige leur industrie, règle leurs successions, divise leurs héritages ; que ne peut-il leur ôter entièrement le trouble de penser et la peine de vivre?

C'est ainsi que tous les jours il rend moins utile et plus rare l'emploi du libre arbitre ; qu'il renferme l'action de la volonté dans un plus petit espace, et dérobe peu à peu à chaque citoyen jusqu'à l'usage de lui-même. L'égalité a préparé les hommes à toutes ces choses ; elle les a disposés à les souffrir et souvent même à les regarder comme un bienfait.

De la démocratie en Amérique, Gallimard, 1968.

Clés du texte

■ L'atomisation de la société

→ Individualisme généralisé qui pousse chacun à ne se soucier que de son propre bien-être.

→ Repli dans la sphère privée : l'humanité se réduit aux proches, amis et famille.

→ Conséquence : un désintérêt croissant pour les affaires publiques, liées davantage au bien commun (qui, pense-t-on, ne nous touche pas directement, est éloigné des préoccupations quotidiennes) qu'au bien privé.

■ Une nouvelle forme de despotisme

→ Un pouvoir politique paternaliste sécurisant qui veille au sort de chacun des citoyens.

→ Mais un pouvoir dangereux en ce qu'il infantilise : il nie l'autonomie de chacun, exclut l'affirmation de soi et la liberté. Un État tutélaire qui déresponsabilise et transforme le citoyen en sujet.

→ Le nouveau despotisme : non pas une tyrannie, mais un asservissement avilissant qui démunit l'homme de son humanité en pensant et en agissant à sa place.

Mill

1806 - 1873

« Les actions sont bonnes ou mauvaises dans la mesure où elles tendent à accroître le bonheur ou le malheur. » *L'Utilitarisme*

Éléments de biographie

Un entourage influent

Fils de James Mill, philosophe anglais qui était ami avec Jeremy Bentham, le fondateur de l'utilitarisme, John Stuart Mill fut initié très tôt à cette philosophie qui fonde la morale sur le bonheur.
Soumis à un père autoritaire, privé des joies de l'enfance au profit de l'étude, John Stuart Mill fit une dépression lorsqu'il osa se dégager de son emprise.

La découverte des sentiments

Au terme de cette crise, il se lie avec Auguste Comte, puis avec Alexis de Tocqueville. Il découvre l'amour et décide de développer un utilitarisme plus humain que celui de Bentham. Il rédige de nombreuses œuvres, dont les *Principes d'économie politique* (1848), l'essai *De la liberté* (1859), et *L'Utilitarisme* (1861).
Militant, élu au parlement de Westminster, il défend les droits des femmes et des minorités.

Thèses essentielles

John Stuart Mill est l'un des plus illustres représentants de l'utilitarisme. Héritier des thèses de Jeremy Bentham, il s'écarte néanmoins de son maître en ce qu'il conçoit un utilitarisme altruiste, non fondé sur l'intérêt particulier de l'individu, mais sur le bien commun.

La démarche inductive

Dans le *Système de la logique déductive et inductive* (1843), Mill s'interroge sur les sciences. Il cherche à fonder une méthodologie valable pour toutes les sciences. Inspiré par l'associationnisme de Hume, il développe une théorie empiriste de la connaissance.
C'est par **induction** que nous connaissons la nature. À partir d'une série d'observations particulières concordantes, nous inférons des lois

générales. « L'induction est le procédé par lequel nous concluons que ce qui est vrai de certains individus d'une classe est vrai de la classe entière, ou que ce qui est vrai certaines fois le sera toujours dans des circonstances semblables. » (*Système de logique*).
La démarche inductive repose sur la conviction que l'univers est gouverné par des lois stables et générales, que la nature est uniforme et homogène. Puisque les phénomènes sociaux sont des phénomènes de la nature humaine, ils doivent également obéir à des lois fixes : la démarche inductive autorise le projet de fondation des sciences morales et politiques.

La morale utilitariste

Stuart Mill, fidèle au principe utilitariste, considère **l'utilité** comme le critère des valeurs morales : est bonne l'action qui contribue au bonheur du plus grand nombre, le bonheur désignant le plaisir et l'absence de douleur.
Mais, contrairement à Bentham, Stuart Mill entend évaluer le plaisir non seulement par sa quantité, mais surtout par sa **qualité**. Il y a deux types de plaisirs : supérieurs et inférieurs. Sont de qualité supérieure les plaisirs qui relèvent des facultés supérieures de l'individu, des facultés de l'esprit. Sont inférieurs les plaisirs simplement charnels, liés au corps. Ces derniers ne procurent qu'une basse **satisfaction**, alors que les plaisirs de qualité supérieure sont sources de bonheur et d'une vie digne.
Par ailleurs, ce n'est pas l'intérêt personnel de chaque individu qui doit être recherché en premier lieu, mais **l'intérêt général** : Mill développe un utilitarisme altruiste qui considère le dévouement de l'individu au bonheur d'autrui comme la plus haute vertu. Proche de Tocqueville, John Stuart Mill voit dans l'éducation et l'association les moyens de développer en tout homme le souci de justice.

Une œuvre-clé : *L'Utilitarisme*

Contexte

Mill présente dans cet ouvrage sa conception utilitariste de la morale, et montre que l'utilitarisme ne se réduit pas à un calcul froid, égoïste et inhumain, mais peut être conçu comme fondateur d'une morale altruiste.

Extrait

> On pourrait me demander : « Qu'entendez-vous par une différence de qualité entre les plaisirs ? Qu'est-ce qui peut rendre un plaisir plus précieux qu'un autre – en tant que plaisir pur et simple – si ce n'est qu'il est plus grand quantitativement ? » Il n'y a qu'une réponse possible. De deux plaisirs, s'il en est un auquel tous ceux ou presque tous ceux qui ont l'expérience de l'un et de l'autre accordent une préférence bien arrêtée, sans y être poussés par un sentiment d'obligation morale, c'est ce plaisir-là qui est le plus désirable. [...]

Peu de créatures humaines accepteraient d'être changées en animaux inférieurs sur la promesse de la plus large ration de plaisirs de bêtes ; aucun être humain intelligent ne consentirait à être un imbécile, aucun homme instruit à être un ignorant, aucun homme ayant du cœur et une conscience à être égoïste et vil, même s'ils avaient la conviction que l'imbécile, l'ignorant ou le gredin sont, avec leurs lots respectifs, plus complètement satisfaits qu'eux-mêmes avec le leur. [...]

Croire qu'en manifestant une telle préférence on sacrifie quelque chose de son bonheur, croire que l'être supérieur – dans des circonstances qui seraient équivalentes à tous égards pour l'un et l'autre – n'est pas plus heureux que l'être inférieur, c'est confondre les deux idées très différentes de bonheur et de satisfaction. [...] Il vaut mieux être un homme insatisfait qu'un porc satisfait ; il vaut mieux être Socrate insatisfait qu'un imbécile satisfait. Et si l'imbécile ou le porc sont d'un avis différent, c'est qu'ils ne connaissent qu'un côté de la question : le leur. L'autre partie, pour faire la comparaison, connaît les deux côtés.

L'Utilitarisme, trad. G. Tanesse, Flammarion, coll. « Champs », 1988.

Clés du texte

Des qualités différentes de plaisir

→ Est morale l'action qui engendre le plaisir. Les plaisirs sont certes différents les uns des autres quantitativement, mais ils le sont surtout qualitativement. La qualité du plaisir détermine la moralité de l'action qui l'engendre.

→ Plaisirs inférieurs : relatifs à l'animalité, au corps, « plaisirs de bêtes ».

→ Plaisirs supérieurs : relatifs à l'humanité, à l'esprit.

→ Ceux qui connaissent les deux genres de plaisir, qui en ont fait l'expérience, sont les plus à même de juger de la qualité des plaisirs. L'intelligent ne veut pas redevenir ignorant, même si on lui promet en échange de multiples satisfactions corporelles.

Satisfaction et bonheur

→ Distinguer la satisfaction (absence de manque d'un point de vue corporel) et le bonheur (jouissance de plaisirs supérieurs).

→ Imperfection du bonheur : l'être intelligent sait ce qui lui manque, mais il préfère le savoir plutôt que d'être ignorant et de se contenter de plaisirs de bêtes.

35

Kierkegaard 1813 - 1855

« Il s'agit de trouver une vérité qui soit une vérité pour moi, de trouver l'idée pour laquelle je veux vivre et mourir. »
Journal

Éléments de biographie

Une « étrange éducation »

Søren Aabye Kierkegaard est né à Copenhague. Son père, profondément protestant, est certain de devoir être puni de ses péchés par le malheur de ses enfants.
Kierkegaard a le sentiment d'être né sous le signe de la faute et d'être promis à un sombre avenir. Son enfance joue un rôle essentiel dans la constitution de sa philosophie existentielle.

De la débauche à l'angoisse

La vie de Kierkegaard, tragique, est parsemée d'échecs : après une période de débauche excessive, il quitte ce « chemin de la perdition » pour une vie plus réglée mais tourmentée par l'angoisse ; fiancé, il renonce à épouser sa promise ; après des études de théologie, il abandonne son premier projet, devenir pasteur.
Il publie de nombreux ouvrages, souvent sous couvert de pseudonymes, chacun révélant une facette différente de la vérité et de la subjectivité : *Ou bien… ou bien* (1843), *Crainte et tremblement* (1843), *Le Concept d'angoisse* (1844), *Miettes philosophiques* (1844), *Traité du désespoir* (1849).
Il connaît la célébrité, mais est aussi pris au cœur de virulentes polémiques. Adversaire du christianisme des « prêtres fonctionnaires », il critique avec véhémence l'Église officielle dans son dernier ouvrage, *L'École du christianisme* (1850).

Thèses essentielles

Opposé à l'hégélianisme dominant à son époque et à l'esprit de système, Kierkegaard est le penseur de l'existence et de la subjectivité. Précurseur de l'existentialisme du XXe siècle, il exerce une influence décisive sur des penseurs tels que Gabriel Marcel, Karl Jaspers, Heidegger, ou encore Sartre.

La subjectivité est la vérité

Contre l'idéal hégélien d'un savoir objectif et abstrait systématisé, Kierkegaard affirme la primauté de l'existence individuelle. « La subjectivité est la vérité » : il ne peut y avoir de système de l'existence, car **l'existence** est le vécu humain concret et subjectif, véritable jaillissement du sujet qui ne peut se laisser enfermer dans un système clos. « Exister signifie avant tout être un Individu » (*Post-scriptum aux Miettes philosophiques*), c'est-à-dire un être unique, singulier, libre, qui ne peut se laisser penser, puisque toute pensée ne saisit que le général. Contradictoire et ambiguë, la vie ne peut être réduite au concept qui prétend en rendre raison.

Contrairement à ce qu'affirme Hegel, l'individu ne reçoit pas sa signification de l'Histoire universelle. On ne peut parler de la vie en général, puisque ce qui est donné, ce qui est là, c'est toujours une existence particulière : *mon* existence, que je suis en charge de comprendre et à laquelle je dois moi-même donner sens. L'individu subjectif est source de sa propre vérité, vérité qu'il produit par son action. Aucune essence n'est d'avance assignée à l'individu. Il a à se faire lui-même. En tant qu'**existant** qui se déploie librement dans le monde, il se trouve face à une infinité de choix, face à la contingence qu'il doit assumer dans **l'angoisse**.

La vérité, multiple et changeante, est relative au lien qui unit l'individu à son Créateur, lui-même étant envisagé dans son individualité. Subjective, la vérité est également relative : « la conscience crée à partir de soi ce qui est le vrai ». L'existence peut être vécue de diverses manières. L'individu doit s'y engager personnellement, il doit choisir sa manière de vivre pour découvrir *sa* vérité.

Les trois stades de la vie

Trois stades jalonnent les étapes de l'existence.

Le stade esthétique désigne la vie dans l'instant, la recherche de la jouissance dans l'immédiateté des sensations en dehors de toute préoccupation morale. Ce stade est notamment incarné par le personnage de Don Juan. Kierkegaard dénonce la vanité d'une telle vie qui se réduit au plaisir immédiat.

Le stade éthique est celui de la vie rangée et sérieuse du citoyen responsable, respectueux de la société et de ses lois, soucieux de l'exigence morale. La figure de Socrate exprime la plus haute réalisation de ce stade. L'éthicien, penseur du général, est néanmoins enfermé dans des idées toutes faites qui lui barrent le chemin vers la vérité subjective et authentique. Il oublie son individualité.

Enfin, **le stade religieux** est le stade suprême de l'existence authentique au cours de laquelle le sujet est appelé à découvrir sa vérité au sein de la vraie religiosité. Celle-ci ne désigne pas la conformité à la religion socialement établie, que Kierkegaard fustige comme hypocrisie, source d'un optimisme vulgaire et d'une existence inauthentique qui soumet la foi à la raison. Elle réside plutôt dans le lien unique et individuel,

incompréhensible et incommunicable, qui unit l'individu à son Créateur, foi irrationnelle en un Dieu qui s'est fait homme. Abraham exprime cette existence religieuse lorsqu'il accepte, contre toute raison et au-delà de toute morale établie, de sacrifier son fils Isaac.
La subjectivité religieuse est faite d'**angoisse** déchirante, mais formatrice, parce qu'elle dévoile la valeur de l'unicité. L'individu s'y découvre avant tout comme pécheur, subjectivité libre et pourtant ne pouvant l'être qu'en niant Dieu, puisque s'affirmer soi-même en tant qu'être fini revient en quelque sorte à nier l'Infinité divine.

La foi irréductible à la raison

Le religieux est avant tout un être **passionné**, car c'est dans la passion que s'affirme l'individualité. Le réel n'est pas rationnel, contrairement à ce qu'affirme Hegel, la foi ne peut être conceptualisée, puisqu'elle est passion individuelle et singulière. Ainsi, tout échappe aux exigences de la raison. La **vérité** est l'acte de liberté lui-même, non pas l'acte qui résulterait d'un choix raisonné, mais l'acte de **conversion**, de saut aveugle dans l'inconnu : « la liberté consiste précisément dans ce coup d'audace qui choisit l'incertitude objective avec la passion de l'infini. » (*Post-scriptum*). On ne peut être objectivement certain de l'existence de Dieu, c'est pourquoi la foi, véritable choix, s'accompagne toujours du doute qu'instaure la raison. Elle en est d'autant plus passionnée.
Par conséquent, vouloir prouver l'existence de Dieu ou vouloir que la foi s'ancre dans le rationnel n'est que blasphème. Il faut croire contre ou malgré la raison : « rendre le christianisme vraisemblable… c'est là la destruction du christianisme ». Kierkegaard se veut avant tout antiphilosophe (c'est-à-dire anti hégélien), adversaire de toute réduction du vécu à la raison, et penseur religieux de l'existence contingente, subjective et passionnée.

Une œuvre-clé : *Post-scriptum aux Miettes philosophiques*

Contexte

Publié sous le pseudonyme de Johannes Climacus, le *Post-scriptum aux Miettes philosophiques* est un véritable manifeste anti hégélien qui affirme le primat de la subjectivité et son irréductibilité aux concepts de la raison.

Extrait

> Il ne peut y avoir un système de l'existence. Il n'y en a donc pas ? Nullement. La proposition ne le dit pas. La réalité, l'existence même est un système – pour Dieu, mais elle ne peut l'être pour un esprit

> existant. Qui dit système dit monde clos, mais l'existence est justement le contraire. Abstraitement, système et existence ne peuvent se penser ensemble parce que, pour penser l'existence, la pensée systématique doit la penser comme supprimée, c'est-à-dire autrement que comme donnée de fait. L'existence sépare les choses et les tient distinctes ; le système les coordonne en un tout fermé.
>
> *Post-scriptum définitif et non scientifiques aux Miettes philosophiques,* vol. I, trad. Tisseau, L'Orante, 1997.

Clés du texte

La critique de la réduction au système

- Un système : un tout clos dont les éléments sont en connexion nécessaire. Référence critique à la philosophie hégélienne, éminemment systématique, qui affirme que le réel est rationnel.
- En pensant toute chose comme élément d'un système, on en rend raison et on nie son individualité, son caractère d'être particulier pouvant devenir ceci ou cela par son propre choix. On supprime l'existence.

L'existence est l'essentiel

- L'existence : l'être en devenir de chaque individu particulier et subjectif. Exister, c'est évoluer, changer, expérimenter par soi-même.
- La liberté caractérise l'existence : elle ne peut être cernée par un système dans lequel tout est nécessairement lié.
- La séparation : exister, pour un sujet, c'est être, en tant qu'intériorité, distinct des autres et de Dieu. C'est être unique. Au contraire, dans le système, tous les éléments sont en interconnexion.
- Par conséquent, penser le monde comme système revient à nier la réalité de l'existence et à s'interdire l'accès à la réalité même de la vie qui est faite de contradictions et d'absurdités.

36

Marx 1818 - 1883

« Les philosophes n'ont fait qu'interpréter diversement le monde, il s'agit maintenant de le transformer. »
Thèses sur Feuerbach

Éléments de biographie

De l'hégélianisme au marxisme

Karl Marx, figure incontournable du XIXe siècle, incarne le militantisme politique et une pensée nouvelle, alternative à l'hégélianisme dominant son époque.

Opposé à la philosophie hégélienne, Marx se détourne de toute carrière universitaire et devient journaliste, puis rédacteur en chef de la *Gazette rhénane*. Ses prises de position dans les débats économiques et politiques déplaisent aux autorités berlinoises : la *Gazette* est interdite.

L'engagement communiste

Établi à Paris, il écrit les *Manuscrits de 1844*, *La Question juive* et la *Critique de la philosophie du droit de Hegel*.

Il découvre la pensée socialiste, s'engage politiquement et participe aux réunions de la Ligue des Justes, une société communiste. Il rencontre alors Friedrich Engels (1820 – 1895) qui sera son collaborateur et fidèle ami jusqu'à sa mort.

L'action politique révolutionnaire

Expulsé de France, Marx s'installe en Belgique et rédige *Misère de la philosophie* ainsi que *L'idéologie allemande* en collaboration avec Engels. Tous deux participent à la création de la Ligue des communistes, et élaborent le *Manifeste du Parti communiste* (1848).

Exilé à Londres, Marx vit dans la misère mais se consacre à son œuvre et au combat politique : il crée la Première Internationale et aide Engels à rédiger l'*Anti-Dühring*, ouvrage fondateur du marxisme. Parallèlement, il travaille à l'élaboration du *Capital* (1867 – 1894).

Thèses essentielles

Homme politique, économiste et philosophe allemand, Marx construit son système de pensée à partir d'une critique de l'idéalisme de Hegel – dans lequel il voit une inversion de la réalité – et du matérialisme mécaniste de Feuerbach. Le matérialisme dialectique qu'il élabore en réponse aura un fort impact sur la pensée économique et politique du XXe siècle.

Le matérialisme dialectique

Les philosophes n'ont fait qu'**interpréter** diversement le monde ; il s'agit maintenant de le **transformer**. L'homme est avant tout un être agissant. Il doit agir contre l'illusion issue de la philosophie idéaliste et de la religion : ce n'est pas l'Idée qui gouverne le monde, comme l'affirme Hegel, mais **la matière**. Ce n'est pas non plus Dieu qui décide du cours de l'Histoire : **la religion**, « opium du peuple », n'est que « la conscience de soi et le sentiment de soi qu'a l'homme qui ne s'est pas encore atteint lui-même. » Elle est **illusion** : « abolir la religion en tant que bonheur *illusoire* du peuple, c'est exiger son bonheur *réel*. » Car la religion ne fait qu'exprimer la condition humaine d'une époque.

« Ce n'est pas la conscience des hommes qui détermine leur existence ; c'est inversement leur existence sociale qui détermine leur conscience. » (*Contribution à la critique de l'économie politique*). En effet, c'est **l'organisation économique** d'une société qui détermine les rapports sociaux qui la structurent et, par suite, le développement de sa vie sociale, politique et intellectuelle.

Les forces productives (ensemble des moyens matériels, humains et techniques servant à produire des richesses) déterminent **les forces de production** (les différentes classes sociales, définies par leurs places respectives dans le procès de production), lesquelles déterminent à leur tour les rapports sociaux et **l'idéologie** d'une société. L'idéologie, ensemble des représentations collectives morales, philosophiques et religieuses d'une époque, exprime les intérêts, réels ou imaginaires, d'une classe ou d'un groupe social. Elle est donc universalisée de manière illégitime et productrice d'illusion, puisqu'elle est partiale. « Les idées dominantes d'une époque n'ont jamais été que les idées de la classe dominante » : ce sont bien les forces de production qui déterminent l'idéologie.

L'infrastructure (les forces productives et les rapports sociaux) détermine **la superstructure** (ce qui n'est pas d'ordre matériel, les manifestations de l'esprit humain : idées juridiques, philosophiques, religieuses, politiques, artistiques…).

Mais ce matérialisme est **dialectique** et non pas mécanique comme chez Feuerbach : si les forces matérielles influent sur les idées, l'inverse est également vrai. Le terme « dialectique » renvoie à la méthode d'analyse hégélienne du réel, qui comprend la réalité comme se construisant par un jeu de contradictions surmontées.

Le matérialisme historique et la lutte des classes

L'Histoire évolue de manière dialectique, comme l'avait bien vu Hegel, mais son moteur, loin d'être l'Idée, est l'organisation matérielle des sociétés, la façon dont elles produisent leurs richesses. Tel est le principe fondateur du matérialisme historique.
La lutte des classes, conflits entre oppresseurs et opprimés (entre l'esclave et le maître, entre le serf et le seigneur, entre le prolétaire et le bourgeois) fait évoluer la société de manière nécessaire. Passant d'un mode de production à un autre, la société évolue inéluctablement vers la révolution prolétarienne et l'établissement d'une société sans classe exprimant la victoire du prolétariat. Marx prédit ainsi la fin de la préhistoire de l'Humanité : le capitalisme se détruira lui-même au profit du communisme. Même **l'avènement d'un état ouvrier est inéluctable**, il faut agir. L'implication du prolétaire dans la revendication politique est essentielle : elle permet de précipiter l'avènement de la société sans classe et donc d'écourter les souffrances du prolétariat. Réconciliée avec elle-même, l'humanité s'affranchira de toute aliénation.

La critique de l'économie capitaliste

Pour rendre intelligible le devenir historique du capitalisme, il convient d'en dégager le mode de fonctionnement. Pour cela, il faut comprendre comment les échanges constitutifs du système capitaliste permettent l'accumulation des richesses. C'est donc la nature même des **échanges** que Marx analyse.
Plusieurs types d'échanges sont à distinguer : le **troc** désigne l'échange d'une marchandise contre une autre ; **l'échange économique** fait intervenir l'argent (une marchandise est échangée contre de l'argent, moyen terme permettant de se procurer ensuite une autre marchandise) ; la **chrématistique,** dernière forme d'échange, permet, à partir d'un capital (somme d'argent) de s'approprier une marchandise ensuite échangée contre plus d'argent. Ce type de transaction est propre au système capitaliste.
Au travers de l'analyse du travail salarié, Marx dévoile le moyen par lequel le capitaliste parvient à s'enrichir : en exploitant le travailleur.

La critique du mode de production capitaliste : le travail aliéné

Dans la société du XIXe siècle, le capitalisme croissant donne lieu à une perversion du travail et de la condition des ouvriers.
C'est par le travail que l'homme réalise son essence, qu'il s'affirme en tant qu'être conscient et capable de volonté et d'effort. Le travail est source de liberté, de création de soi (voir texte ci-dessous).
Mais dans un régime capitaliste, l'ouvrier n'est pas possesseur de l'objet qu'il produit. Exploité et déshumanisé, il vend sa **force de travail**. Celle-ci est une marchandise que le capitaliste s'approprie par le biais du salaire, au

même titre qu'il s'approprierait une machine. Le salaire permet à l'ouvrier de régénérer sa force de travail : il correspond à la quantité de marchandises nécessaires au travailleur pour vivre. Or, le travail de l'ouvrier produit plus que la valeur de son salaire, permettant au capitaliste de faire du profit. Ainsi, la **plus-value** provient de la différence entre **la valeur d'échange** de la force de travail (le salaire) et sa **valeur d'usage** (la valeur produite par l'emploi de la force de travail). La valeur d'usage étant supérieure à la valeur d'échange, le travailleur est **exploité**.
L'ouvrier vend sa vie, se vend lui-même, et ne conçoit son épanouissement que dans le loisir. Le travail permet d'autant moins au travailleur de s'affirmer qu'il est divisé, parcellisé, et que celui-ci ne se reconnaît plus dans l'objet qu'il concourt à fabriquer. **Aliéné**, l'ouvrier doit se révolter pour faire advenir une société sans classe qui mette fin à **l'exploitation de l'homme par l'homme**.

Une œuvre-clé : *Le Capital*

Contexte

Par une « critique de l'économie politique », Marx analyse la nature du système capitaliste et dévoile les contradictions qui le sous-tendent. Il appelle à l'action révolutionnaire visant l'établissement du communisme.

Extrait

Notre point de départ, c'est le travail sous une forme qui appartient exclusivement à l'homme. Une araignée fait des opérations qui ressemblent à celles du tisserand, et l'abeille confond par la structure de ses cellules de cire l'habileté de plus d'un architecte. Mais ce qui distingue dès l'abord le plus mauvais architecte de l'abeille la plus experte, c'est qu'il a construit la cellule dans sa tête avant de la construire dans la ruche. Le résultat auquel le travail aboutit préexiste idéalement dans l'imagination du travailleur. Ce n'est pas qu'il opère seulement un changement de forme dans les matières naturelles ; il y réalise du même coup son propre but dont il a conscience, qui détermine comme loi son mode d'action, et auquel il doit subordonner sa volonté. Et cette subordination n'est pas momentanée. L'œuvre exige pendant toute sa durée, outre l'effort des organes qui agissent, une attention soutenue, laquelle ne peut elle-même résulter que d'une tension constante de la volonté. Elle l'exige d'autant plus que, par son objet et son mode d'exécution, le travail enchaîne moins le travailleur, qu'il se fait moins sentir à lui comme le libre jeu de ses forces corporelles et intellectuelles ; en un mot, qu'il est moins *attrayant*.

Le Capital, livre I, Éditions Sociales, 1978.

Clés du texte

L'activité animale

→ En apparence, l'activité animale est comparable au travail humain par ses productions : la toile de l'araignée fait penser à l'objet produit par l'artisan, la ruche ressemble à un édifice.

→ Mais la production animale se fait instinctivement, sans réflexion ni conscience, ce qui la distingue du travail humain.

La spécificité du travail

→ Dans le travail, l'homme se représente l'objet à réaliser et a conscience du but à atteindre. Il peut ainsi organiser de diverses manières son travail. La **conscience** qu'exige le travail le distingue de l'activité animale.

→ Importance de la **volonté** et de la **temporalité** du travail : l'effort nécessaire à la production exige une conscience tendue vers le but à atteindre, une concentration constante qui suppose un effort sur soi inexistant dans une activité immédiate régie par l'instinct.

→ **Positivité du travail** : il développe la conscience de soi et du monde, ainsi que les facultés manuelles et intellectuelles nécessaires à sa réalisation.

Nietzsche 1844 - 1900

« Les vérités sont des illusions dont on a oublié qu'elles le sont. » *Le Livre du philosophe*

Éléments de biographie

Un admirateur de Schopenhauer et de Wagner

Friedrich Nietzsche étudie la philologie avant de l'enseigner à l'université de Bâle. La lecture du *Monde comme volonté et comme représentation* de Schopenhauer l'amène à la philosophie. D'abord fasciné, Nietzsche s'écartera néanmoins du pessimisme de Schopenhauer.
Passionné de musique, ami et admirateur de Richard Wagner, il lui dédie l'une de ses premières œuvres, *La naissance de la tragédie* (1871).

La rédaction de l'œuvre

Bien vite, l'admiration fait place à la critique, et la rupture avec Wagner est consommée en 1879, alors que viennent de paraître *Humain, trop humain* et *Le voyageur et son ombre.*
Malade, Nietzsche est contraint de quitter l'enseignement. L'université lui consent une pension qui lui permet de voyager à travers l'Europe.
Il se consacre à la rédaction de son œuvre et publie, entre autres, *Aurore, Le Gai Savoir, Ainsi parlait Zarathoustra, Par-delà le bien et le mal, La Généalogie de la morale, Le cas Wagner, Crépuscule des idoles,* et *L'Antéchrist.*

La déchéance

Ecce homo, publié en 1888, dont les chapitres sont intitulés « pourquoi je suis si sage », ou encore « pourquoi j'écris de si bons livres », porte les marques de la folie qui se développe en lui et de l'orgueil délirant qui l'accompagne.
Une crise de démence précipite sa déchéance : après un séjour en hôpital psychiatrique, il sera pris en charge par sa mère, puis sa sœur jusqu'à sa mort.
Cette dernière prend en main l'édition des œuvres de Nietzsche et oriente le choix des aphorismes qui constituent *La volonté de puissance*, contribuant à une lecture nationaliste des œuvres de son frère, qui avait pourtant clairement affirmé sa répulsion pour l'antisémitisme. C'est ainsi que Nietzsche a pu être mal compris et associé à tort à un mouvement qu'il exécrait.

Thèses essentielles

Critique de la métaphysique et de la religion, Nietzsche instaure une rupture décisive dans l'histoire de la pensée. Il s'agit de philosopher « à coup de marteau », de détruire les valeurs de la culture moderne en dévoilant leurs origines afin de devenir enfin ce que l'on est, de vivre. La pensée de Nietzsche inaugure une nouvelle ère, l'ère du soupçon à l'égard de la raison et des idéaux qu'elle a forgés.

La généalogie de la morale et la transvaluation des valeurs

Nietzsche critique la morale judéo-chrétienne. Il œuvre en **généalogiste** : il dévoile les origines des positions qu'il critique. La morale des esclaves est issue du **ressentiment** des faibles contre les forts, et trouve ainsi son origine dans un sentiment qu'elle juge elle-même immoral : la haine. La morale des faibles ne se crée que par inversions des valeurs aristocratiques, elle est profondément négative, incapable d'affirmer positivement de nouvelles valeurs : le faible, auparavant considéré négativement, est devenu bon, alors que le fort est toujours soupçonné d'être mauvais.

L'ascétisme ne vise qu'à abêtir le troupeau, à généraliser l'instinct grégaire qui permet la domination sans entrave du christianisme. Pour se consoler de leurs souffrances, les vaincus de la vie ont inventé un autre monde : un paradis laissant espérer à un bonheur possible au-delà de la vie et un enfer réfrénant les instincts qui expriment pourtant la vie même.

Contre cette morale castratrice et hostile à la vie, Nietzsche opère une **transvaluation** (inversion) des valeurs traditionnelles : le bien est ce qui élève le sentiment de puissance, non l'humilité et le mépris de soi que prône la morale ascétique. C'est la vie qui compte, et elle exige le dépassement de la philosophie traditionnelle et du christianisme.

La critique de la métaphysique

Nietzsche combat vigoureusement la philosophie issue de la tradition platonicienne et le christianisme, qui valorisent l'éternel intelligible et transcendant au détriment de la réalité sensible, contradictoire et changeante. Pour la métaphysique, la réalité véritable se trouve dans un au-delà immuable, notre monde phénoménal n'étant que le lieu d'apparences mensongères et variables. Le vrai, selon cette conception, c'est ce qui est un, éternel et identique.

Une telle métaphysique proclame la vérité comme valeur essentielle et dévalorise l'erreur. Face à un tel consensus, Nietzsche s'interroge : il s'agit de savoir **pourquoi nous voulons le vrai plutôt que le non-vrai**.

La généalogie du désir de vérité

Si l'homme invente un autre monde que celui dans lequel il vit, c'est par incapacité à assumer celui-ci. « L'homme cherche "la vérité" : un monde qui ne puisse ni se contredire, ni tromper, ni changer, un monde *vrai* – un monde où l'on ne souffre pas. » (*La volonté de puissance*). Les « hallucinés de l'arrière-monde », incapables de vivre pleinement leurs passions, d'assumer les contradictions inhérentes au monde, cherchent refuge et consolation dans un monde un et éternel.
Le **langage** conceptuel a fortement contribué à l'illusion métaphysique, en faisant croire en l'existence d'une essence transcendante aux choses. À force de parler de beauté, par exemple, nous avons tendance à croire en l'existence de la beauté en soi, alors qu'aux yeux de Nietzsche, il n'existe que des beautés particulières et toujours différentes. Loin de dire l'être, le langage, source d'illusion, ne rend pas compte de la singularité présente dans le réel.

La vie plutôt que la vérité

Rien ne justifie le désir de vérité et la valorisation du rationnel. Une telle attitude est même profondément réactive et dangereuse. « "Vouloir le vrai", ce pourrait être, secrètement, vouloir la mort. » (*Le Gai Savoir*).
En effet, une telle métaphysique dévalorise le sensible, le corps, le multiple, le changeant, bref, la vie même. Or, ce qui existe réellement et doit être valorisé, c'est *notre* monde, celui dans lequel nous vivons, multiple et irrationnel.
Le réel, chaotique, se prête à une infinité d'interprétations. Cette multiplicité est source de richesse. Ne chercher que l'unité et l'identité, vouloir tout rationaliser, c'est nier la vie. Le **perspectivisme** de Nietzsche est un effort pour penser la réalité dans toutes ses dimensions et dépasser le **nihilisme** auquel conduisent le christianisme et la métaphysique traditionnelle.
Le nihilisme (*nihil* signifie « rien ») désigne cet état de perte de sens, de refus de la vie. En posant des valeurs supérieures à la vie, le christianisme contribue à sa dévalorisation. Dès lors que la pensée moderne s'attaque à ces valeurs et « assassine » Dieu, dès lors que « Dieu est mort », l'homme se retrouve seul dans ce monde dénué de sens, incapable de créer de nouvelles valeurs.

La volonté de puissance

Universelle, la volonté de puissance, mobile de tout acte, s'exprime en tout être. Elle ne se réduit pas à l'instinct de conservation, elle n'est pas simplement effort de vivre, mais tendance à augmenter indéfiniment sa puissance.
Chez les **réactifs**, la volonté de puissance est destructrice : les réactifs n'affirment leurs valeurs qu'en détruisant les autres valeurs, qu'en s'opposant avec haine et ressentiment à d'autres. Bien différente est la volonté de puissance positive et créatrice des **actifs** qui affirment positivement leurs valeurs sans s'opposer à quoi que ce soit. Le **surhomme** désigne ainsi celui qui crée des valeurs sans regret et assume le monde tel qu'il est. Le surhomme est par-delà le bien et le mal : il n'est pas un être

bestial, immoral, mais il affirme son individualité, sa liberté à l'égard des valeurs traditionnelles, et déploie positivement la volonté de puissance.

L'art comme exaltation de soi et embellissement de la vie

C'est dans l'art que s'exprime au mieux la capacité créatrice qui exalte la volonté de puissance positive. « Seule vie possible : dans l'art. Autrement, on se détourne de la vie. » (*La naissance de la tragédie*).
L'art, en tant qu'interprétation, apparaît comme remède à la connaissance : lieu de création, d'interprétation, il ne prétend pas exhiber une vérité absolue, mais une évaluation singulière, une perspective adéquate au réel multiple et changeant.
Le génie artistique exprime le réel que le scientifique ne peut atteindre dans sa tentative falsificatrice de généralisation. L'art est « la tâche suprême et l'activité proprement métaphysique de cette vie » (*Ibid.*). Affirmation de soi et expression authentique de la vie, l'art permet de dépasser le nihilisme, de ne pas périr de la vérité. Ainsi, « en tant que phénomène esthétique, l'existence nous reste supportable » (*Ibid.*).

Une œuvre-clé : *Aurore*

Contexte

À l'aube du renversement des valeurs, *Aurore* propose, sous forme d'aphorisme, des réflexions sur les préjugés moraux qui visent à en dévoiler les origines. Dans le passage qui suit, Nietzsche s'attaque à l'éloge du labeur.

Extrait

Dans la glorification du « travail », dans les infatigables discours sur la « bénédiction du travail », je vois la même arrière-pensée que dans les louanges adressées aux actes impersonnels et utiles à tous : à savoir la peur de tout ce qui est individuel. Au fond, on sent aujourd'hui, à la vue du travail – on vise toujours sous ce nom le dur labeur du matin au soir –, qu'un tel travail constitue la meilleure des polices, qu'il tient chacun en bride et s'entend à entraver puissamment le développement de la raison, des désirs, du goût de l'indépendance. Car il consume une extraordinaire quantité de force nerveuse et la soustrait à la réflexion, à la méditation, à la rêverie, aux soucis, à l'amour et à la haine, il présente constamment à la vue un but mesquin et assure des satisfactions faciles et régulières. Ainsi une société où l'on travaille dur en permanence aura davantage de sécurité : et l'on adore aujourd'hui la sécurité comme la divinité suprême...

Aurore, livre 3, trad. J. Hervier, Gallimard, 1970.

Clés du texte

La méthode généalogique

→ Nietzsche recherche l'origine du discours qui glorifie le travail, les mobiles qui se cachent derrière l'éloge du labeur.

→ Critique du christianisme et des valeurs traditionnelles qui présentent l'oisiveté comme un vice et le travail comme source de vertu.

Les raisons de la glorification du travail

→ La peur de l'individualité : le travail discipline, il empêche le développement des facultés intellectuelles et de l'individualité.

→ Ce n'est pas le travail en général que condamne Nietzsche, mais le dur labeur du matin au soir. Hostile à tout accomplissement de soi, il vide l'individu de ses ressources physiques et intellectuelles.

→ Le travail est glorifié parce qu'il constitue la meilleure des polices : il épuise l'individu, le discipline et devient une police intérieure. Ce discours qui valorise le travail n'est en fait qu'un moyen d'assurer la sécurité par l'abêtissement du troupeau (la masse des travailleurs).

Le XXe siècle

Si le XIXe siècle fondait ses espoirs dans une raison scientifique conçue comme source infinie de progrès et de bonheur, le XXe siècle s'ouvre sur une crise scientifique et l'absurdité de la guerre. La raison est mise à mal, on doute de sa toute puissance, aussi bien sur le plan pratique que théorique.

Un siècle fait de bouleversements

• L'histoire du XXe siècle

Le XXe siècle commence avec la guerre 1914 – 1918. Suivent les « Années folles » et la libération des mœurs qui prend fin lors de la crise économique mondiale de 1929.
Le conflit mondial qui oppose les Alliés (les États-Unis, l'Angleterre, et la France) aux puissances de l'Axe (l'Allemagne, l'Italie, le Japon entre autres) de 1939 à 1945 est une période noire. La découverte des camps de concentration et des exactions commises pose **la question du mal et de la nature humaine**. La raison, en laquelle les Lumières fondaient tout espoir, se révèle capable du pire. Les horreurs, les exactions commises, provoquent une crise du sens, un sentiment d'absurdité et d'injustice sans précédents.

• L'interrogation des philosophes

La guerre, l'horreur concentrationnaire, la montée des totalitarismes, la décolonisation, la réforme des institutions, la perte de l'hégémonie de l'Europe face au géant américain, autant de faits qui suscitent non seulement réflexion et débats chez les philosophes, mais aussi un engagement militant.
La plupart des penseurs du XXe siècle ont combattu sur le front. Certains, comme Freud, Husserl, Popper, Arendt, Lévinas, se sont exilés face à la montée du nazisme, ou furent menacés par l'antisémitisme. Chacun est amené à interroger la politique, le totalitarisme, le mal et sa banalité, l'éthique et le rapport à l'autre, ou encore, à l'instar de Michel Foucault, le pouvoir. Beaucoup, à l'image de Bergson, d'Alain, de Sartre, ou de Merleau-Ponty, se sont battus pour un monde plus juste et ont fait figure d'intellectuels engagés.

• Les philosophies de l'existence

Face à un monde qui semble absurde, le sujet se découvre dans sa contingence seul responsable de lui-même et des valeurs qu'il prône. **L'existentialisme**, s'inspirant des travaux de Kierkegaard, se développe

sous l'impulsion, notamment, de Sartre qui revendique la liberté du sujet et entend interroger l'existence humaine sous sa forme concrète.
Heidegger et Sartre s'intéressent, quoique de manière différente, au sens de l'existence humaine placée sous le signe de l'angoisse et de la contingence. Le premier appelle à poser la question de l'Être que le rapport technique au monde a fait oublier. Le second place la subjectivité et la liberté au centre de son analyse. Tous deux interrogent les modalités d'une existence authentique d'un sujet ayant perdu valeurs et repères dans un monde chaotique.

Le sujet en question

• Freud et l'invention de l'Inconscient

L'homme se pensait libre, auteur de ses actes. Freud vient démentir cette illusion en mettant en évidence l'existence de **processus inconscients** fondamentaux qui échappent à toute maîtrise du sujet et déterminent son être conscient. Si le moi n'est pas maître en sa propre maison, la liberté du sujet et sa capacité à être maître de lui-même sont mises en question.
Alain, Sartre, Popper s'opposeront à Freud, défendant pour les premiers la liberté et la responsabilité du sujet, pour le dernier le caractère non scientifique du freudisme.

• La vague structuraliste

Les sciences humaines connaissent un véritable essor, prenant leur autonomie et parcellisant le savoir. Chacune vise à penser l'homme sous un certain point de vue et de manière scientifique.
Mais le structuralisme qui se développe à partir de 1960 substitue à l'analyse du sujet celle des structures qui le font agir. Le structuralisme, davantage méthode que doctrine, met au premier plan l'idée de structure (ensemble organisé dans lequel tout élément n'a de sens que par rapport aux autres éléments). On analyse la réalité humaine en termes de relations et d'interdépendance. C'est la fin du sujet humain compris comme source du sens et centre de l'analyse : l'individu ne se conçoit que comme élément d'une structure qui le dépasse, lui échappe, et le constitue.
À la fin du XXe siècle, le structuralisme perd de son influence, et cette vision antihumaniste laisse place à un renouvellement de l'interrogation sur le sujet.

La crise de la pensée

• Une physique en mutation

Le XXe siècle rompt avec la foi en une science toute puissante. La physique ne peut plus s'appuyer sur le principe qui la fondait jusqu'alors : le déterminisme.
Albert Einstein élabore la théorie de la relativité et sonne le glas de la conception newtonienne de l'espace et du temps absolus. La relativité contribue à la naissance d'une nouvelle théorie qui met fin à la mécanique classique : la mécanique quantique.
La théorie quantique s'appuie sur l'indéterminisme et développe l'idée d'une physique probabiliste. **Heisenberg** affirme le principe d'incertitude : on ne peut déterminer

simultanément la position et la vitesse d'une particule atomique. La prévision certaine de l'évolution d'un système microphysique est impossible. Il existe, à l'échelle microscopique, une indétermination objective des phénomènes. Einstein s'insurge : Dieu ne joue pas aux dés ! La nature ne peut être le lieu du hasard. Néanmoins, les travaux ultérieurs des physiciens sont loin d'infirmer cette vision indéterministe de la nature.

• Mathématiques : la crise des fondements

Dans les années 1930, le mathématicien **Kurt Gödel** ébranle le monde des mathématiques : il montre, par le théorème d'incomplétude, que l'ensemble d'axiomes qui est au fondement des mathématiques est incomplet, et qu'on ne peut démontrer ni la vérité, ni la fausseté de certaines propriétés. Par un second théorème, il met fin à l'espoir d'un fondement absolu des mathématiques : aucun système formel ne peut démontrer sa consistance (sa non contradiction, sa cohérence) par lui-même. C'est la fin des certitudes.

• L'épistémologie face aux crises de la science

Les sciences de la vie ne sont pas épargnées et connaissent aussi de réels bouleversements. La découverte de l'ADN, la possibilité de manipulations génétiques contribuent à l'essor de la connaissance du vivant, mais posent des problèmes d'ordre éthique : ce que nous pouvons faire, devons-nous le faire ?

Face à tant d'incertitude, la philosophie s'efforce de penser son rapport aux sciences : contre la **tendance néo-positiviste** du Cercle de Vienne qui entend renouveler la confiance en une science objective et rejeter tout pseudo-problème métaphysique, **Husserl** réhabilite la philosophie comme science rigoureuse en développant la **phénoménologie**. **Bergson** s'oppose à la vision scientifique, trop réductrice, et réhabilite l'intuition, mode de connaissance immédiat du vécu concret.

L'épistémologie (philosophie des sciences) joue un rôle prédominant : **Bachelard** analyse les crises de la science et y voit la confirmation du concept de rupture épistémologique : toute théorie ne se construit qu'en s'opposant à celles qui la précèdent. **Popper** s'interroge sur les critères de scientificité et conclut à l'impossibilité d'établir une vérité absolue en sciences.

Le XXe siècle est témoin de l'horreur du mal, de la perte des idéaux, de l'illusion de l'empire du sujet sur lui-même et de sa capacité à atteindre une vérité absolue. C'est aussi le siècle de la défense de la liberté et des droits de l'homme, du refus du totalitarisme et du dogmatisme, et d'une avancée technique sans précédent qu'il faut interroger afin d'éviter l'écueil d'un rapport essentiellement technique au monde, qui ne viserait que l'efficacité et la consommation. Consciente de ses limites, la raison s'est affranchie de ses anciennes ambitions. Mais face à la montée de l'individualisme et d'une recherche constante de confort et de bien être, une exigence de spiritualité semble émerger : la tâche de la philosophie, dans un monde disloqué, est encore grande.

Tableau chronologique

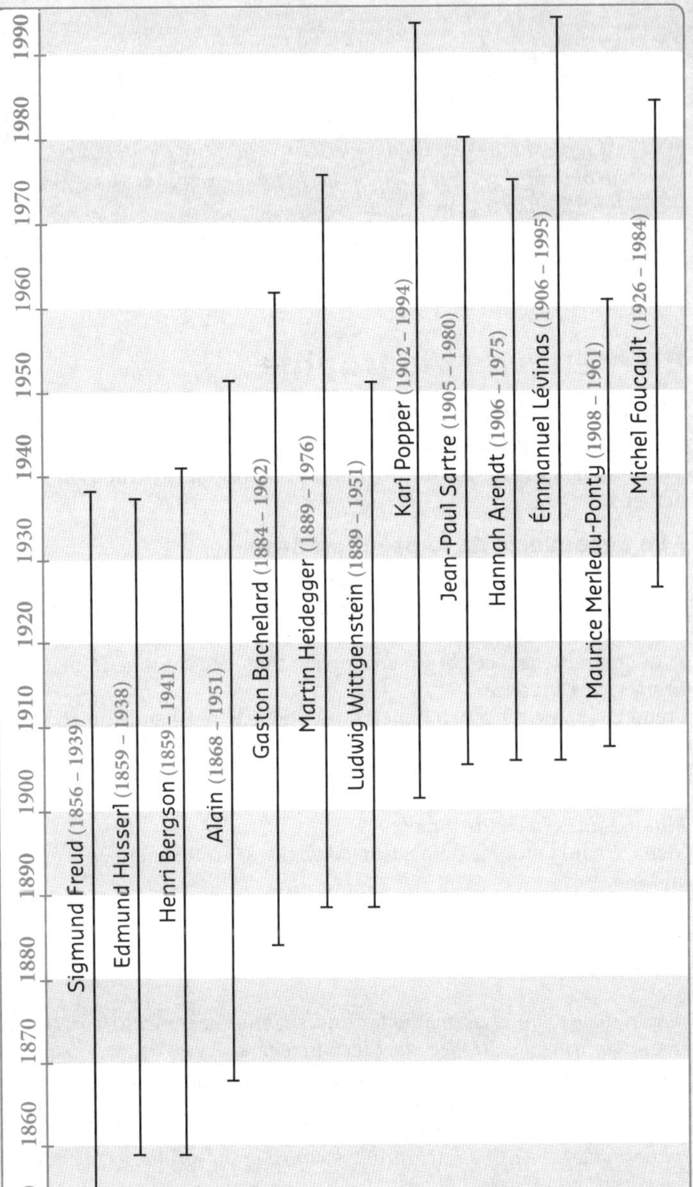

38

Freud

1856 - 1939

« La recherche psychologique […] se propose de montrer au moi qu'il n'est pas maître en sa propre maison. »
Introduction à la psychanalyse

Éléments de biographie

Une formation de médecin

Né en Moravie dans une famille juive, Sigmund Freud vécut dès 1860 à Vienne. Diplômé de médecine, il se spécialise dans l'étude du système nerveux.

La découverte de la psychanalyse

Initié à la méthode cathartique par le professeur Charcot qui tente de purifier l'esprit des malades hystériques en leur faisant raconter leurs souvenirs sous hypnose, Freud poursuit ses recherches sur l'hystérie avec le docteur Breuer, célèbre neurologue. Tous deux publient en 1895 les *Études sur l'hystérie.*
Freud voue sa vie à la psychanalyse, et publie le résultat de ses recherches dans de nombreux ouvrages, dont *L'interprétation des rêves* (1900), *Psychopathologie de la vie quotidienne* (1901), *Cinq leçons sur la psychanalyse* (1910), *Totem et tabou* (1913), *L'Avenir d'une illusion* (1927), *Malaise dans la civilisation* (1929).
Menacé par la montée du nazisme, il s'exile définitivement en Angleterre en 1938.

Thèses essentielles

Père de la psychanalyse, méthode d'investigation des processus psychiques, Freud affirme l'existence de l'Inconscient au sein du psychisme. La théorie freudienne permet de rendre compte des faits les plus insensés en apparence, mais elle met également en cause l'empire que le sujet croit avoir sur lui-même. Elle joue un rôle essentiel dans le développement des philosophies du XXe siècle, qu'elle les inspire ou qu'elle soit la proie de leurs critiques (Sartre, Alain).

Les prémices de l'invention de l'Inconscient

Freud s'intéresse particulièrement à l'hystérie, maladie qui se manifeste par des symptômes physiques (convulsions, paralysies...) mais dont la médecine peine à trouver les causes. Avec le Dr. Breuer, qui parvient par hypnose à permettre aux patients de retrouver des souvenirs traumatisants et de s'affranchir ainsi de certains symptômes, Freud eut l'intuition que les symptômes dont souffrent les hystériques sont les résidus et les symboles d'événements traumatiques du passé.

De puissants processus psychiques poussent le sujet à agir à son insu. Ils sont le fait de l'**Inconscient**, partie de l'esprit active, incontrôlée, et inaccessible à la conscience. Notre vie psychique ne se réduit pas aux phénomènes mentaux dont nous avons conscience.

La structure du psychisme

Freud s'attelle à décrire le fonctionnement du psychisme et les mécanismes qui régissent l'Inconscient. La **première topique** (première élaboration du système psychique) considère l'esprit humain comme formé de trois étages : le conscient, le préconscient, et l'Inconscient. Le **conscient** désigne tout ce que nous avons actuellement à l'esprit. Le **préconscient** contient tout ce qui n'est pas actuellement conscient mais peut le devenir. Enfin, l'**Inconscient** est la partie dynamique constituée du **refoulé** (ce qui est maintenu hors du champ de la conscience).

Mais Freud est amené à élaborer une seconde topique, qui distingue également dans l'esprit trois instances : le Ça, le Moi, et le Surmoi. Le **Ça** renvoie au pôle pulsionnel, totalement inconscient, gouverné par le principe de plaisir (désir de satisfaire immédiatement tous ses désirs sans prendre en compte leurs possibilités ni leurs conséquences). Il est constitué de pulsions, de souvenirs et de désirs refoulés parce qu'ils entrent en conflit, notamment, avec le surmoi. Le **Surmoi**, constitué de l'intériorisation inconsciente des interdits parentaux, moraux et sociaux, empêche l'accomplissement et même la prise de conscience de nos désirs lorsqu'ils ne sont pas convenables. Quant au **Moi**, il joue le rôle de médiateur entre le Ça et le Surmoi : il cherche à satisfaire les pulsions et désirs refoulés sans heurter les exigences du Surmoi, tout en tenant compte du principe de réalité : la recherche de la satisfaction doit prendre en compte les nécessités du monde extérieur. Il doit maintenir l'équilibre psychique.

L'Inconscient désigne alors une réalité psychique, une force dynamique de notre esprit qui échappe au contrôle de la conscience et détermine nos comportements, pensées, actes. Dès lors, la transparence du sujet et la maîtrise de soi semblent remises en cause.

Les rêves, manifestations de l'Inconscient

L'Inconscient se manifeste chaque jour, entre autres au travers de ce que l'on nomme les **actes manqués** : lapsus, oublis... Tout a un sens caché, selon

Freud : nous ne maîtrisons pas tous nos actes et pensées, ils disent quelque chose de nous sans que nous le voulions, sans que nous l'ayons prévu.
Mais c'est surtout au travers de l'analyse des rêves que l'on peut comprendre comment fonctionne notre esprit : « l'interprétation des rêves est la voie royale qui mène à la connaissance de l'inconscient » (*L'interprétation des rêves*).
Deux contenus sont à distinguer dans le rêve : le **contenu manifeste** (ce que l'on retient du rêve, l'histoire, avec toutes ses incohérences et ses absurdités), et le **contenu latent** (le désir ou le souvenir inconscient qui se manifeste à la conscience de manière symbolique, afin d'échapper à la censure).
Les désirs inconscients, refoulés, se satisfont dans le rêve. La **censure** (constituée par le souci des convenances, les idées morales) refoule les désirs interdits à l'état de veille. Mais ces derniers s'exhibent dans le rêve de façon voilée, symbolique. Le rêve nécessite donc une **interprétation**.

Les apports de la psychanalyse

Freud est le père de la psychanalyse : il théorise la notion d'Inconscient et met au point une méthode thérapeutique fondée sur le langage permettant de cerner plus ou moins les racines inconscientes de nos comportements et de vivre avec.
La psychanalyse affirme que tous les phénomènes psychiques, mais aussi collectifs (la religion ou l'art, par exemple) ont un sens, même ceux qui semblent désordonnés. Elle met l'accent sur le rôle de **l'enfance** et de la **sexualité** dans la formation de la personnalité : les traumatismes psychologiques de l'enfance permettent de comprendre les réactions actuelles d'un sujet adulte. Aux yeux du psychanalyste, je suis ce que mon passé m'a fait.
La psychanalyse met également en avant l'importance du **langage** : tout le travail de la cure psychanalytique repose sur la parole du patient. C'est en parlant que l'on prend plus ou moins conscience de ce qui était auparavant inconscient.

L'hypothèse de l'Inconscient : une véritable révolution

Selon les termes de Freud lui-même, l'invention de l'Inconscient constitue la troisième blessure infligée à la mégalomanie humaine.
La première était le fait de Copernic lorsqu'il mit fin à l'illusion géocentrique (la terre n'est pas au centre de l'univers).
C'est ensuite Darwin qui, considérant l'homme comme fruit de l'évolution animale, réduisit sa prétention à une place privilégiée dans l'ordre de la création.
Enfin, Freud, avec la psychanalyse, affirme l'existence d'un déterminisme psychique, et « se propose de montrer au moi qu'il n'est seulement pas maître dans sa propre maison » (*Introduction à la psychanalyse*). Il ôte ainsi à l'homme l'illusion d'une totale conscience et maîtrise de lui-même et de ses pensées.

Une œuvre-clé : *Métapsychologie*

Contexte

Parce que la théorie que Freud élabore dépasse la psychologie, il crée, pour désigner sa théorie de l'Inconscient, le terme « métapsychologie » (méta signifie au-delà). Dans cet ensemble d'essais, il élève la psychanalyse au rang de théorie, et s'attache à en préciser avec rigueur les concepts et principes.

Extrait

On nous conteste de tous côtés le droit d'admettre un psychique inconscient et de travailler scientifiquement avec cette hypothèse. Nous pouvons répondre à cela que l'hypothèse de l'inconscient est *nécessaire* et *légitime*, et que nous possédons de multiples *preuves* de l'existence de l'inconscient. Elle est nécessaire, parce que les données de la conscience sont extrêmement lacunaires ; aussi bien chez l'homme sain que chez le malade, il se produit fréquemment des actes psychiques qui, pour être expliqués, présupposent d'autres actes qui, eux, ne bénéficient pas du témoignage de la conscience. Ces actes ne sont pas seulement les actes manqués et les rêves, chez l'homme sain, et tout ce qu'on appelle symptômes psychiques et phénomènes compulsionnels chez le malade ; notre expérience quotidienne la plus personnelle nous met en présence d'idées qui nous viennent sans que nous en connaissions l'origine, et de résultats de pensée dont l'élaboration nous est demeurée cachée. Tous ces actes conscients demeurent incohérents et incompréhensibles si nous nous obstinons à prétendre qu'il faut bien percevoir par la conscience tout ce qui se passe en nous en fait d'actes psychiques ; mais ils s'ordonnent dans un ensemble dont on peut montrer la cohérence, si nous interpolons les actes inconscients inférés. Or, nous trouvons dans ce gain de sens et de cohérence une raison, pleinement justifiée, d'aller au-delà de l'expérience immédiate. Et s'il s'avère de plus que nous pouvons fonder sur l'hypothèse de l'inconscient une pratique couronnée de succès, par laquelle nous influençons, conformément à un but donné, le cours des processus conscients, nous aurons acquis, avec ce succès, une preuve incontestable de l'existence de ce dont nous avons fait l'hypothèse.

Métapsychologie, trad. J. Laplanche et J.-B. Pontalis, Gallimard, 1968.

Clés du texte

La double structure du psychisme

- L'esprit n'est pas que conscience, il est aussi constitué de l'Inconscient.
- L'existence de l'Inconscient : une hypothèse nécessaire, légitime et prouvée.
- Nos pensées ne sont pas si claires qu'on voudrait le croire, leurs origines, par exemple, nous échappent : il y a des lacunes de la conscience.

La nécessité de l'hypothèse de l'Inconscient

- Est nécessaire ce qui ne peut pas ne pas être. Or, sans l'Inconscient, les lacunes de la conscience ne peuvent être expliquées. Si l'on veut rendre compte des faits psychiques, il est alors nécessaire de postuler l'existence de l'Inconscient.
- Par exemple, les actes manqués (ceux que l'on ne maîtrise pas) comme le lapsus, par lequel on dit un mot à la place d'un autre, se comprennent comme manifestation de l'Inconscient. De même, les rêves sont la réalisation de désirs refoulés.
- L'Inconscient est présent aussi bien chez le malade que chez l'homme sain : il n'est pas de l'ordre du pathologique.

La légitimité de l'hypothèse de l'Inconscient

- Est légitime ce qui se justifie. Il est légitime de penser que l'Inconscient existe : cela permet de comprendre et de donner sens à des faits qui, sans une telle hypothèse, demeureraient mystérieux et incompréhensibles.
- Impossibilité de comprendre le rêve sans avoir recours à la notion d'Inconscient, par exemple.
- Enfin, la principale preuve de l'existence de l'Inconscient, c'est la psychanalyse comprise comme pratique thérapeutique efficace.

Husserl

1859 - 1938

« Quiconque veut vraiment devenir philosophe devra une fois dans sa vie se replier sur soi-même et, au-dedans de soi, tenter de renverser toutes les sciences admises jusqu'ici et tenter de les reconstruire. »
Méditations cartésiennes

Éléments de biographie

Des mathématiques à la philosophie

Edmund Husserl est originaire de Moravie (actuelle République tchèque). Il se consacre dans un premier temps à l'étude des mathématiques.
Auprès de Brentano, psychologue et philosophe allemand qui fut également le professeur de Freud, Husserl prend goût pour la philosophie à laquelle il décide de se consacrer.

Une carrière universitaire avortée

Universitaire, Husserl s'intéresse d'abord à la philosophie des mathématiques et à la logique, avant d'envisager une refonte des sciences et de la connaissance en général. Ces travaux aboutissent à la publication des *Recherches logiques* (1900 – 1901). Husserl est alors nommé à l'université de Göttingen, avant d'enseigner à Fribourg.
D'origine juive, il doit abandonner sa chaire, et sera radié de la liste des professeurs émérites par les nazis. Heidegger, qui fut son élève, lui succède.
Parmi les principales œuvres de Husserl, nous pouvons retenir les *Idées directrices pour une phénoménologie et une philosophie phénoménologique pures* (1913 – 1952), les *Méditations cartésiennes* (1929), et *La crise des sciences européennes et la phénoménologie transcendantale* (1936).

Thèses essentielles

Philosophe, logicien et mathématicien allemand, Husserl est le promoteur de l'un des principaux courants de la philosophie contemporaine, la ***phénoménologie****. On retrouve l'influence de sa pensée chez Heidegger, Merleau-Ponty, Sartre, ou encore Lévinas.*

La philosophie comme « science rigoureuse »

L'époque de Husserl est marquée par la crise de la philosophie et des fondements des mathématiques, menacés par le positivisme et le psychologisme ambiants. Le **psychologisme** affirme que les lois de la logique se réduisent aux lois psychologiques et anéantissent, en posant un tel relativisme, tout espoir d'objectivité. Quant au **positivisme**, il se borne à l'analyse des faits objectifs et voit en la science le seul accès à la vérité, interdisant toute prise en compte du vécu et toute interrogation du sens. Un tel positivisme signifie le rejet de la métaphysique conçue comme étude de l'essence ultime des choses.

Husserl entreprend alors de réhabiliter la philosophie : reposant sur la raison universelle, elle doit être conçue comme **science rigoureuse**, permettant de rendre compte du vécu. C'est à une refonte de la connaissance qu'appelle Husserl. Il reprend, en la radicalisant, la démarche de Descartes : il faut réformer la philosophie, elle doit servir de fondement aux sciences afin qu'elles ne soient pas naïves sur leurs productions.

La réduction éidétique

La phénoménologie désigne chez Husserl la philosophie nouvelle qui se donne pour tâche de devenir une science rigoureuse permettant de penser et de comprendre le monde. Il s'agit de **revenir aux choses mêmes** en considérant le phénomène (littéralement, ce qui apparaît à la conscience) non comme une apparence trompeuse, mais comme une apparition dont il faut élucider le sens.

La phénoménologie consiste donc, par une **réduction éidétique** (*eidos* signifie essence), à dégager **l'essence** des choses : c'est en faisant varier mentalement les perspectives des choses afin de les dépouiller de leurs caractéristiques empiriques variables que l'on parviendra à en dégager l'essence, c'est-à-dire la réalité ultime qui fait que les choses sont ce qu'elles sont, les propriétés que l'on ne peut supprimer sans supprimer l'objet même. Par exemple, l'essence du triangle est l'ensemble des propriétés qui permettent de le définir comme triangle, propriétés sans lesquelles il ne pourrait être assimilé à un triangle. Cette essence est indépendante des caractères particuliers de chaque triangle concret que nous pouvons nous représenter. La phénoménologie est donc **intuition des essences**.

Le cogito, fondement de la phénoménologie

La seconde réduction qu'opère Husserl est **la réduction phénoménologique** (Husserl emploie le terme grec *époché* pour désigner cette suspension du jugement, qui n'est cependant pas comparable à une négation de l'existence du monde) : elle consiste à mettre entre parenthèses l'existence du monde extérieur afin de s'en tenir au phénomène, à ce qui apparaît simplement.

Or, ce qui se dégage finalement de cette réduction phénoménologique, c'est **l'ego transcendantal**, la conscience pure qui donne unité et sens au monde. Comme chez Descartes, le **cogito** est pour Husserl l'élément fondateur de toute connaissance.

Mais Husserl ne conçoit pas le cogito comme une substance, et ici, il s'écarte fortement des conclusions cartésiennes en développant la théorie de **l'intentionnalité** inspirée des thèses de Brentano. La conscience n'est pas une « chose », ou encore un contenant de nos pensées. Elle est avant tout visée, éclatement vers le monde : toute conscience est conscience *de* quelque chose. Si la conscience est intentionnalité, il est vain et erroné d'opposer radicalement objet et sujet. Il n'y a d'objet que pour un sujet et, inversement, il n'y a de sujet que se rapportant à un objet. La conscience est donc toujours ouverture au monde, à l'autre, elle est donatrice de sens. Par exemple, percevoir et imaginer une fleur, ce n'est pas la même chose, c'est donner un sens différent à un objet qui est pourtant unique en son essence.

Une œuvre-clé : *Méditations cartésiennes*

Contexte

Les *Méditations cartésiennes* regroupent les conférences données par Husserl à la Sorbonne en 1929. Elles présentent les grands principes de la phénoménologie transcendantale. Le texte qui suit définit la conscience comme visée intentionnelle.

Extrait

Tout cogito ou encore tout état de conscience « vise » quelque chose, et [...] il porte en lui-même, en tant que « visé » (en tant qu'objet d'une intention), son cogitatum respectif. Chaque cogito, du reste, le fait à sa manière. La perception de la « maison » « vise » (se rapporte à) une maison – ou, plus exactement, telle maison individuelle – de la manière perceptive ; le souvenir de la maison « vise » la maison comme souvenir ; l'imagination, comme image ; un jugement prédicatif ayant pour objet la maison « placée là devant moi » la vise de la façon propre au jugement prédicatif ; un jugement de valeur surajouté la viserait encore à sa manière, et ainsi de suite. Ces états de conscience sont aussi appelés états intentionnels. Le mot intentionnalité ne signifie rien d'autre que cette particularité foncière et générale qu'a la conscience d'être conscience de quelque chose, de porter, en sa qualité de cogito, son cogitatum en elle-même.

Méditations cartésiennes, Vrin, 1953.

Clés du texte

La conscience, un élan vers le monde

→ Cogito : « je pense », la conscience. Cogitatum : ce qui est pensé, l'objet que vise la conscience. Il n'y a pas opposition ou séparation de l'objet et du sujet, mais corrélation.

→ Il n'y a pas de conscience seule, sans objet visé : toute conscience est conscience de quelque chose. La conscience est l'acte, le mouvement par lequel un objet est visé. Elle est ouverture à l'altérité, et ne devient elle-même que par cet échange interactif continuel avec le monde.

Le caractère intentionnel de la conscience

→ La conscience vise intentionnellement, c'est-à-dire qu'elle donne du sens à l'objet qu'elle vise : la perception vise la maison comme présente, l'imagination la vise comme virtuelle… et à chaque fois, l'objet reçoit un sens différent.

→ La conscience est alors constitutive du monde, elle lui donne sens en le visant intentionnellement.

Bergson 1859 - 1941

« La vie déborde l'intelligence. » *L'évolution créatrice*

Éléments de biographie

Un penseur extraordinaire

Henri Bergson, élève surdoué, intègre l'École normale supérieure et est reçu à l'agrégation de philosophie avant de soutenir en 1889 deux thèses de doctorat, dont l'*Essai sur les données immédiates de la conscience*.
Il enseigne en tant que maître de conférences à l'École normale supérieure, puis obtient une chaire au Collège de France. *Matière et mémoire*, paru en 1896, connaît un vif succès.

Un homme discret mais célèbre

La parution de *L'Évolution créatrice* (1907) fait croître la célébrité de Bergson. En 1914, il est élu à l'Académie française.
Ébranlé par la guerre, il joue néanmoins un rôle important de diplomate auprès du président Wilson, et participe à la Commission internationale de coopération intellectuelle, ancêtre de l'UNESCO.
En 1928, Bergson reçoit le prix Nobel de littérature. Victime de rhumatismes, c'est avec peine qu'il achève en 1932 son dernier ouvrage, dans lequel il présente sa philosophie morale : *Les Deux Sources de la morale et de la religion*.
Même s'il avoue s'être rapproché du catholicisme, notamment par sa réflexion sur le mysticisme, Bergson, issu d'une famille juive, renonce à se convertir par solidarité avec les autres juifs qui sont menacés par l'antisémitisme croissant.

Thèses essentielles

Philosophe spiritualiste, Bergson s'oppose aux tendances qu'ont les sciences positivistes à considérer la vie et la conscience comme des choses matérielles. Il affirme la supériorité de la connaissance immédiate intuitive du mouvant sur l'œuvre froide de la raison scientifique qui fige son objet. Ce faisant, il réhabilite la métaphysique.

L'homme est *homo faber*

La tradition caractérise l'homme par sa faculté de penser. Mais pour Bergson, l'homme est *homo faber*, c'est-à-dire fabricant d'outils, avant

d'être *homo sapiens* (doué de raison). L'homme est d'abord un **technicien** : l'intelligence qui le caractérise n'est pas spéculative, mais d'ordre pratique. Elle vise avant tout l'efficacité de l'action : « L'intelligence, envisagée dans ce qui paraît être la démarche originelle, est la faculté de fabriquer des objets artificiels, en particulier des outils à faire des outils, et d'en varier indéfiniment la fabrication. » (*L'évolution créatrice*).
L'homme cherche essentiellement à vivre : **l'intelligence** est la faculté qui lui permet d'accomplir ce but, de même que l'instinct sert l'animal. La distinction tient dans ce que l'animal ne peut varier indéfiniment son mode d'action, alors que l'homme peut agir dans le même but de diverses manières.

Le langage, voile du réel

L'intelligence est pragmatique : visant l'efficacité, elle découpe le réel en le généralisant et en le simplifiant pour faciliter l'action. Le **langage** est ainsi issu de l'intelligence. Conceptuel, il met des étiquettes sur les choses, n'en retient que ce qu'elles ont en commun en vue de simplifier l'agir.
Mais le langage nous introduit au cœur d'un monde spatialisé, découpé, dont nous ne saisissons plus la singularité. Ainsi, « nous ne voyons pas les choses mêmes ; nous nous bornons le plus souvent à lire des étiquettes collées sur elles » (*Le rire*). Par exemple, le mot « haine » ne rend compte que d'un sentiment général, mais non de ses multiples nuances possibles : tout sentiment est singulier et vouloir réduire le sentiment que tel homme particulier éprouve à tel moment, c'est finalement réduire le réel lui-même, s'interdire d'en voir la richesse.
Inapte à dire l'individuel, le singulier, le langage nous éloigne finalement de l'être toujours nouveau et unique, il nous empêche de voir les choses mêmes. L'artiste, en créant une œuvre d'art unique, dévoile la réalité : il nous apprend à regarder les choses pour elles-mêmes et non pour leur utilité, et exhibe l'unicité, la créativité et la singularité de la vie.

L'intuition, saisie immédiate du vécu

La connaissance véritable est celle de **l'intuition**, « vision directe de l'esprit par l'esprit » (*La pensée et le mouvant*).
Vision immédiate du réel, elle nous fait accéder à l'inexprimable et à la singularité de l'objet, dévoile le concret et le vécu occultés par la science. L'intuition dépasse donc la connaissance conceptuelle et nous permet de saisir notre essence véritable, **la durée pure** et **la liberté créatrice**, ainsi que le principe ultime de la vie, **l'élan vital**.

Temps et durée

Bergson distingue le temps scientifique, élaboré par l'intelligence, et la durée, saisie par l'intuition.
Le temps est spatialisé : il se mesure par la distance parcourue par une aiguille sur une montre. Il est homogène (une heure est toujours égale à

une heure), découpé (une heure contient soixante minutes) et prévisible (dans une heure, il sera quinze heures). Utile pour l'action, il n'épuise cependant pas toute la réalité temporelle et demeure une abstraction issue de l'intelligence.

La durée correspond au temps concret, au vécu immédiat et continu de la conscience. Par durée, il faut entendre « une succession qui n'est pas juxtaposition, une croissance par le dedans, le prolongement ininterrompu du passé dans un présent qui empiète sur l'avenir. » (*Ibid.*). La durée est donc un flux ininterrompu, hétérogène (une heure paraît plus ou moins longue), continue, imprévisible, propice à la création et à la liberté. La science, qui confond temps et espace, est incapable de rendre compte de la vie et de la réalité dans leur aspect vécu et singulier.

La mémoire

Dualiste, Bergson distingue **matière** et **esprit**. L'esprit ne se réduit pas au cerveau, mais tous deux sont néanmoins solidaires. Le cerveau serait comme un clou auquel le vêtement (l'esprit) serait attaché. Le clou n'est pas le vêtement, mais s'il est défaillant, le vêtement tombe.

Bergson distingue deux formes de mémoire. La première, **la mémoire motrice**, repose sur l'habitude et dépend du cerveau. Elle consiste dans le souvenir né de la répétition (par exemple, se rappeler que deux et deux font quatre). Mais on doit admettre qu'existe, à côté de cette **mémoire habitude**, une **mémoire pure** qui n'a rien à voir avec le cerveau, mais qui consiste dans le souvenir des expériences particulières (lorsque l'on se remémore une scène vécue, comme la rencontre dans ce parc de cet ami d'enfance).

C'est de la mémoire pure que jaillit la **conscience** : en se remémorant les souvenirs passés, le sujet prend conscience de son intériorité et de la durée qui le caractérise. Pont entre le passé et l'avenir, la conscience garantit la continuité du vécu.

L'élan vital et la liberté

La vie de l'esprit apparaît comme **liberté**. La vie est création permanente, dynamisme animé par **l'élan vital**, souffle originel créateur et imprévisible qui parcourt le vivant.

Contre le mécanisme (qui croit pouvoir réduire le vivant à la matière et l'expliquer mécaniquement) et le finalisme (qui pense que l'évolution suit un plan tracé d'avance), Bergson voit dans l'évolution de la vie la manifestation de l'élan vital qui crée constamment de manière indéterminée de nouvelles formes de vie (contrairement à ce qu'affirme Darwin). La vie est liberté, nouveauté imprévisible.

Le clos et l'ouvert

Morale et religion ont deux formes d'existence : elles sont dites closes (forme inférieure) ou ouvertes (forme supérieure).

La morale close (celle de la tradition, système de règles rigides) repose sur l'habitude de l'obligation morale qu'impose la société. **La morale ouverte**, celle du héros, transcende obligations et interdits : elle manifeste un élan spirituel et exprime l'énergie spirituelle du héros créateur qui agit au-delà de toute obligation.

La religion statique (close) désigne la religion que l'on pourrait qualifier de « sociale », avec ses institutions, ses rites et dogmes qui assurent la survie et la cohésion de la communauté et la protègent contre le désespoir.

La religion dynamique (ouverte), quant à elle, est fondée sur le lien individuel qui unit le saint à Dieu et exalte l'amour.

Ainsi, les **sociétés closes** se caractérisent par l'inertie propre à l'intelligence, ne visant que la conservation de l'espèce, alors que les **sociétés ouvertes**, inspirées de l'élan vital, créent de nouvelles valeurs et manifestent la liberté.

Une œuvre-clé : *L'énergie spirituelle*

Contexte

Dans cet ouvrage, Bergson réunit diverses conférences qui portent « sur des problèmes déterminés de psychologie et de philosophie ».

Extrait

> Qu'arrive-t-il quand une de nos actions cesse d'être spontanée pour devenir automatique ? La conscience s'en retire. Dans l'apprentissage d'un exercice, par exemple, nous commençons par être conscients de chacun des mouvements que nous exécutons, parce qu'il vient de nous, parce qu'il résulte d'une décision et implique un choix ; puis, à mesure que ces mouvements s'enchaînent davantage entre eux et se déterminent plus mécaniquement les uns les autres, nous dispensant ainsi de nous décider et de choisir, la conscience que nous en avons diminue et disparaît. Quels sont, d'autre part, les moments où notre conscience atteint le plus de vivacité ? Ne sont-ce pas les moments de crise intérieure, où nous hésitons entre deux ou plusieurs partis à prendre, où nous sentons que notre avenir sera ce que nous en aurons fait ? Les variations d'intensité de notre conscience semblent donc bien correspondre à la somme plus ou moins considérable de choix ou, si vous voulez, de création, que nous distribuons sur notre conduite. Tout porte à croire qu'il en est ainsi de la conscience en général. Si conscience signifie mémoire et anticipation, c'est que conscience est synonyme de choix.

L'énergie spirituelle, PUF, coll. « Quadrige », 2005.

Clés du texte

De la spontanéité à l'automatisme

→ Acte **spontané** : acte fait de plein gré. Il suppose choix et donc attention de la conscience. Exemple : celui qui apprend à conduire fait très attention à chacun de ses gestes, comme coordonner pied gauche et main droite lorsqu'il passe une vitesse.

→ Acte **automatique** : acte sans conscience, l'habitude rendant le choix inutile, les gestes s'enchaînant automatiquement les uns aux autres. Par exemple, le conducteur aguerri rétrograde mécaniquement lorsqu'il ralentit.

→ Une fois l'enchaînement des mouvements et leur ordre assimilés, il n'y a plus de place pour la liberté ni la conscience : tout est automatique et mécanique.

Le choix crucial : l'apogée de la conscience

→ La conscience comme source de liberté, d'affirmation de soi, de création : elle est d'autant plus vivace que le choix à effectuer est important.

→ La conscience comme mémoire (le choix nécessite une prise en compte du passé) et anticipation (pour bien choisir, ne pas avoir de regrets, nous devons imaginer les conséquences possibles de nos actes).

→ L'accent est mis ici sur la temporalité de la conscience. Elle est un lien entre le passé et le futur, « un pont jeté entre le passé et l'avenir ».

Alain

1868 - 1951

« Penser, c'est dire non. » *Propos sur la religion*

Éléments de biographie

Un professeur mémorable

Après des études à l'École normale supérieure, Émile Chartier, dit Alain, est reçu à l'agrégation de philosophie. Il enseigne en classes terminales, puis en Lettres supérieures. Fantastique pédagogue, professeur influent, il marque l'esprit de ses élèves et disciples, dont Raymond Aron, Simone Weil, ou encore Georges Canguilhem.

Également journaliste, il publie des chroniques hebdomadaires, puis quotidiennes, les *Propos*, qui seront par la suite regroupés en une trentaine de volumes.

L'engagement pour la paix

Alain assiste en tant que brigadier d'artillerie aux atrocités de la Grande Guerre, qui lui inspirent son célèbre pamphlet : *Mars ou la guerre jugée* (1921). Son œuvre témoigne de sa lutte pour la paix et contre la montée des fascismes. Politiquement engagé auprès des radicaux, il milite en faveur d'une république libérale strictement contrôlée par le peuple.

Alain a écrit de nombreuses œuvres, dont les *Propos* (1908 – 1919), le *Système des beaux-arts* (1920), *Les idées et les âges* (1927), et les *Éléments de philosophie* (1940).

Thèses essentielles

Figure du professeur philosophe anti-intellectuel, combattant tout préjugé et militant pour le développement du libre jugement de chacun, Alain n'édifie pas un système, mais élabore des pensées, des propos sur divers sujets, analysant ainsi la réalité de son temps. Pour celui que beaucoup qualifient d'« éveilleur d'esprit », la philosophie doit se faire critique avant tout : « penser, c'est dire non ».

Percevoir, c'est juger

Rationaliste, Alain place en la raison toute sa confiance. La connaissance procède du jugement, non de l'expérience sensible pure. La perception elle-même, par laquelle la conscience se représente un objet, n'est pas le fait des sens seuls, elle n'est pas simple sensation, mais jugement, acte de l'esprit qui « y met de lui-même bien plus qu'il ne croit » (*Éléments*). Toute perception est en effet une construction, un rassemblement et une interprétation des sensations que l'esprit élabore à partir de ses connaissances antérieures.

En effet, lorsque je dis percevoir, par exemple, un dé cubique, ce que je touche effectivement, ce sont des arrêtes, des pointes, des plans durs et lisses, mais jamais mes sens ne me donnent à toucher en même temps tous les éléments de ce dé. De même, je ne vois jamais en même temps les six faces qui le composent, bien que la notion de dé cubique les suppose : c'est que « la perception est déjà une fonction d'entendement » (*ibid.*). Elle est issue non de la sensation, mais du jugement : à partir de la vue de trois faces du dé, je juge que c'est un cube, alors même qu'un cube comporte six faces. Percevoir, c'est déjà juger, c'est aller plus loin que les simples données brutes des sens.

L'entendement produit le monde objectif, commun à tous les hommes : la perception est le début de la connaissance, elle ordonne les apparences. Il faut alors éduquer la perception pour éviter les apparences trompeuses : certes, un bâton droit plongé dans l'eau peut nous sembler brisé, mais la perception éduquée (celle qui mène au vrai) considère cette apparence de brisure comme le fruit des mécanismes optiques qui la régissent.

La critique de l'imagination

L'entendement permet de bien percevoir le monde. En revanche, l'imagination est à l'origine de la perception fausse ; elle produit de **l'imaginaire**, de l'irréel. Contrairement à la perception vigilante du réel, le fruit de l'imagination s'évanouit dès lors que la conscience est attentive : dans le rêve ou l'imagination, on croit voir, mais précisément on ne voit pas. On en conclut à la nécessité du **doute** qui nous éveille et anéantit l'illusion que notre croyance entretient.

L'imagination joue un rôle essentiel dans la vie des **passions** : le passionné, dominé par son imagination, se crée une existence imaginaire dans laquelle tous ses fantasmes prennent forme. La philosophie, en permettant de cerner les mécanismes des passions, offre la possibilité d'une vie digne et raisonnable.

Une œuvre-clé : *Éléments de philosophie*

Contexte

Les *Éléments de philosophie* regroupent les leçons qu'Alain a données au lycée Henri IV et au Collège Sévigné. Il traite dans cet ouvrage de la connaissance, de l'expérience, de l'action, des passions et des vertus.

Extrait

Le *freudisme,* si fameux, est un art d'inventer en chaque homme un animal redoutable, d'après des signes tout à fait ordinaires ; les rêves sont de tels signes ; les hommes ont toujours interprété leurs rêves, d'où un symbolisme facile. Freud se plaisait à montrer que ce symbolisme facile nous trompe et que nos symboles sont tout ce qu'il y a d'indirect. Les choses du sexe échappent évidemment à la volonté et à la prévision ; ce sont des crimes de soi, auxquels on assiste. On devine par là que ce genre d'instinct offrait une riche interprétation.

L'homme est obscur à lui-même ; cela est à savoir. Seulement il faut éviter ici plusieurs erreurs que fonde le terme d'*inconscient*. La plus grave de ces erreurs est de croire que l'inconscient est un autre Moi ; un Moi qui a ses préjugés, ses passions et ses ruses ; une sorte de mauvais ange, diabolique conseiller. Contre quoi il faut comprendre qu'il n'y a point de pensées en nous sinon par l'unique sujet, Je ; cette remarque est d'ordre moral.

Éléments de philosophie, Gallimard, coll. « Idées », 1941.

Clés du texte

Les origines du freudisme

→ Le freudisme : la théorie de Freud (voir p. 198) qui affirme l'existence d'un inconscient psychique dynamique et inaccessible.

→ Ce qui porte à approuver l'idée que l'inconscient existe : les phénomènes obscurs, difficiles à expliquer et qui échappent apparemment à notre volonté, comme les rêves, les pulsions sexuelles.

La critique du freudisme

→ Le freudisme est une erreur : il invente en l'homme un autre Moi, dédouble le sujet, alors que seul le sujet conscient (le « Je ») est apte à produire des pensées. Le freudisme donne au corps le statut de sujet, il confond corps et esprit.

→ Le freudisme comme faute : danger moral du statut accordé à l'inconscient. Le freudisme risque de cautionner l'irresponsabilité du sujet (ce n'est pas moi qui agis, mais mon inconscient qui me pousse à agir : je ne suis donc pas responsable de mes actes) et de rendre vaine toute morale.

Bachelard

1884 - 1962

« Il ne saurait y avoir de vérité première.
Il n'y a que des erreurs premières. » *Études*

Éléments de biographie

Une formation scientifique...

Gaston Bachelard débute sa carrière en tant qu'employé des postes. En vue de préparer le concours d'ingénieur des Télégraphes, il passe une licence de mathématiques. Mobilisé lors de la guerre 1914 – 1918, il devient ensuite professeur de physique et de chimie.

... et une carrière philosophique prodigieuse

Très vite, il se tourne vers la philosophie : agrégé de philosophie en 1922, il soutient une thèse intitulée *Essai sur la connaissance approchée*. Il commence alors une carrière universitaire en tant qu'enseignant d'histoire et de philosophie des sciences.
Considéré comme un sage à la barbe blanche, Gaston Bachelard fut un travailleur acharné à la carrière prodigieuse. Il reçut le grand prix national des Lettres pour son œuvre qui comprend notamment *Le nouvel esprit Scientifique* (1934), *La formation de l'esprit scientifique* (1938), *Le matérialisme rationnel* (1953), ainsi que *La poétique de l'espace* (1957) et *La poétique de la rêverie* (1960).

Thèses essentielles

Bachelard oriente principalement sa réflexion sur les méthodes et fondements de la connaissance scientifique et renouvelle profondément l'épistémologie en s'attaquant aux dogmes de son temps.

Les conditions de la connaissance scientifique

La connaissance scientifique, loin d'être immédiate, ne progresse qu'en combattant **les obstacles épistémologiques**, ces représentations qui entravent l'esprit du chercheur. Le premier obstacle à surmonter est l'opinion. Mais la pensée scientifique elle-même est composée de

convictions premières, de connaissances élémentaires dont elle doit s'affranchir pour progresser.
Par conséquent, « l'esprit scientifique doit se former en se réformant » (*La formation de l'esprit scientifique*). C'est à « une psychanalyse de la connaissance objective » qu'appelle Bachelard, influencé par la notion d'inconscient collectif proposée par Carl Gustav Jung. Il faut purifier la raison des illusions, des mythes qui font obstacle à son objectivité.

L'évolution de la connaissance scientifique

Face aux crises que connaît la science au début du XXe siècle, notamment celles de la relativité et du déterminisme, Bachelard élabore le concept de **coupure épistémologique** : la science ne progresse pas de façon continue, linéaire, mais par rupture avec les principes antérieurement admis par la communauté scientifique, par changement radical de méthode et de concepts. Toute connaissance s'élabore *contre* une connaissance antérieure. Ainsi, l'évolution de la science suppose une remise en cause constante des théories actuellement admises : « il n'y a qu'un moyen de faire avancer la science, c'est de donner tort à la science déjà constituée, autant dire de changer sa constitution ».
Trois étapes marquent ainsi l'histoire des sciences : l'état préscientifique, de l'Antiquité au XVIIIe siècle, l'état scientifique, qui s'étend de la fin du XVIIIe siècle au début du XXe siècle, enfin, la troisième étape, qui coïncide avec ce que Bachelard nomme « le nouvel esprit scientifique », commence en 1905 avec l'établissement de la théorie de la relativité einsteinienne.

Le nouvel esprit scientifique

Le nouvel esprit scientifique désigne l'attitude réflexive et critique de la science qui rend possible l'apparition de théories nouvelles et originales.
Les théories scientifiques, de plus en plus abstraites et complexes, tirent leur origine non de l'expérience sensible, mais des mathématiques. L'expérience scientifique doit rompre avec l'expérience commune et l'obsession du général.
Ainsi, la méthode scientifique doit être de l'ordre du « rationalisme appliqué » : la raison doit dialoguer avec l'expérience et s'appliquer au réel. L'expérience scientifique, théorisée, ne reflète pas le réel brut saisi par l'expérience première. On comprend dès lors pourquoi « le monde où l'on pense n'est pas le monde où l'on vit. » (*Philosophie du non*).

La réflexion sur l'imaginaire

Bachelard consacre également à l'imagination et à la poésie toute une partie de son œuvre. L'imagination, puissance première de l'esprit humain, n'est pas uniquement la faculté de former des images. Elle est avant tout la faculté de déformer les images premières, de constituer un domaine spécifique : l'imaginaire.

L'imagination créatrice, distincte de l'imagination reproductrice, est essentiellement ouverture, expérience de la nouveauté. Liée à la nature même du psychisme, elle est source de poésie.

Une œuvre-clé : *La formation de l'esprit scientifique*

Contexte

Cet ouvrage, sous-titré *Contribution à une psychanalyse de la connaissance objective*, met en évidence les obstacles que rencontre la science : l'objectivité scientifique n'est jamais définitivement acquise, elle suppose une rupture avec l'affectivité, avec les représentations individuelles ou collectives qui constituent autant d'obstacles épistémologiques qui freinent sa progression.

Extrait

La science, dans son besoin d'achèvement comme dans son principe, s'oppose absolument à l'opinion. S'il lui arrive, sur un point particulier, de légitimer l'opinion, c'est pour d'autres raisons que celles qui fondent l'opinion ; de sorte que l'opinion a, en droit, toujours tort. L'opinion pense mal ; elle ne pense pas : elle traduit des besoins en connaissances. En désignant les objets par leur utilité, elle s'interdit de les connaître. On ne peut rien fonder sur l'opinion : il faut d'abord la détruire. Elle est le premier obstacle à surmonter. Il ne suffirait pas, par exemple, de la rectifier sur des points particuliers, en maintenant, comme une sorte de morale provisoire, une connaissance vulgaire provisoire. L'esprit scientifique nous interdit d'avoir une opinion sur des questions que nous ne comprenons pas, sur des questions que nous ne savons pas formuler clairement. Avant tout, il faut savoir poser des problèmes. Et quoi qu'on dise, dans la vie scientifique, les problèmes ne se posent pas d'eux-mêmes. C'est précisément ce sens du problème qui donne la marque du véritable esprit scientifique. Pour un esprit scientifique, toute connaissance est une réponse à une question. S'il n'y a pas eu de question, il ne peut y avoir de connaissance scientifique. Rien ne va de soi. Rien n'est donné. Tout est construit.

La formation de l'esprit scientifique, Vrin, 1938.

Clés du texte

■ L'opinion : une vision utilitaire qui nuit à la science

→ Bachelard oppose la science et l'opinion. L'opinion, comprise comme idée reçue liée à l'habitude, est le premier obstacle épistémologique à la connaissance scientifique.

→ La raison du danger de l'opinion : elle est liée à l'utilité, pense le vrai comme ce qui réussit. Au contraire, la science cherche d'abord des explications, non des effets.

■ Le scientifique doit avant tout savoir poser des problèmes

→ L'opinion ne s'interroge pas, elle juge selon la perception première et l'efficacité, alors qu'une véritable connaissance suppose un « *sens du problème* », une capacité à interroger la nature.

→ L'opinion affirme de manière dogmatique, sans questionner. Or, le véritable esprit scientifique est celui qui sait poser les questions et tente de les résoudre par des démonstrations.

■ « Rien n'est donné. Tout est construit. »

→ Nécessité d'un dialogue constant entre la raison et l'expérience dans la science pour savoir poser des problèmes.

→ La science est vue comme une perpétuelle reconstruction, les remises en cause et les rectifications sont permanentes : elle doit rompre avec l'opinion et l'expérience sensible, s'opposer aux théories antérieures et aux préjugés.

Heidegger

1889 - 1976

« Penser, c'est se limiter à une unique idée, qui un jour demeurera comme une étoile au ciel du monde. » *Questions III*

Éléments de biographie

L'influence de Husserl

Philosophe allemand, Martin Heidegger fut élève puis assistant de Husserl. Il lui dédie « en témoignage de vénération et d'amitié » son œuvre majeure, *Être et Temps* (1927). On se presse alors pour écouter ce jeune professeur qui fait sensation à l'université de Marbourg.
Lorsque Husserl prend sa retraite de l'université de Fribourg, Heidegger, dont la célébrité va croissant, lui succède. Très vite, ses relations avec Husserl s'enveniment jusqu'à devenir inexistantes.

La polémique

Alors que les nazis viennent d'arriver au pouvoir, Heidegger est nommé recteur de l'Université de Fribourg. Ses liens avec le parti nazi, dont il fut membre jusqu'en 1945, sont aujourd'hui encore l'objet de vives polémiques. Toujours est-il que l'un de ses premiers actes de recteur fut d'interdire la propagande antisémite au sein de l'université. Un an après sa nomination, il démissionne de son poste de recteur et se consacre uniquement à l'enseignement.
En 1945, les Alliés interdisent à Heidegger d'enseigner, lui reprochant de n'avoir pas dénoncé les atrocités du nazisme. Néanmoins, Heidegger est de plus en plus populaire en France. En 1951, il est réintégré dans ses fonctions de professeur. Il enseignera jusqu'en 1973, multipliant voyages et conférences.
Heidegger est notamment l'auteur de *Qu'est-ce que la métaphysique ?* (1929), *Chemins qui ne mènent nulle part* (1950), et de *La question de la technique* (1953).

Thèses essentielles

Martin Heidegger compte parmi les penseurs les plus marquants du XXe siècle. La question du sens de l'être, question fondamentale et pourtant oubliée de l'ontologie traditionnelle, constitue le centre de sa réflexion. Heidegger ne livre pas à son lecteur une philosophie constituée, mais ouvre des chemins de pensée propices à l'écoute de l'être.

La question de l'être

La question du sens de l'être (que veut dire « être » ?) sous-tend toute l'œuvre de Heidegger. Heidegger entend « fournir une interprétation du temps comme horizon de toute compréhension de l'être » (*Être et Temps*).
L'être ne se révèle qu'à travers l'étant. Poser la question de l'être, c'est donc interroger son lien et sa différence ontologique avec l'étant en lequel il se donne. Si **l'être** désigne le fond énigmatique de tout étant, ce qui constitue sa force active, origine de tout étant sans pour autant être ceci ou cela, **l'étant** renvoie à toute réalité concrète et particulière, aux choses qui sont ceci ou cela.
L'être, source de tout étant, n'est pas un étant suprême (Dieu, les Idées platoniciennes...), comme l'a conçu la philosophie au cours de son histoire. Il n'est ni ceci ni cela, il est un non-étant, « rien » (*Das Nicht*) que la métaphysique a oublié mais qu'il est essentiel de penser.
La tradition a souvent privilégié l'éternité pour penser l'être. Or, c'est **le temps** qui permet de le comprendre, selon Heidegger : comme l'être, le temps n'est ni ceci ni cela, il n'est pas un étant, mais il est ce en quoi se déploie tout étant.

Le Dasein, l'être-là de l'être

Parmi les étants, l'homme est le seul qui pose la question du sens de l'être. L'homme est le **Dasein** : « l'être-là » de l'être, le lieu du déploiement de l'être dans lequel se fait jour la question de l'être. Ce « berger de l'être » est toujours déjà en rapport avec l'être.
Or, le mode d'être du Dasein, en ce qu'il ne se borne pas simplement à subsister, se caractérise par **l'existence**. Exister, *ek-sistere*, c'est, littéralement, ne pas coïncider avec soi-même, être hors de soi, ne pas être simplement ce qu'on est, mais être également ce qu'on a à être. Le Dasein est projet d'être, « jeté au monde », son existence ne se comprend que dans l'horizon de la **temporalité**. C'est donc dans l'analyse de l'existence du Dasein que se révèle la temporalité de l'être.
Le temps n'est pas une succession linéaire d'instants, mais il surgit en l'homme en tant qu'unité, contemporanéité du passé, du présent et de l'avenir. Il est l'être essentiel de l'homme qui, en tant qu'être-au-monde, être toujours déjà dans le monde, se découvre dans sa **facticité**, c'est-à-dire comme emprunt de **contingence**, être fini (mortel), mais dont l'existence est aussi pouvoir être, liberté qui se déploie dans les possibilités qui s'offrent à lui.

La mort, possibilité ultime du Dasein

Le Dasein sait qu'il est voué à la mort, et en ce sens, il est **un être-pour-la-mort**. Par cette expression, Heidegger ne désigne pas le fait que tout homme doive mourir un jour ou l'autre, mais la conscience assumée du fait que l'on puisse mourir à chaque instant, et ce dès notre plus jeune âge : « Dès qu'un humain vient à la vie, il est déjà assez vieux pour mourir. » (*Être et Temps*)

Existence authentique et existence inauthentique

Face à l'épreuve de la finitude qui détermine le Dasein comme étant fondamentalement **souci**, deux possibilités s'offrent à l'existant : exister authentiquement (être lui-même) ou de manière inauthentique.
L'existence inauthentique se perd dans **l'anonymat du « On »**. En se disant « on meurt », et non pas « je vais mourir », en attribuant à l'humanité dans sa généralité la mort comme horizon, on évite de regarder cet horizon comme étant proprement nôtre, on cède à la dictature du « On ».
Au contraire, **l'existence authentique** est celle du Dasein qui assume sa mortalité et s'engage dans le projet.
Ainsi, Heidegger ne conçoit pas négativement le temps et la mort : ils permettent l'existence authentique, façonnent notre être-au-monde. **Le temps authentique**, ouverture qui permet à l'étant d'être, constitue **la vérité de l'être**.
Ce n'est pas parce que l'homme est un être temporel qu'il est voué à la mort. C'est, inversement, parce qu'il est mortel que son existence est essentiellement inscrite dans la temporalité. En existant, en se tenant hors de soi dans **l'anticipation de la mort** (c'est-à-dire dans la saisie de la mort comme possibilité de l'impossibilité de l'existence), en débordant son être biologique, le Dasein réalise son essence propre.

Le tournant

Être et Temps interrogeait le sens de l'être à partir de l'analyse des modalités d'existence du Dasein. À partir des années 1930, Heidegger se tourne plus résolument vers l'être lui-même, et cherche à penser la vérité de l'être. Cette vérité, que Heidegger désigne par le terme grec ***alèthéia***, est le dévoilement de ce qui était auparavant dissimulé. La vérité n'est pas issue du sujet humain, elle se donne à lui dans la contemplation.
La langue peine à dire l'être lorsqu'elle est utilisée de manière technique. En revanche, la parole des poètes et des présocratiques est ouverture à l'être. Il faut écouter l'être qui se dévoile en elle. « Le langage est la maison de l'être » (*Lettre sur l'humanisme*) : l'être est présent dans le langage, celui-ci est l'événement de l'ouverture à l'être, le « dire » de l'être.
Dans le dire poétique, parole dépouillée de son caractère instrumental, Heidegger voit le dévoilement de l'être. Le poème est pure parole, dénuée d'information sur le monde, présence de l'être.

L'essence de la technique

La technique désigne chez Heidegger **la façon dont l'homme se rapporte au monde**. En ce sens, elle manifeste de manière extrême l'oubli de l'être qui caractérise les temps modernes.
En effet, la technique est une **provocation**, une réquisition que Heidegger désigne par le terme d'**arraisonnement.** La technique met en demeure la nature de livrer ses ressources, les extrait et les accumule : en faisant de l'étant **un fonds toujours disponible**, elle désigne un véritable mode

d'être face au monde. Tout, y compris la vie même, est considéré comme objet à maîtriser, dans une perspective utilitaire. La technique ne se propose qu'une seule fin : elle-même.
En multipliant les moyens, on occulte la question des fins que poursuivent ces moyens. L'utilité devenue seule valeur, le rapport technique de l'homme au monde détruit l'essence de l'homme qui consiste dans l'ouverture à la contemplation du mystère de l'être. Ainsi, il s'agit de revenir à un rapport contemplatif et non plus appropriatif au monde.

Une œuvre-clé : *Heidegger*

Contexte

Les extraits des œuvres de Heidegger ne pouvant être publiés, selon la volonté de ses ayants droit, nous proposons ici un extrait de l'ouvrage d'Alain Boutot sur Heidegger.

Extrait

> [La technique] met l'homme en péril, non seulement parce que les moyens techniques rendent désormais possible une destruction de l'espèce humaine tout entière, mais parce qu'elle menace, de manière bien plus profonde, l'essence pensante de l'homme, c'est-à-dire son rapport à l'être. N'ayant affaire qu'à un fonds, l'homme moderne s'érige en « maître et possesseur de la nature » au point qu'il peut lui sembler qu'il ne rencontre plus partout que lui-même, qu'il n'y a plus rien qui ne soit ou qui ne puisse être en son pouvoir. Il s'agit là, en réalité, de la plus grande illusion. [...] L'homme, qui saisit toutes choses et lui-même du point de vue de la pensée calculante, s'en tient à l'étant sur lequel il cherche à exercer sa domination, et ne se préoccupe plus de ce qui devrait le concerner plus que tout autre chose, c'est-à-dire de l'être lui-même. Ne se souciant plus d'entrer dans la proximité essentielle des choses, ni de sauvegarder leur déploiement dans la présence, il erre dans un non-monde. [Son] agression contre tout ce qui est culmine dans la tentative aujourd'hui engagée pour maîtriser la vie elle-même qui devient un produit comme un autre qu'on cherche à manipuler ou à transformer. Cette agression contre la vie et contre l'être même de l'homme est plus inquiétante aux yeux de Heidegger que l'hypothèse d'une destruction qui pèse sur la planète, ne serait-ce que parce qu'elle est généralement passée sous silence.
>
> Alain Boutot, *Heidegger*, PUF, coll. « Que sais-je ? », 1991.

Clés du texte

Le rapport technique au monde

→ La technique : non l'ensemble des outils ou procédés dont use l'homme pour parvenir à ses fins, mais un rapport utilitaire de l'homme au monde.

→ La technique est l'achèvement de la métaphysique occidentale, elle incarne le projet inauguré par le cartésianisme de se rendre « comme maîtres et possesseurs de la nature ». La volonté de puissance devient volonté de volonté sans questionner les fins.

Les dangers de la technique

→ Premier danger : la destruction des ressources naturelles.

→ Le danger essentiel : l'oubli de l'être. L'homme, obnubilé par la rentabilité, l'efficacité, se perd dans une vision essentiellement utilitaire du monde et de la vie.

→ L'homme croit ne voir que lui-même, dans sa domination de la nature, mais il ne rencontre en fait jamais son être même dans un tel rapport technique au monde, il ne voit que l'étant et ses fonctions, et oublie la question de l'être.

Wittgenstein 1889 - 1951

« Ce dont on ne peut parler, il faut le taire. »
Tractatus logico-philosophicus

Éléments de biographie

Les prémisses d'un génie

Dernier-né d'une famille fortunée et cultivée de huit enfants installée à Vienne, Ludwig Wittgenstein étudie d'abord la construction mécanique et se destine à l'aéronautique avant de se passionner pour les mathématiques pures.

Des rencontres déterminantes

Il côtoie Frege, avant de suivre l'enseignement de Russell, célèbre logicien anglais. Ce dernier, admiratif, découvre ses dons exceptionnels et l'incite à résoudre des problèmes ardus de logique mathématique alors qu'il n'a aucune formation philosophique.
Wittgenstein rencontre, à leur demande, les membres du Cercle de Vienne à partir de 1927. Leurs discussions sont l'occasion pour Wittgenstein de préciser le sens de sa philosophie que ces derniers voient, à tort, comme une condamnation de la métaphysique.

Un personnage fascinant

Engagé sur le front en 1914, Wittgenstein y rédige le seul ouvrage qui paraîtra de son vivant, le *Tractatus logico-philosophicus* (1921). Outre sa carrière universitaire, il eut de multiples activités professionnelles (ingénieur, architecte, brancardier…). Wittgenstein fait figure de génie instable et prodigieux.
Sa pensée connaît une mutation profonde dont témoignent les *Investigations philosophiques* qui ne seront publiées qu'en 1953.
Homme de caractère, il se décrit comme un aristocrate raté et répudie l'héritage familial qui aurait fait de lui l'un des hommes les plus riches d'Europe. Lorsqu'il apprend qu'il est atteint d'un cancer, il se désole non pas du diagnostic, mais du fait qu'existe une thérapie efficace, arguant qu'il n'a aucun désir de continuer à vivre.

Thèses essentielles

Dans la lignée de Russell qui emploie dans ses Principia Mathematica *la méthode de l'analyse en vue de dégager les atomes logiques, Wittgenstein s'intéresse à la structure logique du langage et du réel.*

Langage et monde dans le *Tractatus* : une même structure

Le monde se compose de faits atomiques, d'**états de choses**, conçus comme connexions d'objets : « le monde est l'ensemble des faits, non pas des choses ». Le fait est l'unité élémentaire de la réalité dans la mesure où l'objet ne se laisse pas atteindre de lui-même.

Les propositions du langage, également analysables en propositions atomiques par lesquelles sont reliés des noms, **signes simples** des objets, font apparaître la même forme logique, si bien qu'elles doivent être conçues comme des tableaux, des représentations des faits.

Distinction du dicible et de l'indicible

Seules les propositions que l'on peut empiriquement vérifier (les propositions qui décrivent le monde sans pour autant l'expliquer réellement, à savoir celles des sciences de la nature) sont douées de sens.

Les propositions de la logique (réductibles à des tautologies) et des mathématiques, quant à elles, ne disent rien du monde, n'ayant aucun référent.

Enfin, les énoncés de la métaphysique, de l'éthique et de l'esthétique, ne représentant pas un état de fait, sont dénués de sens. Mais en disant cela, Wittgenstein ne condamne pas, comme ont pu le croire les positivistes du cercle de Vienne, la métaphysique.

En effet, si l'on ne peut, par le langage, que décrire le monde, il n'en reste pas moins qu'il est possible que celui-ci ait une valeur ou un sens. Mais ce sens ne saurait être dit, c'est un inexprimable qui ne peut être que « montré » : « il y a assurément de l'inexprimable. Celui-ci se montre, il est l'élément mystique ». Ainsi, le *Tractatus* marque les limites du dicible et de l'ineffable, et s'achève sur un mysticisme qui appelle au silence : « sur ce dont on ne peut parler, il faut garder le silence ».

Par conséquent, la philosophie doit clarifier la pensée. Elle « n'est pas une doctrine mais une activité » consistant à éclaircir et délimiter les pensées qui sont troubles et floues. Un projet se dégage, celui de la constitution d'un langage rigoureux et parfait qui éviterait toute équivoque.

Les jeux de langage

Mais la pensée de Wittgenstein évolue, et il condamnera fermement, à partir de 1929, certaines des thèses qu'il avait défendues dans le *Tractatus*.

Récusant la perspective ontologique et avec elle l'idée selon laquelle seule la description de la réalité comporte un sens, c'est au langage considéré comme univers autonome et non plus comme « image des faits » qu'il s'intéresse. Le langage est à comprendre par l'analyse de son usage, il est activité. Wittgenstein distingue ainsi divers **jeux de langage**, autant d'usages du langage comportant leurs propres normes et irréductibles les uns aux autres.
Le langage n'est alors qu'une « boîte à outil ». L'on ne peut comprendre la signification du mot (et de l'outil) que lorsque l'on saisit son usage, lorsque l'on sait appliquer correctement les règles qui le régissent.
Les problèmes philosophiques trouvent leur origine dans l'interférence et la confusion entre différents jeux de langage.

Une œuvre-clé :
Tractatus logico-philosophicus

Contexte

Dans le *Tractatus*, Wittgenstein cherche à mettre fin aux innombrables controverses philosophiques issues d'un mauvais usage du langage. Il s'agit alors de dévoiler la structure logique du langage afin de comprendre la structure du réel.

Extrait

> 4. 002 - [...] Le langage travestit la pensée. Et notamment de telle sorte que d'après la forme extérieure du vêtement l'on ne peut conclure à la forme de la pensée travestie ; pour la raison que la forme extérieure du vêtement vise à tout autre chose qu'à permettre de reconnaître la forme du corps.
>
> Les arrangements tacites pour la compréhension du langage quotidien sont d'une énorme complication.
>
> 4. 003 - La plupart des propositions et des questions qui ont été écrites sur des matières philosophiques sont non pas fausses mais dépourvues de sens. Pour cette raison nous ne pouvons absolument pas répondre aux questions de ce genre, mais seulement établir qu'elles sont dépourvues de sens. La plupart des propositions et des questions des philosophes viennent de ce que nous ne comprenons pas la logique de notre langage.
>
> [...] Et il n'est pas étonnant que les problèmes les plus profonds ne soient en somme nullement des problèmes.
>
> *Tractatus logico-philosophicus*, trad. P. Klossowski, Gallimard, coll. « Tel », 1961.

Clés du texte

■ L'erreur de la philosophie : une mauvaise utilisation du langage

→ Les problèmes et doctrines de la philosophie sont dépourvus de sens. Ils proviennent d'un mauvais usage du langage.

→ Le langage est image du monde. Par conséquent, tout ce qui n'est pas description est indicible.

→ Métaphore : le corps est caché et sa perception est modifiée par le vêtement, de même que la pensée non descriptive est travestie, pervertie par le langage.

■ Les énoncés de la philosophie sont vides de sens

→ Vide de sens : ce qui ne renvoie pas à un état de choses, à une réalité empiriquement vérifiable.

→ Vide de sens ne signifie pas insensé : la philosophie n'énonce pas des propositions fausses. L'erreur de la philosophie est de se poser des problèmes qui n'en sont pas.

■ Une nouvelle conception de la philosophie, non une condamnation

→ Le but de la philosophie : clarifier la logique du langage, remédier aux troubles qu'elle a engendrés.

→ Critique de la philosophie qui n'aboutit cependant pas à une condamnation de la métaphysique, de l'éthique et de l'esthétique : elles sont de l'ordre de ce qui se vit, se montre, mais non de ce qui peut se dire.

→ L'indicible (ce qu'on ne peut exprimer par des mots) n'est pas, bien au contraire, dévalorisé.

45

Popper 1902 - 1994

« Le critère de scientificité d'une théorie réside dans la possibilité de l'invalider, de la réfuter ou encore de la tester. » *Conjectures et réfutations*

Éléments de biographie

L'intérêt pour les sciences

Sir Karl Raimund Popper, professeur de mathématiques et de physique, s'intéresse aux débats qui animent le Cercle de Vienne et aux pensées de Carnap et de Wittgenstein, bien qu'il ne partage pas leurs vues positivistes. Fasciné par la relativité et la mécanique quantique, il s'interroge sur la nature et les méthodes des sciences. Dans la *Logique de la découverte scientifique* (1934), il s'oppose au positivisme logique du Cercle de Vienne qui fonde la science sur l'expérience et la méthode inductive.

Un épistémologue novateur

Sous la menace de l'expansion allemande, il quitte l'Autriche pour enseigner en Nouvelle-Zélande jusqu'en 1945, année de parution de deux ouvrages politiques par lesquels il critique l'historicisme et les conceptions politiques qui en découlent : *La société ouverte et ses ennemis* et *Misère de l'historicisme.*
Devenu professeur de logique et de méthodologie des sciences à Londres, il publie *Conjectures et réfutations* (1953), ouvrage qui offre une vision nouvelle de la science et de ses méthodes.

Thèses essentielles

Grande figure de l'épistémologie contemporaine, Karl Popper a contribué au renouvellement de la méthode et du statut des sciences empiriques. Face à l'hégémonie du Cercle de Vienne, il développe un rationalisme critique visant à dévoiler les illusions de l'attitude positiviste.

La falsifiabilité, critère de démarcation de la science

Popper s'attelle au problème de l'existence d'un **critère fiable** qui permette d'établir le statut scientifique d'une théorie. Il s'agit de savoir comment distinguer une théorie scientifique (la relativité d'Einstein par exemple)

d'une théorie non scientifique (les idéologies telles le marxisme ou la psychologie freudienne).
Une théorie peut être dite scientifique non pas parce qu'elle est empiriquement prouvée, vérifiée : il est facile de trouver des semblants de confirmation de nombre de théories dans l'expérience, et, inversement, la théorie de la relativité ne correspond pas toujours à notre expérience du monde. Popper s'oppose au **vérificationnisme** défendu par le Cercle de Vienne.
C'est bien plutôt parce qu'elle est **falsifiable**, c'est-à-dire susceptible d'être falsifiée, testée, réfutée, qu'une théorie est scientifique. Pour toute théorie, nous devons pouvoir dire à quelles conditions elle pourrait s'avérer fausse, imaginer une expérience qui, *si elle se produisait*, nous permettrait de l'infirmer. Il n'y a de preuve que négative. Plus une théorie est falsifiable, plus elle est scientifique, car plus elle prend de risque, plus elle peut être soumise aux tests et à la critique.
Or, les théories telles que le marxisme, la psychologie individuelle ou la psychanalyse sont des discours totalisants qui rendent compte de tous les faits possibles dans leur domaine et qui, par conséquent, ne peuvent être réfutés. Ce sont des idéologies, non des théories scientifiques. « Une théorie qui explique tout ce qui pourrait arriver n'explique rien » (*Misère de l'historicisme*).

Contre l'induction, la méthode déductive

Le Cercle de Vienne admet que c'est par son caractère empirique que la science se distingue de la pseudoscience (de la métaphysique notamment). La science se fonde sur une base empirique et procède par **induction** : partant de l'observation des faits particuliers, elle dégage les lois universelles qui les ordonnent.
Popper dénonce cette méthode, source d'illusions : ce n'est pas parce que nous avons observé de multiples fois que les corbeaux étaient noirs qu'ils le sont nécessairement tous. D'une multitude de cas particuliers, nous ne pouvons légitimement induire une loi universelle.
Popper propose donc une autre méthode, **déductive** : de la théorie nous devons pouvoir déduire des énoncés singuliers, des « prédictions » permettant de la tester dans l'expérience (de la loi « tous les corbeaux sont noirs » se déduit la prédiction : « le prochain corbeau observé sera noir »). Si elle ne résiste pas au test, elle sera réfutée. Sinon, elle sera **provisoirement** admise, « corroborée ». Toute théorie est donc une conjecture soumise à réfutation.

La théorie : une conjecture

La théorie est **provisoirement** admise, aucune expérience ne permettant de la valider une fois pour toutes. Les théories ne sont que des **conjectures**, des hypothèses, elles ne sont pas vérifiables, et elles ne sont jamais à l'abri d'une réfutation ultérieure.

Contre l'attitude **dogmatique** qui consiste à admettre vraie une théorie que l'expérience ne réfute pas, Popper prône un **rationalisme critique** : l'erreur est une étape nécessaire à l'évolution de la science. Celle-ci se développe par ruptures, par essais et erreurs, non par accumulation de savoirs.
Si la communauté scientifique accepte une nouvelle théorie, c'est parce qu'elle est une meilleure approximation, parce qu'elle rend mieux compte du réel que la théorie qui la précédait. Elle doit avoir un contenu informatif plus riche et résoudre le problème qui a fait s'effondrer la théorie antérieure. Ainsi, le choix d'une théorie est justifié, mais la théorie n'est pas pour autant définitivement et absolument admise. On ne dira donc pas qu'une théorie est vraie, mais qu'elle est **vraisemblable**.
C'est toute la prétention de la science à dévoiler une certitude absolue que remet en cause Popper : la science n'a jamais à faire qu'à des conjectures plus ou moins acceptables. Le rôle du scientifique est d'abord d'éliminer les fausses solutions.

L'indéterminisme

Popper réfute la vision déterministe du monde. L'univers est **indéterminé**. En effet, une création originale telle que la *Symphonie en sol mineur* de Mozart ne peut être prédite. L'unicité, la nouveauté et la création manifestent la **liberté** humaine.
Cette conception, qui réfute également la prétention des sciences humaines à concevoir le fait humain comme obéissant à des lois universelles et nécessaires, implique une critique de l'historicisme des systèmes totalisants prétendant expliquer tout fait en le liant à un principe unique. Les philosophies de l'Histoire, qui pensent rendre raison des faits, sont les prémisses du **totalitarisme** : elles justifient les faits les plus horribles. L'Histoire n'a pas de sens. Écrite, elle n'est jamais l'histoire de tous les hommes : écrire l'histoire c'est exclure nombre de faits particuliers. Dans ses ouvrages politiques, Popper défend, contre ces discours globalisants qui pensent une évolution nécessaire de l'humanité vers un but final, une société ouverte et démocratique reconnaissant la liberté humaine.

Une œuvre-clé : *La logique de la découverte scientifique*

Contexte

Popper s'interroge sur le statut des théories scientifiques et prend le contre-pied des thèses défendues par le Cercle de Vienne. Il redéfinit dans le texte qui suit le critère de démarcation entre science et pseudoscience.

Extrait

Les théories ne sont donc jamais vérifiables empiriquement [...]. Toutefois j'admettrais certainement qu'un système n'est empirique ou scientifique que s'il est susceptible d'être soumis à des tests expérimentaux. Ces considérations suggèrent que c'est la falsifiabilité et non la vérifiabilité d'un système, qu'il faut prendre comme critère de démarcation. En d'autres termes, je n'exigerai pas d'un système scientifique qu'il puisse être choisi, une fois pour toutes, dans une acception positive, mais j'exigerai que sa forme logique soit telle qu'il puisse être distingué, au moyen de tests empiriques, dans une acception négative : un système faisant partie de la science empirique doit pouvoir être réfuté par l'expérience.

La logique de la découverte scientifique,
trad. P. Devaux et N. Thyssen-Rutten, Payot, 1973.

Clés du texte

Remise en cause du vérificationnisme

- → Vérifiabilité : possibilité, pour une théorie, d'être confirmée par l'expérience. Critère de démarcation de la science, pour le positivisme, illusion selon Popper.
- → Les tests ne suffisent pas à valider définitivement une théorie scientifique : il en faudrait une infinité, et c'est impossible. Le passage du général à l'universel est problématique et illégitime.

Le critère de scientificité : la falsifiabilité

- → Critère de démarcation entre théorie scientifique et théorie non scientifique : la falsifiabilité, possibilité pour une théorie d'être testée empiriquement.
- → Rôle des tests en science : non de valider la théorie, de confirmer sa vérité, mais de réfuter, de dire quelles sont les mauvaises solutions.
- → Conséquence : on ne parle plus de vérité définitive, mais d'hypothèse provisoirement admise.

46

Sartre 1905 - 1980

« L'homme est condamné à être libre. » *L'existentialisme est un humanisme*

Éléments de biographie

Les premières années

Jean-Paul Sartre, orphelin de père, passe son enfance à Paris entouré de sa mère et de ses grands-parents maternels. Lorsque sa mère se remarie, la famille part vivre à la Rochelle. Période difficile pour Sartre qui se sent rejeté et entretient avec son beau-père des rapports conflictuels.
Passionné par les livres, il se destine à l'écriture et au professorat. À l'École normale supérieure, il fréquente Raymond Aron et Paul Nizan. Lors de sa préparation à l'oral de l'agrégation de philosophie, il se lie avec Simone de Beauvoir. Le couple qu'ils formeront, libre et solidaire, restera légendaire.
Agrégé de philosophie, Sartre enseigne et publie ses premiers ouvrages philosophiques et littéraires : *L'Imagination* (1936), introduction à *L'imaginaire* qui ne paraîtra que quatre ans plus tard, *La Nausée* (1938), et *Le Mur* (1939).

Un intellectuel engagé

Mobilisé en 1939, Sartre est retenu captif jusqu'en mars 1941. De retour à Paris, il crée un réseau de résistance intellectuelle (Socialisme et Liberté). *L'Être et le Néant* paraît en 1943, mais c'est surtout par le théâtre que Sartre se fait connaître, notamment avec *Les Mouches* et *Huis clos*.
Conscient des responsabilités qui incombent aux intellectuels qui occupent le devant de la scène, Sartre renonce à l'enseignement pour se consacrer entièrement au journalisme et à l'écriture. Il crée la revue *Les Temps modernes*.
D'abord engagé auprès des communistes, il rompt définitivement ce lien suite à la défaite du « Printemps de Prague ». Son combat contre les luttes anticoloniales (guerres d'Indochine, d'Algérie, du Vietnam) en fait le maître à penser de la gauche intellectuelle.
Progressivement atteint de cécité, il laisse une œuvre inachevée. Célèbre par ses œuvres théâtrales, littéraires et philosophiques, il fut un homme engagé, un génie infatigable et désintéressé représentant les défenseurs de la liberté.

Thèses essentielles

Penseur de la liberté et de la contingence, Sartre développe un existentialisme athée : « une doctrine qui rend la vie humaine possible et qui, par ailleurs, déclare que toute vérité et toute action impliquent un milieu et une subjectivité humaine. » (L'existentialisme est un humanisme).
Le premier principe de l'existentialisme est que l'existence précède l'essence, de telle sorte que l'homme est absolument libre.

L'existence précède l'essence

Les choses **sont** tandis que l'homme **existe** : les choses ont une **essence** avant d'être. Par exemple, ce coupe-papier a été pensé selon sa fonction avant d'être fabriqué et d'advenir à l'être. Il restera toujours coupe-papier. Il est conforme à son essence.
En revanche, l'homme « n'est d'abord rien », au sens où l'on ne peut d'avance le réduire à un ensemble de déterminations : il **existe** avant tout. En lui, « l'existence précède l'essence ». En effet, l'homme ne fait pas que subsister, il surgit hors de lui-même, non pas pour actualiser une hypothétique essence qui lui serait d'ores et déjà assignée, mais pour s'inventer lui-même au travers du **projet**, véritable dépassement de soi. « L'homme est d'abord un projet qui se vit subjectivement, au lieu d'être une mousse, une pourriture, ou un chou-fleur. » (*L'existentialisme est un humanisme*).

Contingence et responsabilité

La **contingence**, définie dans *L'Être et le Néant* comme « pure appréhension de soi comme existence de fait », sans justification, caractérise l'existence humaine : l'existentialisme athée de Sartre affirme que Dieu n'existe pas, et par conséquent qu'il n'y a pas d'essence préalable de l'homme dont l'existence ne serait que le déploiement.
Ainsi, **la subjectivité est au fondement des valeurs et des actes**. Une multiplicité de possibilités s'offrent au sujet, et il se trouve obligé de faire des **choix** qui orienteront son existence. Chacun est seul responsable de ses choix, **il sera ce qu'il s'est fait**.
Mais en se choisissant, c'est aussi tous les hommes que l'on choisit : « choisir d'être ceci ou cela, c'est affirmer en même temps la valeur de ce que nous choisissons. » Notre responsabilité est donc double : au travers de nos actes, nous donnons à voir l'image de l'homme tel que nous estimons qu'il doit être. Par conséquent, responsable de soi-même, chacun est également **responsable de l'humanité entière**. « En me choisissant, je choisis l'homme. » (*L'existentialisme est un humanisme*).

La Nausée

Face à la conscience de la facticité et de l'absurdité de l'existence humaine (elle est de fait, sans raison), l'homme est sujet à la **Nausée**, ce sentiment de vide qui tourne le cœur, ce vertige devant l'absence de raison d'être qui génère le sentiment d'être « de trop ». L'angoisse s'empare du sujet lorsqu'il comprend qu'il est seul responsable du chemin de son existence, et que celle-ci est sans justification, qu'elle aurait très bien pu ne pas être, comme si elle était entièrement gratuite.
La **liberté** est source d'angoisse : elle fait de l'homme un être entièrement responsable de lui-même, sans excuses lorsqu'il fait de mauvais choix. Mais elle est aussi ce qui permet à l'homme de se projeter dans l'avenir et d'agir.

La mauvaise foi

Parce qu'il est difficile d'assumer une telle liberté, celui que Sartre nomme « le salaud » a tendance à se laisser aller à la **mauvaise foi**, cette absence de sincérité envers soi-même. Le salaud est lâche : il fuit sa liberté en se mentant à lui-même, cédant à l'illusion de la nécessité des événements.
Le salaud, par exemple, explique son acte en invoquant un déterminisme psychique parce qu'il n'a pas le courage de l'assumer. Il se sent ainsi un peu moins coupable, mais l'on voit bien qu'essayer de se justifier en recourant à l'alibi du déterminisme (qu'il soit psychique, naturel, ou encore social) est une lâcheté dont on est absolument responsable. L'existence authentique, au contraire, exige que l'on assume sa liberté.

Une liberté en situation

L'idée centrale de Sartre est donc optimiste, puisque tout le destin de l'homme est finalement entre ses mains, et qu'il a à décider, par son engagement, de ce qu'il sera. Certes, l'homme est toujours **en situation** : il ne choisit pas son corps, sa place géographique, historique, ni sociale. Mais c'est à l'intérieur de ces conditions d'existence que surgit la liberté, et elle demeure entière. La situation ne détermine pas l'action. C'est l'action, l'engagement, qui donnent sens à la situation et permettent de la dépasser.
La maladie, par exemple, qui semble ôter à l'homme certaines possibilités en ce qu'elle l'affaiblit, n'est pas un obstacle à sa liberté : ses anciennes possibilités ne sont pas tant supprimées que remplacées par de nouvelles possibilités entre lesquelles il lui faut encore choisir. « Autrement dit, la maladie est une *condition* à l'intérieur de laquelle l'homme est de nouveau libre et sans excuses », si bien que l'homme est toujours « totalement déterminé et totalement libre. Obligé d'assumer ce déterminisme pour poser au-delà les buts de [sa] liberté, de faire de ce déterminisme un engagement de plus. » (*Cahiers pour une morale*).

L'autre : une menace nécessaire

Mais notre liberté se heurte au regard d'autrui. Autrui est d'abord celui qui, par son regard, me fige et me réifie (fait de moi une chose), nie ma liberté en me caractérisant (« il est ceci, cela... »). Se laisser aller au regard d'autrui, c'est entrer en représentation, jouer à être ceci ou cela, comme le garçon de café qui, empreint de mauvaise foi, n'assume pas sa liberté et, tel un automate, joue à être ce garçon de café que les autres veulent qu'il soit. Ainsi, lorsque Sartre écrit, dans *Huis clos*, que « l'enfer, c'est les autres », il met l'accent sur le fait que le conflit est constitutif de la relation à autrui. Chaque conscience est une liberté qui rêve d'être absolue (totalement indépendante) et de transformer la liberté d'autrui en chose passive. La simple présence d'autrui est violence.

Mais autrui est également le vecteur de la prise de conscience de soi, il est « le médiateur indispensable entre moi et moi-même ». Par son apparition, « je suis mis en mesure de porter un jugement sur moi-même comme sur un objet » (*L'Être et le Néant*). L'expérience de la honte en est l'illustration : ce sentiment est toujours lié à la présence d'autrui, réelle ou virtuelle. Nous avons toujours honte devant quelqu'un : « la honte est, par nature, reconnaissance. Je reconnais que je suis comme autrui me voit. » (*Ibid.*).

Une œuvre-clé : *L'existentialisme est un humanisme*

Contexte

Dans cette conférence donnée en vue de répondre aux accusations de ses contradicteurs qui croient voir dans ses œuvres un anti humanisme, Sartre présente les principes de l'existentialisme athée, lequel revendique la liberté de l'existence humaine.

Extrait

Dostoïevski avait écrit : « Si Dieu n'existait pas, tout serait permis. » C'est là le point de départ de l'existentialisme. En effet, tout est permis si Dieu n'existe pas, et par conséquent l'homme est délaissé, parce qu'il ne trouve ni en lui ni hors de lui une possibilité de s'accrocher. Il ne trouve d'abord pas d'excuses. Si, en effet, l'existence précède l'essence, on ne pourra jamais expliquer par référence à une nature humaine donnée et figée ; autrement dit, il n'y a pas de déterminisme, l'homme est libre, l'homme est liberté. Si, d'autre part, Dieu n'existe pas, nous ne trouvons pas en face de nous des valeurs ou des ordres qui légitimeront notre conduite. Ainsi, nous n'avons ni derrière nous, ni devant nous, dans le domaine lumineux des valeurs, des justifications ou des excuses. Nous sommes seuls, sans excuses. C'est ce que j'exprimerai en disant que l'homme est condamné à être libre.

L'existentialisme est un humanisme, Gallimard, coll. « folio essais », 1946.

Clés du texte

■ Les principes de l'existentialisme

→ Existentialisme athée : Dieu n'existe pas.
→ Par conséquent, aucune essence, aucun destin ne sont assignés d'avance à l'homme. Il n'y a pas de nature humaine : l'homme n'est pas déterminé à être ceci ou cela.
→ L'homme existe avant tout : il a à se faire, il est le seul responsable de ce qu'il sera.
→ Refus du déterminisme : nos actes ne sont pas déterminés, ils ne résultent pas de manière nécessaire de causes antécédentes. L'homme : un existant absolument libre.

■ La morale fondée sur la subjectivité

→ Puisque Dieu n'existe pas, aucune valeur n'est préalablement donnée : c'est à l'homme d'inventer les valeurs morales.
→ Responsabilité entière du sujet qui est seul (le chemin à suivre n'est pas tracé d'avance) et sans excuses (l'existence n'est pas le déploiement nécessaire d'une nature humaine donnée, et le déterminisme n'est pas l'origine des actes, ils ne viennent que du sujet). Il faut assumer sa conduite et ses choix.
→ Expression qui peut paraître paradoxale : « l'homme est condamné à être libre ». Condamné : on ne peut pas ne pas choisir. Refuser de choisir, c'est déjà choisir.
→ On est donc toujours libre : on a toujours à choisir.

Arendt 1906 - 1975

« La société de masse [...] ne veut pas la culture mais les loisirs. » *La crise de la culture*

Éléments de biographie

Une étudiante formée auprès d'illustres maîtres

Hannah Arendt suit avec passion l'enseignement de Heidegger, puis celui de Husserl. Elle rédige sa thèse sur *Le concept d'amour chez saint Augustin* (1929) sous la direction de Karl Jaspers, son maître et ami.

Le combat contre le totalitarisme

Devant la montée du nazisme, Hannah Arendt s'exile en France, puis aux États-Unis où elle mène une brillante carrière universitaire.
Elle est également journaliste et milite pour la cause juive. Ses origines et les événements auxquels elle assiste motivent ses réflexions politiques.

Thèses essentielles

Hannah Arendt s'intéresse aux mécanismes des systèmes totalitaires et à la condition de l'homme moderne. Sa pensée, longtemps méconnue, ouvre de nouvelles perspectives à l'analyse de la crise de la culture que connaît aujourd'hui notre société.

Le totalitarisme : la négation du politique

Soucieuse de penser les événements de son temps, et notamment ce qui a rendu possible l'horreur de la « solution finale », Hannah Arendt montre, dans les *Origines du totalitarisme*, que le système totalitaire, loin de pouvoir être assimilé aux autres formes d'oppression politique que sont le despotisme, la tyrannie et la dictature, est un type de régime radicalement nouveau dans l'histoire, possédant sa propre spécificité.
Le système totalitaire repose sur **l'atomisation sociale**, créatrice d'une masse amorphe constituée d'individus isolés ayant perdu toute conscience du vivre ensemble, toute conscience politique et donc toute capacité (et toute envie) de s'engager politiquement.

Le système totalitaire assure sa conservation par **l'idéologie** en faisant continuellement régner **la terreur**. Il revendique sa légitimité en prétendant servir des lois transcendantes issues de la nature (la sélection des races pour le nazisme), ou de l'histoire (la lutte des classes pour le stalinisme). Ce système bafoue les lois positives (instituées) au nom de lois prétendument supérieures et se présente comme simple exécutant d'une logique implacable à l'œuvre dans l'histoire ou la nature.

La primauté de l'agir

Dans *La Condition de l'homme moderne*, Hannah Arendt veut penser la possibilité pour la société moderne de se préserver du totalitarisme. Puisque c'est du vide politique que se nourrit le régime totalitaire, il faut réhabiliter **l'action politique**.

Hannah Arendt analyse alors les diverses formes de l'agir humain. Car c'est dans l'action que l'homme pourra trouver le moyen de vivre en paix, non dans la contemplation. Il s'agit de « penser ce que nous faisons ». La « vita activa » désigne **la vie active**, par opposition à **la vie contemplative** promue par la tradition platonicienne.

Arendt dresse une typologie de l'agir et distingue « trois activités humaines fondamentales : le travail, l'œuvre et l'action ».

Le travail : la soumission aux cycles vitaux

Le travail, indispensable à la vie biologique, permet d'assurer la survie de l'individu et de l'espèce. Néanmoins, ce qu'il produit est destiné à être rapidement consommé : *l'animal laborans* est condamné à travailler sans cesse, s'épuisant dans une activité qui l'asservit à la nécessité naturelle et constitue, en ce sens, la moins humaine des activités.

L'œuvre : la durabilité en péril

L'œuvre produit un monde artificiel d'objets plus durables que ceux produits par le travail. L'homo *faber* se distingue de *l'animal laborans* en ce qu'il produit des objets techniques extérieurs au processus vital, tels que des bâtiments, des machines, des œuvres d'art… Par l'œuvre, l'homme crée un espace proprement humain.

Reste que c'est souvent au détriment de la nature que s'édifie cet espace qui est malgré tout lié à l'utilité. De plus, en confondant travail et œuvre, en assujettissant la technique à la logique consommatrice du monde du travail, la société perd ce monde plus humain qu'elle avait engendré : « Avec le besoin que nous avons de remplacer de plus en plus vite les choses de-ce-monde qui nous entourent, nous ne pouvons plus nous permettre de les utiliser, de respecter et de préserver leur inhérente durabilité ; il nous faut consommer, dévorer, pour ainsi dire, nos maisons, nos meubles, nos voitures. » Dans un monde où l'utilité des objets techniques en vient à se prendre elle-même comme fin, seule l'œuvre d'art résiste en tant que symbole d'objet durable qui échappe à l'instrumentalisation.

L'action salvatrice

L'action, seule activité qui mette directement les hommes en rapport les uns avec les autres, est l'activité la plus haute. Elle désigne **l'engagement politique** de l'homme agissant qui, créant un espace public, s'ouvre à la conscience de la pluralité, au fait que le monde est constitué d'individus égaux et néanmoins distincts. Prendre conscience que le monde est peuplé par des hommes différents les uns des autres, voilà qui rend possible le dialogue constructif permettant d'échapper à la menace totalitariste.
Pour que l'action politique ait tout son sens, la société doit se défaire de la confusion entre le domaine **privé** et le domaine **public**. La politique ne se réduit pas à la gestion, et l'homme doit se détourner de sa tendance à ne se préoccuper que de ses affaires privées.

Le pouvoir est collectif

Le véritable pouvoir politique n'est ni puissance, ni force, ni autorité ou violence. Il naît d'une action collective créatrice : « Le pouvoir correspond à l'aptitude de l'homme à agir, et à agir de façon concertée. » (*Du mensonge à la violence*).
Le pouvoir, issu d'une initiative collective, est une liberté partagée qui s'oppose à la violence et s'inscrit dans la durée grâce à la loi qui le stabilise et le contient.

Une œuvre-clé : *Condition de l'homme moderne*

Contexte

Après avoir analysé les origines du totalitarisme, Hannah Arendt entreprend dans sa seconde œuvre majeure de penser les conditions de l'éviction durable de tout système totalitaire. L'homme doit faire advenir un espace public propice à l'échange et à l'action politique.

Extrait

C'est l'avènement de l'automatisation qui, en quelques décennies, probablement videra les usines et libérera l'humanité de son fardeau le plus ancien et le plus naturel, le fardeau du travail, l'asservissement à la nécessité. Là, encore, c'est un aspect fondamental de la condition humaine qui est en jeu, mais la révolte, le désir d'être délivré des peines du labeur, ne sont pas modernes, ils sont aussi vieux que l'histoire. Le fait même d'être affranchi du travail n'est pas nouveau non plus ; il comptait jadis parmi les privilèges les plus solidement établis de la minorité [...].L'époque moderne s'accompagne de la glorification théorique du travail et elle arrive en fait à transformer la société tout entière en une

> société de travailleurs. [...] C'est une société de travailleurs que l'on va délivrer des chaînes du travail, et cette société ne sait plus rien des activités plus hautes et plus enrichissantes pour lesquelles il vaudrait la peine de gagner cette liberté. Dans cette société qui est égalitaire, car c'est ainsi que le travail fait vivre ensemble les hommes, il ne reste plus de classe, plus d'aristocratie politique ou spirituelle, qui puisse provoquer une restauration des autres facultés de l'homme. [...] Ce que nous avons devant nous, c'est la perspective d'une société de travailleurs sans travail, c'est-à-dire privés de la seule activité qui leur reste. On ne peut rien imaginer de pire.

Condition de l'homme moderne, trad. G. Fradier, Calmann-Lévy, 1961.

Clés du texte

Le rêve populaire : se libérer du travail

→ Référence à une conception ancienne mais répandue du travail : en tant qu'asservissement aux nécessités vitales, fardeau, il ne serait qu'aliénation.

→ L'esclave libérait le maître du travail. On pense maintenant que la technique libèrera l'homme du labeur.

Le retour à la réalité : le vide à combler

→ Mais le citoyen savait vivre sans travailler. Son accomplissement ne se situait pas dans le travail. Il se consacrait à la politique ou à la philosophie.

→ Au contraire, la modernité a valorisé le travail et fait de l'homme un *animal laborans* avant tout, un être qui se définit par son travail et s'accomplit en lui, qui ne vaut que par lui.

→ Ne sachant plus se centrer sur autre chose que sur la logique de l'utilité, le travailleur est incapable d'avoir des activités « inutiles » (dégagées de toute perspective de rentabilité) telles que penser ou agir politiquement : lui enlever son activité, ce n'est pas le libérer, mais lui offrir un monde étranger dans lequel il peinera à trouver sa place.

Lévinas 1906 - 1995

« La morale n'est pas une branche de la philosophie, mais la philosophie première. »
Totalité et infini

Éléments de biographie

La découverte de la phénoménologie

Né en Lituanie dans une famille juive pratiquante, Emmanuel Lévinas, qui sera naturalisé français en 1930, vit d'abord en Russie où se sont exilés ses parents lors de la guerre 1914-1918. C'est en France, puis en Allemagne auprès de Husserl et de Heidegger, qu'il s'initie à la philosophie.
Lévinas fait connaître en France les travaux de Husserl : il traduit les *Méditations cartésiennes* et consacre sa thèse de doctorat à la *Théorie de l'intuition dans la phénoménologie de Husserl* (1930).

La guerre, source de réflexion

Mobilisé en 1940, Lévinas sera fait prisonnier et retenu captif durant cinq ans. Là, il rédige *De l'existence à l'existant* (1947). La guerre, au nom de laquelle sa famille est massacrée, le marquera à jamais.
Ses origines et les événements auxquels il est confronté jouent un rôle capital dans le développement de ses analyses philosophiques : spécialiste de la phénoménologie allemande et amateur du Talmud, il élabore une éthique nouvelle.
Lévinas a enseigné la philosophie à l'Université de Poitiers, puis de Nanterre et enfin à la Sorbonne. Il est notamment l'auteur de *Totalité et infini* (1961), *Quatre lectures talmudiques* (1968), *Autrement qu'être ou au-delà de l'essence* (1974), et *Éthique et infini* (1982).

Thèses essentielles

Spécialiste incontesté de la phénoménologie, Lévinas a contribué à faire connaître en France la pensée de Heidegger et de Husserl. Inspiré de la Bible et du Talmud, il renouvelle les perspectives de la pensée éthique et réhabilite la pensée de l'altérité.

Le refus de la totalité

La philosophie occidentale, des Grecs jusqu'à l'impulsion de la philosophie hégélienne, s'est efforcée de réduire l'expérience concrète, source de diversité, à la totalité, à un système clos qui rendrait raison de tout. Le système prétend pouvoir embrasser la totalité de l'être et réduire l'Autre au Même. Il est refus de l'altérité et de l'infini. Il est perversion de la conscience qui, niant toute extériorité – probablement par peur de l'inconnu – croit qu'elle n'a rien à apprendre de l'altérité et la ramène égocentriquement à l'identité de soi.
Contre le cloisonnement qu'opère cette pensée globalisante, Lévinas met en évidence **le caractère irréductible de l'altérité**. Il entend réhabiliter une pensée de l'infini et de l'irréductibilité de l'expérience intersubjective. Le rapport à **l'Autre** ne saurait être synthétisé ni intégré dans une totalité. Autrui ne peut être réduit ni au moi ni au concept.

L'ouverture à l'altérité

Autrui est « l'absolument autre ». Cela ne signifie pas qu'il soit une négation de moi-même, mais qu'il m'introduit à l'ouverture à ce qui est positivement autre.
En effet, il se présente d'abord comme **visage** : non pas une face que je peux fixer comme un objet, mais un visage irréductible aux traits objectifs qui le déterminent. Épiphanie d'autrui, le visage manifeste l'altérité : parce qu'il est infiniment plus que les traits physiques qui le constituent, il nous ouvre à l'infini, à un au-delà irréductible au concept. Il est révélation d'un au-delà du savoir achevé, d'une transcendance non totalisable.

La signification éthique du visage

L'expérience intersubjective est une expérience profondément **éthique** : « Autrui comme autrui se révèle dans le « Tu ne commettras pas de meurtre » inscrit sur son visage. » (*Totalité et infini*). Le visage d'autrui est sacré en ce qu'il est d'abord un appel. Il s'offre dans sa nudité, vulnérable et fragile, susceptible d'être exposé à toutes les violences et, en tant que tel, il est le signe d'une injonction éthique qui commande de ne point commettre le meurtre et me place en situation de responsabilité vis à vis de l'Autre : « Autrui, en tant qu'autrui, n'est pas seulement un *alter ego*. Il est ce que moi je ne suis pas : il est le faible alors que moi je suis le fort. » (*De l'existence à l'existant*). Chacun doit alors veiller sur son prochain, sans pour autant pouvoir exiger la réciprocité : « Je suis responsable d'autrui sans attendre la réciproque, dût-il m'en coûter la vie. La réciproque, c'est *son* affaire. » (*Éthique et infini*).
L'éthique, fondée sur le face à face, trouve son origine dans l'expérience du visage sacré de l'Autre comme appel à la responsabilité et ouverture à Dieu : elle donne sens à la métaphysique et à la théologie. « Dans l'accès au visage, il y a certainement aussi un accès à l'idée de Dieu. » (*Éthique et infini*).

Une œuvre-clé : *Éthique et infini*

Contexte

Dans ces lignes extraites d'*Éthique et infini. Dialogues avec Philippe Nemo*, Emmanuel Lévinas précise la signification éthique du visage d'autrui.

Extrait

On peut dire que le visage n'est pas « vu ». Il est ce qui ne peut devenir un contenu, que notre pensée embrasserait ; il est l'incontenable, il vous mène au-delà. C'est en cela que la signification du visage le fait sortir de l'être en tant que corrélatif d'un savoir. Au contraire, la vision est la recherche d'une adéquation ; elle est ce qui par excellence absorbe l'être. Mais la relation au visage est d'emblée éthique. Le visage est ce qu'on ne peut tuer, ou du moins ce dont le *sens* consiste à dire : « Tu ne tueras point ». Le meurtre, il est vrai, est un fait banal : on peut tuer autrui ; l'exigence éthique n'est pas une nécessité ontologique. L'interdiction de tuer ne rend pas le meurtre impossible, même si l'autorité de l'interdit se maintient dans la malignité du mal accompli.

Éthique et infini. Dialogues avec Philippe Némo, Librairie Arthème Fayard, 1982.

Clés du texte

L'irréductibilité du visage

→ La vision : une tentative de globalisation, un effort pour ramener l'autre au même, pour embrasser de manière synthétique un contenu.

→ Le visage ne peut être « vu », c'est-à-dire qu'il ne se réduit pas à un objet dont on pourrait du dehors dégager les caractéristiques. Il est bien plus que cela : incontenable, non réductible, il est ouverture à l'altérité et à l'infini.

Le visage : centre de l'éthique

→ Le visage : un appel à la bienveillance à l'égard d'autrui, et signe de l'interdiction du meurtre. Il est le signe d'un commandement divin.

→ La distinction entre le fait et le droit : de fait, le meurtre peut être commis. Néanmoins, l'exigence éthique demeure de droit et conserve son autorité.

49

Merleau-Ponty

1908 - 1961

« Ce qui fait le philosophe, c'est le mouvement qui le reconduit sans cesse du savoir à l'ignorance, de l'ignorance au savoir, et une sorte de repos dans ce mouvement... » Éloge de la philosophie

Éléments de biographie

Un éminent professeur

Maurice Merleau-Ponty, normalien, agrégé de philosophie, fut professeur à la Sorbonne, puis au Collège de France.
Il soutient deux thèses de doctorat qui ne passeront pas inaperçues : *Structure du comportement* (1942), et *Phénoménologie de la perception* (1945).

Un homme engagé

Avec Sartre, il participe activement à la revue *Les Temps modernes*, notamment en tant que rédacteur d'éditoriaux politiques. Défenseur de la liberté, il se reconnaît dans le mouvement existentialiste.
Il publie, entre autres, *Éloge de la philosophie* (1952), *Les Aventures de la dialectique* (1955), *Signes* (1960).
Merleau-Ponty meurt brutalement à cinquante-trois ans et laisse une pensée et une œuvre inachevées. *Le Visible et l'Invisible* sera publié à titre posthume en 1964.

Thèses essentielles

La philosophie de Merleau-Ponty doit beaucoup à la phénoménologie de Husserl et, notamment, à l'idée qu'il faut « revenir aux choses mêmes ». Il s'agit d'appréhender l'existence humaine en tant que vécu concret, d'habiter le monde, de décrire la perception que nous en avons, plutôt que de l'expliquer et de l'analyser.

Le retour aux choses mêmes

Merleau-Ponty réhabilite l'expérience sensible, longtemps dévalorisée par la philosophie classique. Il faut, dans la lignée de Husserl, revenir aux choses mêmes. Non pour en dégager les essences, mais pour retrouver l'opacité du réel.

« La science manipule les choses et renonce à les habiter » (*L'Œil et l'Esprit*) : elle invente une représentation du monde en le pensant de manière systématisée et, ce faisant, occulte ce qui est de l'ordre du vécu. En cherchant la vérité derrière les apparences qu'elle considère trompeuses, elle s'interdit de la trouver. Nous sommes dans la vérité, elle n'est ni à construire, ni à découvrir dans un au-delà.
La visée de Merleau Ponty est phénoménologique : il s'agit de substituer à la question de l'efficacité, induite par un univers toujours plus technique, celle du sens, et pour cela de revenir à l'opacité du monde dont la science voudrait se défaire en l'éclairant par ce qu'il n'est pas. Retrouver le sens de l'être exige de revenir aux phénomènes, au monde sensible tel qu'il est perçu dans son immédiateté.

L'existence comme engagement

L'homme n'est pas un simple spectateur impartial et passif du théâtre du monde. En tant qu'existant, il est engagé dans le monde, surgit en lui : « L'existence au sens moderne, c'est le mouvement par lequel l'homme est au monde, s'engage dans une situation physique et sociale qui devient son point de vue sur le monde. » (*Sens et non-sens*).
L'homme n'est donc pas devant ni dans le monde, mais **au monde** : il l'habite et le perçoit de manière active.

La perception donatrice de sens

La perception n'est pas le fait de notre raison, comme le veut la théorie intellectualiste. Percevoir, ce n'est pas juger, interpréter des sensations qui seraient la matière de la perception. Ce n'est pas non plus enregistrer passivement des impressions sensibles, contrairement à ce qu'affirme l'empirisme : l'idée même de sensation pure est une abstraction qui ne correspond aucunement à notre expérience. « La sensation n'est pas sentie », et les défenseurs de la théorie de la forme ont raison de considérer que ce qui se donne à nous dans la perception est une totalité, un ensemble constitué.
Mais cette forme n'est pas non plus une forme objective indépendante de l'activité de l'être percevant : dans la perception, nous donnons une signification subjective aux événements perçus. Percevoir une chose, c'est lui donner un sens pour soi.
Le sujet vivant, que Merleau-Ponty nomme le « corps propre », constitue le centre actif de la perception : le monde est empli de nous-mêmes, il reflète nos sentiments, points de vue et est alors à cent lieues du monde objectif que présente la science.

Le refus du dualisme

En voulant rendre compte de l'expérience vécue, Merleau-Ponty en vient à refuser tout dualisme : le sensible et le spirituel sont indiscernables, il n'y a pas d'un côté la matière et de l'autre l'esprit, mais une unité.

En effet, c'est en tant que **corps propre** que je perçois. Le corps propre, centre de la perception, conscience incarnée, ne se réduit pas à un morceau de matière, il désigne le corps que je suis, non celui que j'ai. Ainsi, au lieu d'opposer corps et esprit, il faut les comprendre dans leur union.

La chair

Par son corps, l'homme est pris dans le tissu du monde, il l'habite et lui donne sens. Il en est par conséquent toujours solidaire. « Le corps propre est dans le monde comme le cœur dans l'organisme : il maintient continuellement en vie le spectacle visible, il l'anime et le nourrit intérieurement, il forme avec lui un système. »
Il n'y a pas d'un côté le sujet et de l'autre l'objet, mais un entrelacement incessant par lequel l'homme s'inscrit dans le monde autant que le monde s'inscrit en lui. Cet entrelacs forme **la chair** du monde. Le corps n'est touché que parce que touchant : corps et monde sont indissociables, et la chair désigne cette texture de l'être qui manifeste ce chiasme[1].

L'histoire

Le marxisme fascine, à l'époque de Merleau-Ponty : il donne sens aux événements en faisant de l'Histoire une totalité orientée. Mais les événements amènent Merleau-Ponty, d'abord favorable au communisme sous sa forme théorique, à prendre ses distances avec le communisme réel qui s'avère de plus en plus répressif.
Il en conclut que les événements sont imprévisible, et que la contingence est le fond sur lequel se dessine l'histoire (voir texte ci-dessous).

Une œuvre-clé : *Signes*

Contexte

Cet ouvrage est un recueil d'articles. « L'Homme et l'adversité », d'où ces lignes sont extraites, est une conférence sur la connaissance de l'homme au XXe siècle.

Extrait

> Le progrès n'est pas nécessaire d'une nécessité métaphysique : on peut seulement dire que, très probablement, l'expérience finira par éliminer les fausses solutions et par se dégager des impasses. Mais à quel prix, par combien de détours ? Il n'est même pas exclu en principe que l'humanité, comme une phrase qui n'arrive pas à s'achever, échoue en cours de route.
>
> Certes, l'ensemble des êtres connus sous le nom d'hommes et définis par les caractères physiques que l'on sait ont aussi en commun une

1. Chiasme : entrelacs, croisement.

lumière naturelle, une ouverture à l'être qui rend les acquisitions de la culture communicables à tous et à eux seuls. Mais cet éclair que nous retrouvons en tout regard dit humain, il se voit aussi bien dans les formes les plus cruelles du sadisme que dans la peinture italienne. C'est lui justement qui fait que tout est possible de la part de l'homme, et jusqu'à la fin. L'homme est absolument distinct des espèces animales, mais justement en ceci qu'il n'a point d'équipement originel et qu'il est le lieu de la contingence, tantôt sous la forme d'une espèce de miracle, au sens où l'on a parlé du *miracle grec*, tantôt sous celle d'une adversité sans intentions. Notre temps est aussi loin d'une explication de l'homme par l'inférieur que d'une explication par le supérieur, et pour les mêmes raisons. Expliquer la Joconde par l'histoire sexuelle de Léonard de Vinci ou l'expliquer par quelque motion divine dont Léonard de Vinci ait été l'instrument ou par quelque nature humaine capable de beauté, c'est toujours céder à l'illusion rétrospective, c'est toujours réaliser d'avance le valable - c'est toujours méconnaître le moment humain par excellence, où une vie tissée de hasards se retourne sur elle-même, se ressaisit et s'exprime.

« L'Homme et l'adversité », in *Signes*, Gallimard, 1951.

Clés du texte

L'illusion rétrospective

→ Conférer un sens à l'histoire, croire au progrès, c'est céder à l'illusion rétrospective : interpréter le passé à la lumière du présent.
→ L'homme donne sens aux événements : il veut croire au progrès.

La contingence de l'histoire

→ Contingence : possibilité pour une chose d'être ou de ne pas être, d'être ainsi ou autrement.
→ Contingence de l'histoire : le fait que les événements n'arrivent pas de manière nécessaire en obéissant à un sens prédéterminé.
→ Le progrès est probable : l'homme, doué de raison, devrait finir par prendre conscience de ses échecs.
→ Mais il n'est pas nécessaire : l'homme n'est pas mû par un instinct, il est le lieu de la contingence en tant qu'il existe, et est capable du meilleur comme du pire.
→ Ainsi, l'avenir est imprévisible, c'est l'homme qui agit et qui donne au passé sa signification à partir de son point de vue présent.

50

Foucault

1926 - 1984

« Le pouvoir est partout. » *La volonté de savoir*

Éléments de biographie

L'intérêt pour la psychiatrie

Michel Foucault, normalien, licencié en psychologie, suit les cours de Louis Althusser (fondateur du marxisme structuraliste) et de Georges Canguilhem (philosophe des sciences).
Historien et agrégé de philosophie, il s'intéresse à la psychologie et la psychiatrie. Dans sa thèse de doctorat, *Histoire de la philosophie à l'âge classique* (1961), il traite du phénomène de la folie qu'il considère comme un fait de civilisation. Son œuvre soulève passions et critiques et inspirera l'antipsychiatrie.

Un militant qui lutte contre l'exclusion

Homosexuel, il s'attache à l'analyse de la marginalité et des formes que peut prendre la discrimination : sa réflexion porte sur l'asile, la prison, la sexualité.
En 1970, il est nommé professeur au Collège de France, et l'on se bouscule pour écouter ses cours. Il profite de sa notoriété pour dénoncer les conditions d'incarcération et fonde le Groupe d'information sur les prisons. Il milite également pour la défense des immigrés, des dissidents soviétiques, des antifranquistes et des homosexuels.
Il apparaît aujourd'hui comme l'un des chefs de file du structuralisme et comme l'un des plus grands philosophes français du XXe siècle. *Les Mots et les Choses* (1966), *L'Archéologie du savoir* (1969), et *Surveiller et punir* (1975) sont ses œuvres majeures.

Thèses essentielles

*Michel Foucault cherche à définir « les discours eux-mêmes, ces discours en tant que pratiques obéissant à des règles. » (*Les Mots et les Choses*). Il s'agit de faire apparaître les **conditions de formation des discours**, événements à part entière. Une telle **archéologie du savoir** vise à faire la généalogie de concepts comme la folie, la sexualité, la délinquance et le pouvoir.*

Le problème de la folie

Michel Foucault consacre ses premières recherches à la question de la folie. La folie n'apparaît comme un problème qu'à celui qui n'y est pas soumis. Le fou est-il un marginal en qui s'exprime la « bête » asociale qui sommeille en tout homme qu'il faut réprimer et exclure de la société, ou bien une victime qu'il faut soigner ?
Les réponses à ces questions ont varié au fil de l'histoire, et à travers l'*Histoire de la folie à l'âge classique*, Foucault dévoile les structures anthropologiques à partir desquelles s'érige un discours de la raison sur la déraison qui fait sens. Il analyse également les pratiques qui accompagnent ce discours.
Le problème est que notre culture sépare radicalement raison et déraison, et exclut toute éventuelle positivité de la folie. Celle-ci ne saurait être source que de non sens.

L'évolution des discours sur la folie

Du Moyen Âge au XVIIe siècle, on fait **l'expérience tragique** de la folie. Considéré comme lieu de la manifestation de forces obscures menaçantes, le fou est exclu des villes, mais la folie n'est pas encore reconnue dans sa spécificité.
Au XVIIe siècle, les fous, considérés coupables de leur état, sont enfermés avec les criminels, afin qu'ils ne troublent pas l'ordre public. La raison, norme tyrannique, exclut absolument et réprime la déraison. C'est l'**expérience morale** de la folie. Les Lumières apportent un regard plus éclairé sur le phénomène de la folie, et entreprennent la défense des droits de ceux qui ne sont pas en mesure de se défendre par eux-mêmes.
Aux XIXe et XXe siècles, on fait l'**expérience scientifique** de la folie : elle devient objet de science, la raison veut classer et domestiquer les différentes formes de maladie mentale, faisant du fou un objet d'investigation rationnelle (et non pas un sujet) plus que de véritable compréhension : « À notre époque, l'expérience de la folie se fait dans le calme d'un savoir qui, de trop la connaître, l'oublie ».

Un discours scientifique source d'aliénation

Loin de constituer un progrès, contrairement à ce qu'admet l'opinion commune, la prise en charge moderne de la folie légitime une nouvelle forme d'exclusion en enfermant le « fou » dans des centres spécialisés, le marginalisant à cause de son « anormalité ».
Source de pouvoir, le discours scientifique sur la folie maintient son emprise sur l'individu et l'aliène. La raison est source de discrimination et d'aliénation.

Archéologie des sciences humaines

Il s'agit de savoir dans quelles conditions l'homme est devenu pour lui-même objet de connaissance. Phénomène assez récent, les sciences

humaines résultent d'un changement d'*épistèmè*. L'épistèmè (terme grec) désigne la connaissance implicite, le socle structural auquel s'articulent toutes les connaissances à une période donnée, les « cadres de pensée » d'une époque.
Depuis le XIXe siècle, l'homme est devenu l'objet d'une connaissance positive et de l'investigation scientifique. Les sciences humaines comme la psychologie, la sociologie se développent grâce à l'émergence du concept d'homme conçu à la fois comme sujet connaissant et objet de savoir. Ce concept, prédit Foucault, est appelé à disparaître : « L'homme est une invention dont l'archéologie de notre pensée montre aisément la date récente. Et peut-être la fin prochaine » (*Les Mots et les Choses*).

Archéologie du pouvoir

Foucault analyse également les conditions de l'exercice du pouvoir par une réflexion sur les systèmes disciplinaires.
Le pouvoir n'est pas l'apanage de l'État, il est partout, il « se produit à chaque instant, en tout point, ou plutôt dans toute relation d'un point à un autre » (*La Volonté de savoir*). La société développe le dressage et le contrôle des individus. C'est le règne de la norme qui s'institue.
On ne cherche pas tant à punir le criminel qu'à le redresser, à le normaliser ou, du moins, à normaliser sa conduite. La prison, système qui se généralise, vise l'efficacité, le contrôle durable du délinquant.
Intériorisée, la surveillance omniprésente de l'individu devient le moyen de l'assujettir à lui-même. Les mécanismes par lesquels le pouvoir invisible s'exerce sont multiples : la prison, l'école, les hôpitaux, les casernes... Tous ces mécanismes visent à optimiser le contrôle des individus, contrôle d'autant plus insidieux qu'il est invisible.

Une œuvre-clé : *Les Mots et les Choses*

Contexte

Foucault propose une « archéologie des sciences humaines » (sous-titre de l'ouvrage) permettant de montrer comment et dans quelles conditions l'homme est devenu pour lui-même un objet de science.

Extrait

> Le travail [...] – c'est-à-dire l'activité économique – n'est apparu dans l'histoire du monde que du jour où les hommes se sont trouvés trop nombreux pour pouvoir se nourrir des fruits spontanés de la terre. N'ayant pas de quoi subsister, certains mouraient, et beaucoup d'autres seraient morts s'ils ne s'étaient mis à travailler la terre. Et à mesure que la population se multipliait, de nouvelles franges de la forêt devaient être abattues, défrichées et mises en culture. À chaque instant de son histoire, l'humanité ne travaille

plus que sous la menace de la mort : toute population, si elle ne trouve pas de ressources nouvelles, est vouée à s'éteindre ; et inversement, à mesure que les hommes se multiplient, ils entreprennent des travaux plus nombreux, plus lointains, plus difficiles, moins immédiatement féconds. Le surplomb de la mort se faisant plus redoutable dans la proportion où les subsistances nécessaires deviennent plus difficiles d'accès, le travail, inversement, doit croître en intensité et utiliser tous les moyens de se rendre plus prolifique. Ainsi ce qui rend l'économie possible, et nécessaire, c'est une perpétuelle et fondamentale situation de rareté : en face d'une nature qui par elle-même est inerte et, sauf pour une part minuscule, stérile, l'homme risque sa vie. Ce n'est plus dans les jeux de la représentation que l'économie trouve son principe, mais du côté de cette région périlleuse où la vie s'affronte à la mort. [...] L'homo oeconomicus, ce n'est pas celui qui se représente ses propres besoins, et les objets capables de les assouvir ; c'est celui qui passe, et use, et perd sa vie à échapper à l'imminence de la mort.

Les Mots et les Choses, Gallimard, 1966.

Clés du texte

L'origine du travail

→ Travail : activité par laquelle l'homme transforme la matière pour combler ses besoins et échapper au risque de la mort.
→ Le travail est une nécessité pour vivre.

La pénurie est au centre de l'économie

→ Théorie de la rareté : parce que les matières premières sont insuffisantes, l'homme doit produire des richesses.
→ La multiplication de la population entraîne une multiplication et une complexification du travail.

Index thématique

Les nombres renvoient aux numéros des fiches.
Les astérisques correspondent aux notions du programme.*

F, G, H

I

J, L, M

N, O, P

R, S

T, U, V

Index des auteurs

Les nombres en gras renvoient aux numéros des fiches de l'auteur.
Les autres nombres renvoient à des fiches où l'auteur est cité.

Achevé d'imprimer en juillet 2010
sur les presses de la Nouvelle Imprimerie Laballery – 58500 Clamecy
Dépôt légal : juillet 2010 – N° éditeur : 10154808 – N° d'impression : 007004
Imprimé en France

La Nouvelle Imprimerie Laballery est titulaire de la marque Imprim'Vert®